本教材受北京市教育委员会本科教学改革创新项目——
"高等教育国际化人才培养的机理与实践研究"项目资助

工作分析与岗位管理
——基于数字化转型

任 吉 魏 巍 编

机械工业出版社

本教材以人力资源管理中的工作分析与岗位管理模块为中心，从理论和实践两大部分进行了阐述。首先从什么是工作分析与岗位管理，以及这个模块在企业管理中的重要性出发，对现代企业管理中的工作分析轮廓进行了描述；之后从理论和实践两方面展开论述；并在大部分章的章末给出相应的练习题，以供读者自我检测对本章知识点的掌握情况。

本教材主要面向人力资源管理、管理学等专业的本科生及高职高专学生，也可供社会读者参考阅读。

图书在版编目（CIP）数据

工作分析与岗位管理：基于数字化转型/任吉，魏巍编. —北京：机械工业出版社，2023.6
ISBN 978-7-111-73231-0

Ⅰ.①工… Ⅱ.①任… ②魏… Ⅲ.①人力资源管理–教材 Ⅳ.①F243

中国国家版本馆 CIP 数据核字（2023）第 093700 号

机械工业出版社（北京市百万庄大街22号 邮政编码100037）
策划编辑：常爱艳　　　　　责任编辑：常爱艳　何　洋
责任校对：肖　琳　梁　静　封面设计：鞠　杨
责任印制：李　昂
河北鹏盛贤印刷有限公司印刷
2023年9月第1版第1次印刷
184mm×260mm · 14.75印张 · 351千字
标准书号：ISBN 978-7-111-73231-0
定价：49.80元

电话服务　　　　　　　　　　网络服务
客服电话：010-88361066　　　机 工 官 网：www.cmpbook.com
　　　　　010-88379833　　　机 工 官 博：weibo.com/cmp1952
　　　　　010-68326294　　　金 书 网：www.golden-book.com
封底无防伪标均为盗版　　　　机工教育服务网：www.cmpedu.com

前　　言

党的二十大报告提出，教育、科技、人才是全面建设社会主义现代化国家的基础性、战略性支撑。教育是国之大计、党之大计；要落实立德树人根本任务，培养德智体美劳全面发展的社会主义建设者和接班人。报告明确提出要加强教材建设和管理，教材建设首次出现在党代会的报告之中。

在倡导数字化管理和强调科技改变生产力的今天，人力资源管理面临着巨大挑战。然而，然而无论是现代企业制度赋予人事管理更多战略功能，还是转型后的管理模式给不同对象服务组群分配不同功能，工作分析与岗位管理模块在人力资源管理中始终发挥着"定海神针"一般的作用。

在传统的六大模块管理模式期中，岗位管理的产物——工作岗位说明书，不论在招聘管理、绩效管理、薪酬管理还是人力资源规划和劳动关系管理中，都起到了指导性的作用。从实现的功能角度来说，工作分析更是连接企业战略与人力资源管理其他功能模块的桥梁。即使六大模块管理模式逐步被三支柱管理模式取代，其他的功能模块分别由 COE（Center of Expertise，人力资源领域专家）设计、HRBP（Human Resource Business Partner，人力资源业务合作伙伴）和 HRSSC（Human Resources Shared Services Center，人力资源共享服务中心）实施，但工作分析与岗位管理中重要的定岗定编功能在 COE 中的 OD（组织发展）、TD（人才发展）、LD（学习发展）岗位中依然可见，足见其重要性。

人力资源管理的数字化转型是企业发展的必经之路，但无论采用数字化软件管理还是引进人工智能，工作分析与岗位管理都是基础性、设计性的工作，无法被替代。现代企业在进行岗位设置、人力资源配置、岗位基本薪酬合理设定等工作时体现的企业战略和企业文化，都需要依据各个企业自身所处的行业及规模而定制。因此，承担工作分析与岗位管理的工作人员已经逐渐脱离了大量的基础性、事务性工作，是具有较强独创性和专业性的人才。本教材是为有针对性地培养工作分析与岗位管理人才而编写的，具有较强的专业性和实践性。

本教材编者执教人力资源管理专业 10 多年来，对专业教育和人才培养感触颇深。对于管理类专业师生经常抱怨的理论知识与实践经验脱节的问题，也时常耳闻目睹。然而，所谓的"不脱节"，并不是简单地增加与时俱进的案例分析。只有把理论知识和工具与实践相结合，才能有效解决脱节的问题。管理学发展至今，有大量管理学家的研究铺垫，那些沉淀下来的思想无一不在对今天的管理体系发挥着作用，前人的智慧和方法在现代企业制度中依然可以窥见。因此，能够把传统的管理学思想和理念用于今天的管理制度、解决实际发生的问题，才是更高的境界。

本教材的理论部分共4章，先对工作分析与岗位管理的基本概念、在企业人力资源管理中的作用、基本原理、发展沿革进行了展示；之后介绍了工作分析与岗位管理的理论；并根据组织结构和组织模式的不同，介绍了岗位设置的特点，特别是对数字化转型下的组织发展进行了论述；最后对数字化转型与工作分析岗位管理模块的理论发展进行了分析。

本教材的实践部分共6章，首先对数字化的岗位调查进行了描述，对调查结果的应用进行了分析；其次在调查结果的基础上，对如何进行数字化岗位设计进行了系统的论述，特别是对岗位设置和定岗定编的原则和方法进行了展示；再次进一步分析了如何进行数字化的岗位评价工作；再次对数字化转型下的岗位分类进行了具体描述；再次对如何编制企业工作说明书进行展示和分析；最后总结了数字化转型下企业工作分析的实践工作特征及未来的发展。

编 者

2023年4月

目 录

前言
导论 数字化转型下的新挑战 ·· 1
  0.1 工作分析与岗位管理到底是做什么的？·· 1
  0.2 现代企业的工作分析是什么样的？··· 4
  0.3 变化时代工作分析与岗位管理的数字化·· 6

第一篇 理论与意义：工作分析与岗位管理的重要性

第1章 工作分析与岗位管理的内容与重要性 ·· 12
学习目标和知识点 ·· 12
导言 ·· 12
1.1 工作分析与岗位管理的内容 ·· 12
1.2 工作分析与岗位管理的重要性 ·· 18
本章总结 ·· 24
本章习题 ·· 24

第2章 工作分析与岗位管理的理论 ·· 26
学习目标和知识点 ·· 26
导言 ·· 26
2.1 工作分析的思想渊源 ·· 26
2.2 早期"经济人"时代 ·· 27
2.3 两次世界大战期间 ·· 32
2.4 第二次世界大战以后 ·· 36
2.5 对工作岗位研究的认识 ·· 38
本章总结 ·· 39
本章习题 ·· 39

第3章 数字化转型下企业的组织发展 ·· 40
学习目标和知识点 ·· 40
导言 ·· 40

3.1 组织概述 ·· 40
3.2 组织结构设计与工作分析 ·· 57
3.3 数字化转型下组织结构的变化与发展 ····························· 68
本章总结 ·· 75
本章习题 ·· 75

第 4 章 数字化转型下工作分析与岗位管理的理论发展 ··········· 77
学习目标和知识点 ·· 77
导言 ··· 77
4.1 量化管理驱动变革 ·· 79
4.2 企业数字化转型对人力资源管理的影响 ························· 84
4.3 企业数字化与工作分析 ··· 92
本章总结 ·· 99
本章习题 ·· 99

第二篇 实践：如何进行工作分析与岗位管理

第 5 章 数字化的工作岗位调查 ······································ 102
学习目标和知识点 ··· 102
导言 ·· 102
5.1 工作分析中的岗位调查 ·· 104
5.2 岗位调查的基本方法 ·· 111
5.3 岗位调查的结果及应用 ·· 127
本章总结 ··· 133
本章习题 ··· 133

第 6 章 数字化岗位设计 ··· 134
学习目标和知识点 ··· 134
导言 ·· 134
6.1 岗位设计概述 ·· 136
6.2 岗位设计的原则和方法 ·· 140
6.3 企业的定岗定编 ·· 146
本章总结 ··· 157
本章习题 ··· 157

第 7 章 数字化岗位评价 ··· 159
学习目标和知识点 ··· 159
导言 ·· 159

7.1 岗位评价概述 ·· 161
7.2 岗位评价的方法 ·· 165
7.3 岗位评价指标 ··· 178
7.4 岗位评价的操作流程 ·· 180
本章总结 ··· 185
本章习题 ··· 185

第 8 章 数字化转型下的岗位分类 ·· 187
学习目标和知识点 ··· 187
导言 ··· 187
8.1 岗位分类的基本原理 ··· 188
8.2 岗位分类的主要步骤 ··· 190
本章总结 ··· 193
本章习题 ··· 193

第 9 章 数字化转型下的企业工作说明书的编制与发展 ································· 194
学习目标和知识点 ··· 194
导言 ··· 194
9.1 工作说明书概述 ··· 197
9.2 工作说明书的编写与调整 ·· 206
本章总结 ··· 215
本章习题 ··· 215

第 10 章 数字化转型下企业工作分析的实践与发展 ····································· 216
学习目标和知识点 ··· 216
导言 ··· 216
10.1 数字化转型背景下的企业岗位创新 ·· 220
10.2 数字化转型背景下岗位管理实践的新方向 ··· 222
本章总结 ··· 226
本章习题 ··· 226

参考文献 ·· 227

导论　数字化转型下的新挑战

工作分析与岗位管理是人力资源管理中的一个模块，这个模块会产生一个重要的指导性文件——工作说明书（岗位说明书）。关于这一点，学习过人力资源管理原理或者人力资源管理概论的同学应该都知道。那么，工作分析与岗位管理到底是做什么的呢？它为什么很重要？工作说明书是一个什么文件呢？它又如何编制的呢？

0.1　工作分析与岗位管理到底是做什么的？

法国心理学家黎格曼（Ringelman, 1880）曾经做过一个著名的实验，目的是探究团队行为对个别活动效率的影响。他让参加实验的工人用力拉绳子并测量拉力值，实验包括三种情境：有时工人单独拉，有时3人一组，有时8人一组。按照社会促进的观点，人们会认为这些工人在团体情境中会更卖力。但事实恰恰相反：单独拉时，人均拉力63kg；3人一起拉时总拉力160kg，人均53kg；8人一起拉时，总拉力248kg，人均只有31kg，还不到单独时的一半。人越多而平均拉力值越小，这个实验结果验证了"社会懈怠"的存在。

在现实的组织中，这种现象并不少见。由于工作效率低下，会出现"三个和尚没水吃"的状况。与之相似的还有华盛顿合作定律、邦尼人力定律等。那么，如何对抗这种导致组织效能低下却处处可见的现象呢？

人力资源管理发展至今，已经从理论和实践中给出了各种角度的答案：明确岗位职责；规定标准化作业流程；量化岗位的工作量及工作效率并作为考核指标；评价每个岗位价值；按照岗位实际需求甄选员工。以上五点也是工作分析的主要目标和内容。根据这些内容制定的文件称作工作说明书，因此工作说明书是企业进行岗位管理的重要标准和依据。

1. 为什么有的人干活多，有的人没事干？

某500强化工集团分公司的招聘岗位新上任了一名211大学的毕业实习生小张，她的主要任务是筛选简历打面试通知电话，协助组织面试，发Offer（录取通知），并确认员工到岗情况。小张为人热情、亲和力强，很快在部门中深受大家喜爱。她也很乐于给部门的其他人员帮忙，经常放下手头的工作帮忙给绩效专员跑部门，或者替薪酬专员送签字资料给总监，每天帮部门所有的人员收发快递、中午取外卖等，人际关系处得十分不错。小张也十分喜欢这里的同事和工作氛围，于是更加卖力地为大家服务，希望能够留在该公司。但是，一个月过后，实习期未满的小张被辞退了，原因是她没有完成当月任务，发Offer的数量最少。

虽然与社会懈怠不同，小张积极努力地工作，但是她的行为明显与她实习岗位的内容是不符的。员工的基本任务是履行本岗位工作职责。与社会懈怠一致的是，根本原因都在于员工对岗位职责的认知明确性不足。

为了避免岗位间的责任不明，企业内部的首要任务就是分工与合作。分工的意义在于明确每一个员工的工作内容和目标。有了明确规定的岗位职责内容，员工之间就不能互相推诿责任。这也就是工作分析的第一个内容，即确定员工的工作职责，并以制度的形式规定下来。

2. 为什么可以那么快？

与企业内部的"社会懈怠"类似的还有"一人离职，部门瘫痪"的现象。这个现象是从何而起的呢？除了需要每个员工各司其职（规定岗位职责）外，标准作业流程也是重要的一环。

标准作业流程（Standard Operating Procedure，SOP）是在有限的时间与资源内，为了执行某一项或几项工作或任务所设计的标准化作业程序，又称作业指导书。

著名的精益生产方式中的"看板管理"就是在严格的流程管理基础上应运而生的。而精益方式的实践方式中，一个不得不提的案例就是麦当劳。

麦当劳（McDonald's）1955年创立于美国芝加哥，已在全球116个国家和地区开设了3万家分店。作为快餐业的领军企业，究其屹立不倒的原因，除了运营方式、成本管理外，最重要的原因是它严格的标准化作业管理。

例如：冷冻库温度是0~10 ℉，冷藏库是34~38 ℉，干货间为50~80 ℉；食品制作后超过一定期限（汉堡包的时限是20~30min、炸薯条是7min），便丢弃不卖；肉饼必须由83%的肩肉与17%的上选五花肉混制。在制作加工流程中，薯条采用"芝加哥式"炸法，炸薯条的温度是335 ℉，炸制时间为3min，当按"开始"键30s显示"DUTY"时需要摇动薯条篮3~4次，使其不粘连；待3min后显示"PULL"时，双手提篮使其脱离油面，滴油再次复炸2min；可乐和芬达的温度为39.2 ℉，因为据试验饮料在39.2 ℉时味道最为甜美；加热汉堡面包的时间为55s；牛肉饼制作肉饼的时间为1min45s，中间有两次提醒分别是使用肉锤和翻面……通过前期大量的试验工作，麦当劳使这些具体的标准化流程工作以量化的数字形式呈现在人们面前，并且通过完善的培训制度体现在每一个麦当劳员工身上。前麦当劳董事长兼CEO吉姆·坎塔卢波（Jim Cantalupo）是如此评价麦当劳的成功秘诀的："无论何时何地，无论何人来操作，产品无差异，品质无差异，人们有严格的量化操作手册。"这个量化手册也就是麦当劳的SOP。

标准作业流程除了可以用于生产现场，对于财务流程、会议流程以及各种办公流程也同样适用，是现代企业提高工作效率不可多得的"神器"。

3. 岗位分析能多增加多少效益？

早在19世纪初期，管理学家们就开始了对工作效率的研究，特别在美国的大工业发展时代，这一项研究达到了巅峰。以泰勒（F. W. Taylor）、吉尔布雷斯夫妇（Gilbreths）为首的实践研究者们通过大量的企业管理实践经验，为制造业生产提供了教科书式的劳动力工作定额设计方法。

1898年，伯利恒钢铁厂（Bethlehem Steel Company），一个中年人带领着75名工人要完成8万t生铁的搬运工作。起先这些工人按照自己的方法，人均每天搬运12.5t生铁，收入1.15美元。这个中年人在研究了工人们的搬运动作、行走速度、持握位置以及其他变量之后，要求工人们按照他设计的流程和动作进行搬运，结果实现了工人每天搬运量达到47~48t，工资也提升到1.85美元/天。这就是著名的"搬生铁实验"。泰勒因此一战成名，该实验中生产效率的提高速度以及小时工资率的效用，震惊了当时企业管理者。泰勒在那个挥汗如雨的钢铁厂完成了他日后伟大著作《科学管理原理》的研究雏形，同时也奠定了今天现代企业工作分析的基础。

4. 该拿多少钱？

刚毕业的大学生小王入职某公司人力资源部负责绩效考核，之后随着职业经验的累积，岗位晋升为绩效专员，三年后晋升为人力资源部副经理，在公司实施人力资源三支柱模型后，又兼任三支柱推行项目HRBP（Human Resource Business Partner，人力资源业务合作伙伴）的负责人。在此期间，小王还完成了在职硕士研究生的学历教育并获得了工商管理硕士学位。那么此时，对于小王的薪酬金额如何设计？是根据硕士学历计薪，根据部门副总计薪，还是根据项目负责人计薪呢？很明显，根据学位学历计薪的简单分级是不合适的；如果按照部门副总计薪，小王难免心生怨怼，久而久之难免有离职倾向；如果按照项目负责人计薪，则有可能低于部门副总的薪酬。如果企业进行了岗位分析和评价，就可以更加科学地得出较为公平的薪酬。对岗位价值的判定是企业岗位管理的重要一环，也是薪酬结构设立的基础，同时也是实现企业的薪酬公平以及体现企业价值观的基础。

通过这个例子可以看到岗位价值评价的意义：以岗位工作为中心，根据各个岗位所创造的价值，以及岗位的工作量、完成工作的难度等，从不同角度进行评价，并据此确定每个岗位的基本工资。也就是说，无论是什么人从事该岗位工作，岗位基本工资都是一样的。

5. 需要什么样的人？

"人岗匹配"是人力资源管理各个模块都需要贯彻的宗旨。在工作分析模块中可以实施为以工作岗位内容为重心，选择出与岗位所需技能匹配的人员。

一般常见的情况是能力不足的员工在岗位上工作，领导降低各种要求以适合其工作能力，想着有一天能招到合适的员工再解聘现职人员。这样做的危害是降低了工作效率，浪费了人力成本，同时也给其他岗位匹配人员心理造成了一定的影响。另一种常见的情况是由于各种原因（例如企业为了彰显自己的行业地位或者岗位分析不足等）在基层岗位设置了较高的员工能力要求。这样做的结果会造成员工出于某种目标应聘该岗位，而一旦达成目标则提出更高的要求或者迅速离职，最终给企业造成了人力成本浪费的结果。

例如：如果企业招聘一个普通程序员，就不需要他（她）具备专业八级的英语水平；如果招聘一个搬运工，就不需要他（她）是大学本科毕业生；如果外资企业招聘一个经理助理，可能对外语水平有一定的要求；如果招聘HRBP岗位，就需要在有人力资源管理经验的同时具备部门的专业知识。

因此，企业应该科学地进行岗位分析，并以此为依据，对于员工能力不足以满足岗位需求的，则根据岗位需求进行培训；对于员工能力明显高于岗位需求的，则把他（她）调配到更加适合的岗位上去。所以，岗位分析不仅是企业招聘的唯一依据，也是企业人力资源配置的重要标准。

以上五部分内容其实就是工作分析与岗位管理的基本内容。根据这五部分内容，企业最终生成工作说明书。这份文件是企业人力资源管理的最终指导文件，为企业人力资源的招聘、薪酬、绩效、岗位配置、人力资源配置、人力资源规划提供了标准。

那么，企业当中是如何体现工作分析的呢？

0.2 现代企业的工作分析是什么样的？

案例库

犀牛智造——AI 助力工作标准化

2020 年 9 月初，一封封印有动物脚印的、名为《阿里巴巴动物园有新动物出没》的邀请函纷纷投递到了各路媒体手中——时过三载，阿里巴巴终于主动揭开了这只神秘"动物"的面纱：9 月 16 日，由阿里巴巴打造的世界第一家新制造平台"犀牛智造"惊艳示众，阿里新制造"一号工程"犀牛工厂也在杭州投入生产。

犀牛智造充分挖掘大数据潜能，以数据赋能的方式驱动 C 端与 M 端的系统变革，依靠数据的互联互通，促进 C 端与 M 端的价值交互○一。犀牛工厂通过对阿里线上沉淀的消费行为数据和"主播"订单数据进行整合分析，洞察消费需求，为中小商家提供潮流趋势预判；同时，利用工业互联网平台和柔性制造系统对各生产节点产能进行在线分配，实现生产组织关系的重构与再造，达到"小单快返"的目标，帮助中小企业解决供应链中"预售预测难、快速反应难、消化库存难"等"老大难"问题。

在大数据时代，消费者已经不满足于产品的单一设计，而更倾向于积极地展示自己的产品偏好，并积极地参与到产品的设计、生产、营销等各个环节中○二。价格低廉但品质没有保证的商品对相当一部分消费者已失去了吸引力，他们越发关注的是产品的品质优劣，以及是否具有与众不同的个性。客户在网上的行为留痕、评价反馈等都蕴含着潜在的需求信息○三。

在生产端，犀牛智造运用阿里巴巴的云计算、IoT（物联网）、AI（人工智能）、RFID（射频识别）等技术为工厂赋予智慧大脑，构建云、端、智、造融合的新制造体系，通过构建数据生产资源组合，在此过程中促进流程形成数据制造能力，实现用规模化流水线精工生产个性化小批量服装，成功实现了柔性敏捷化生产。

○一 张明超，孙新波，钱雨. 数据赋能驱动智能制造企业 C2M 反向定制模式创新实现机理 [J]. 管理学报，2021，18（8）：1175-1186.
○二 陈剑，黄朔，刘运辉. 从赋能到使能：数字化环境下的企业运营管理 [J]. 管理世界，2020，36（2）：117-128；222.
○三 贾建民，耿维，徐戈，等. 大数据行为研究趋势：一个"时空关"的视角 [J]. 管理世界，2020，36（2）：106-116；221.

构建数据生产资源组合。整个生产链完全按照人工智能算法得出的结论来进行计划,并依照此计划组织生产。每份订单首先经系统编码后,形成集成式数据生产信息,数据生产信息被分解成打版、冶领、钉扣、面料工艺处理等多个节点工序的操作要求,映射在 RFID 标签卡中[1]。随后,各节点工序根据已知的生产计划提前进行生产资源安排。在它的工厂里,车间屋顶遍布着棋盘式吊挂,服装零部件在吊挂上往来穿梭。每个工人的操作台旁,都有计算机或 iPad 等电子屏幕。当随流水线转动的半成品布片到达节点工序时,只需用智能记录仪将 RFID 标签卡扫描一下,系统就会立刻调出在该工序待完成的要求说明,工人根据显示的要求完成加工任务。犀牛工厂的制造执行系统通过 RFID 标签卡对每一件服装的裁剪、缝制、出厂等制作进度可全链路跟踪,并根据各工序的运行状况智能、敏捷地进行生产排程的协调、优化与调整,实时保证各工序任务量的合理布置,推动工序之间的紧密衔接,以使多元混合生产有条不紊地运行。通过任务信息分解、智能敏捷排程以及工序紧密衔接,实现生产信息资源、生产配料资源和生产人力资源的实时动态优化调度,在数据连接与交互中构建起生产资源的匹配性组合,有效保障定制流程的高效稳定运行[2]。

捆绑资源形成柔性敏捷的数据制造能力[3]。由于服装行业特有的时尚属性,市场变化快,产品生命周期非常短,生产与销售之间的时间差易造成供需偏差,浪费极其严重。面对这样频繁换款的需求,犀牛工厂通过捆绑数据资源打造了柔性敏捷的数据制造系统。数据生产资源调度激活了流程中各节点协同运行的潜能,促使流程制造能力实现了在管控、柔性和效率方面的扩展与更新。其中,生产信息、配料和人力资源的数据化为流程自动复原调控奠定了基础,制造执行系统根据运营数据指标预判可能阻碍流程持续正常运转的因素,并提前通过生产资源的重新协调与安排来提升流程韧性[4],及时将浪费、积压和滞后问题化解在发生之前。同时,数据生产资源的即时组合保证了生产多批次服装的快速切换,工序之间紧密协调对接,构建了由数据驱动的闭环流水线生产体系,增强了工厂柔性加工能力的同时,有效杜绝了过去工位转换、物料协调配给、审批确认等带来的时间成本浪费[3]。数据制造能力的形成,使流水线各工序在数据指令下统一协调排产、并联作业,让 100 件起订、7 天交货成为可能。

由于数字技术的主导作用,与传统服装制造企业相比,犀牛工厂设置了一些新的职能部门或职能岗位(如数据分析中心、数据科学家、算法工程师等),设置的目的就是通过对数据信息的分析,最终优化整个生产过程、工厂运营,以及实现需求预测等[5]。不似传

---

[1] 赵毅平. 酷特的模式创新:数据驱动的大规模服装个性定制 [J]. 装饰, 2017 (1):26-30.
[2] 张明超, 孙新波, 钱雨. 数据赋能驱动智能制造企业 C2M 反向定制模式创新实现机理 [J]. 管理学报, 2021, 18 (8):1175-1186.
[3] 孙新波, 苏钟海. 数据赋能驱动制造业企业实现敏捷制造案例研究 [J]. 管理科学, 2018, 31 (5):117-130.
[4] 刘业政, 孙见山, 姜元春, 等. 大数据的价值发现:4C 模型 [J]. 管理世界, 2020, 36 (2):129-138;223.
[5] 邢飞, 彭国超, 梁甜. 基于工业大数据的制造企业变革管理模型研究 [J]. 科技管理研究, 2019, 39 (16):230-237.

统制造企业，犀牛工厂的组织结构相对扁平化，对中、基层管理人员的需求大大减少，而更需要一些技能类员工；取消了班组长的等级制管理和资源的部门制管理，使生产制造涉及的所有资源都处在同一网络中，网络中的任意两点都能直接连接，实现了数据驱动的员工间、员工与设备间、设备间、内部系统和外部资源间的高度协同。为了保障人机的高度协同，对每道工序、每个岗位的员工在操作时间和质量上都有一定的要求。由此，员工时时都处于动态调整过程中，这促成了犀牛工厂组织的"弱关系"，即单个员工没有明确的隶属关系，在组织内部具有较高的流动性，员工基于顾客订单的数据驱动参与生产制造[1]。同时，大数据与云计算技术贯穿于整个服装制造过程，把工厂连接为一个更加紧密的整体。工人个人的工作将在智能系统的引导下作为一个整体来完成，相互关联、相互影响、相互促进，个人工作的重要性也因此得到了极大提高。智能数字化系统能够更及时、清晰地了解每个工人所从事工作的绩效，并结合生产运营的综合性需要进行及时的工作调配，同时反馈给管理人员，对效率不达标的节点工人提供有针对性的提高工作效率的建议和指导。

犀牛工厂将我国的互联网优势和制造业优势相结合，数据驱动、精准对接供需，为数字时代全球探索未来智造提供了一种参考。新技术会助力制造业的发展，未来十年、十五年，制造业产业端的数字化将风起云涌[2]。大数据、互联网与人工智能等各种信息技术在给企业带来更敏捷、自动化、定制化的柔性制造的同时，对人力资源管理也会带来不小的改变，甚至是挑战。很显然，在未来工厂，AI 将无所不在，劳动密集型工厂会转为技术密集型工厂，标准化生产将成为主流。因此，如何协调人机协作、分配人机工作及培养员工的针对性技能，将是值得我们思考的问题。

通过上述案例可以看到，工作分析与岗位管理不仅在人力资源管理领域中起到了奠基、提供标准的作用，而且在现代企业制度中起到了引领企业发展、规范企业管理的作用，同时成为企业管理改革的载体。在此基础上，本书将通过对数字化转型与工作分析及岗位管理的关系和意义、工作分析与岗位管理的理论沿革、数字化转型下企业的组织发展、数字化转型与工作分析的理论发展的介绍，对第一篇的内容予以呈现。

0.3 变化时代工作分析与岗位管理的数字化

1. 转型破局

新一轮的科技与产业革命正在席卷全球，以大数据、云计算、区块链、人工智能等为代表的数字技术正全面渗透经济和社会的方方面面。随着数字技术的不断发展和运用，它已经从提高生产率的支持性角色转变为改进生产力的重要角色。企业已在多个方面取得了突破性的进展，形成了以数字技术为基础的新商业模式和新业态。作为企业的重要支柱，人力资源

---

[1] 苏钟海，孙新波，李金柱，等. 制造企业组织赋能实现数据驱动生产机理案例研究 [J]. 管理学报，2020，17 (11)：1594-1605.

[2] 新制造：让需求定义制造 [J]. 今日科技，2020 (11)：42.

数字化转型势在必行，同时也面临着一系列的变化与挑战。

首先，在数字化时代，传统的全职雇佣模式逐渐解体，开放连接生态开始形成，组织呈现出更高层次的平台性和开放性。组织的界限日益开阔、边界日益模糊，个人和企业之间的"契约关系"也产生了深刻变革。企业内部的工作不需要完全依靠全职员工，而是借助多元化的工作主体和形式来完成，兼职、自由职业、众包等工作方式纷纷崛起。因此，如何系统设计、优化与员工的契约链接，如何在管理好内部员工的同时管理外部员工，保证内外部员工均能按时完成任务，以最高效的方式达成目标，是对人力资源管理的一个新挑战[一]。

其次，"95后"员工逐渐成为工作主体，他们大多文化素质较高、数字体验丰富、个性张扬、思维开放、更追求个体价值，对企业的人员管理也提出了新的期待和要求。德勤发布的《2019年千禧一代调查》报告显示，对于"千禧一代"和"95后"，他们想体验更多的价值感与有意义的场景。在一次会议调研中，80%的受访者表示他们更愿意有一个关心他们能否在工作中获得意义和成功的老板，而不是20%的加薪。可以说，这些新的工作主体更关注在工作中的体验，更需要从工作中获取意义和使命感。那么，如何管理和赋能激活这些员工，如何创造一个不一样的价值评价与分配系统，是人力资源管理今后必须面对的现实。

再次，机器人、人工智能等开始步入职场，承担更多日常重复的标准化工作，中低等技能工人逐渐被替代。根据高盛集团的关于人工智能的调研报告，人工智能作为信息时代的尖端科技，其应用领域的规模和复杂性正在迅速增加。人工智能技术的蓬勃发展可以将生产力示范作用推广至全世界各产业领域。机器学习和人工智能的发展带来了自动化及效率提升，在各行业都缩减了 0.5%~1.5% 的劳动工时，预计到 2025 年生产力将会提升 51~54bit/s，而在低工资工作的自动化层面，则会以更少的工时推动同比产出增长[一]。如何创建人机协作、分配人机工作及培养员工针对性技能，已成为人才管理新的重点问题。

最后，在数字经济时代，企业人力资源管理数字化转型还面临人力资源管理分析的数据化和科学化不足，员工、团队及部门之间的协作与共享不足等诸多挑战[一]。识别与把握数字化机遇、解读与应对数字化挑战，成为人力资源管理在数字经济时代发展的两大核心课题。

2. 应变之道：新思维、新技能、新视野

（1）新思维　想要顺利完成人力资源数字化转型，首先要转变思维，即打破传统思维，以数字化背景下的新思维推动人力资源数字化。

1）战略思维。人力资源数字化转型要从战略出发，支持组织的发展。HR 要与战略部门密切联系，了解企业战略方向，满足企业领导层的战略需求。外部环境风云变幻，如果没有企业战略或顶层设计指引人力资源数字化转型，就如同轮船在大海里航行没有罗盘，极易迷失方向。只有深刻洞察战略，理解变革背后的根本原因和目标，把企业战略融入转型过程中，才能有的放矢，并号召更多人参与和支持数字化转型。

[一] 陈春花, 徐少春, 朱丽, 等. 数字化加速度工作方式人力资源财务的管理创新［M］. 北京：机械工业出版社, 2021.

[一] 唐秋勇, 等. HR 的未来简史：洞悉人力资源管理未来发展启示录［M］. 北京：电子工业出版社, 2017.

2)成长型思维。以成长型思维模式看待问题的人,认为只要努力就可以学会一切自己想学的东西,自己的态度和付出是决定能否成功的关键因素。他们积极乐观,针对自己的问题,虚心接受别人的建议,愿意向他人取经,愿意尝试,不怕犯错,能在失败中吸取经验教训、获得成长。在瞬息万变的数字化时代,谁拥有成长型思维,谁就更能适应这个时代。所以,面对人力资源数字化转型,HR团队首先要培养成长型思维模式,以欢迎的姿态,积极勇敢面对,主动跳出舒适圈,打破传统,激发整个团队的潜力。

3)数智化思维。在数字化时代实行数字化转型,HR应该顺应时代,与数字技术共舞。一方面,自动化生产给劳动者带来了巨大冲击,HR应了解自动化的趋势,掌握由此带来的企业对人才需求的变化;另一方面,HR要保持敏感度与洞察能力,将最新技术融入人力资源管理当中,使数字化系统保持最优状态。在人力资源领域,运用算法、人工智能等技术,通过对数据进行分析来支持企业进行决策。技术是实现数字化转型的基础,将想法转化成算法,将信息转化成数据,再对数据进行统计与分析,就能为决策提供有力支撑。无论是AI招聘,还是对员工离职进行预测,又或是提高员工体验,都可以通过采集与分析各种静态和动态的数据来完成。

4)产品思维。HR要明白,自己的服务对象是企业也是每一位员工。虽然人工智能、数字化技术解决了大部分的程序、流程问题,但人力资源服务仍旧是人与人的连接,人类特有的同理心与创造力是AI所不能代替的。所以,HR团队要树立产品思维,从员工的角度出发,打造企业文化、办公环境、福利政策和工作流程等,从而提高员工的满意度与敬业度,再转化为业务上的产出。在这个过程中,HR不能简单照搬其他企业的做法,而要基于对人性需求的了解,以企业自身的员工需求为导向,不断思考如何提升人力资源服务的温度。

(2)新技能 数字化转型也对HR的能力提出了新的要求。为转变成为数字化模式,HR需要拥有多方面的能力,除了基础的人力专业能力,如精通人力资源、心理学,以及有较好的沟通协调能力外,还需要拥有一定的数据分析能力和创新能力。

HR掌握一些数据分析的技能和工具,不仅能从海量的数据中提取有用的信息,发现隐藏在数据背后的问题,还能通过数据方式对目标进行量化;将多个部门、多个系统、多个来源的信息结合起来,通过数据分析可以获得对组织方方面面的深刻理解;可以制定一些合理的指标,让团队有更明确清晰的努力方向和目标,也能让工作结果被更清楚地看到。有的HR可能会觉得数据分析很难,需要用到不少专业工具,甚至要有编程功底,事实上,只要能够使用Excel这样的工具对数据进行处理和分析,并将数据分析的能力融入平时的工作中,就可以满足大部分日常数据分析的需求。

另外,HR还要具备创新能力。创新不是依靠偶然的灵感或运气,而是有计划、有组织、相对稳定开展的活动;创新也不是额外的或临时性的任务,而应是日常工作的自觉主动行为。人力资源数字化转型既不是一蹴而就的,也不是一劳永逸的。在数字化经济的快速变革中,HR要一直保持好奇心与创新力,时刻关注新需求与技术的更迭。做到不囿于常规、不迷信权威,勇于突破既往观念的禁锢,保持开放包容的心态和较强的学习能力,快速接受新鲜事物并汲取有用的价值,擅长以新颖独到的视角去看待问题,巧妙运用发散思维、组合思维、联想思维、逆向思维,以不同寻常的方式去解决问题。

(3) 新视野 具体包括以下几个方面：

1) 人力资源数字化转型助力人岗精准匹配。当前我国就业市场中劳动力要素结构性错配现象明显，造成了一系列效率低下、人才价值流失的问题。人力资源数字化是利用数据挖掘和人工智能的深度学习来建立一个企业人才库，对人才的学历、技能、工作经验等进行多维度的识别分析，从而得到人才数据画像，并对其进行分类；然后，平台利用领先的神经网络模型，准确地匹配企业需求与人才履历。人力资源数字化可以有效减少阻碍人才自由流动的多重障碍，使人力资源配置效率得到显著提升，资源错配显著下降。在这个过程中，工作分析的作用凸显。只有事先进行岗位分析，弄清每个岗位的工作职责，界定任职各岗位需要的工作经验、知识水平，明确有哪些技能要求、体力要求、心理素质要求，对岗位需求做好预设，才能通过算法保证人才与岗位的精准匹配。

2) 人力资源数字化转型推动灵活用工发展。数字经济背景下，灵活用工是一种新型雇佣方式，但这种雇佣方式要想成为主流，还有许多的局限性。比如，零工工作者地域分散、难以实施统一管理，人员与岗位难以及时匹配，薪酬结算没有保证，零工工作者得不到法律的充分保护、无法享受社保服务等。人力资源数字化能够加速企业在灵活用工领域的迅猛发展。灵活用工主要以中低端（岗位要求不高、差异不大）临时工（雇用周期短）招聘及管理为主，从实际业务角度来看，可以将较长的业务链条分解，通过数字技术手段实现业务流程标准化和劳动力管理、薪酬支付管理、发票管理等一体化。而标准业务流程的制定与工作分析密不可分。

3) 人力资源数字化转型能够为 HR 的价值赋予新的内涵。2017 年中国人民大学和领英共同发布的《中国 HR 职业发展报告》显示：HR 工作中有 35.9% 是与人交流和谈判的工作，这是 HR 工作中最常见的一种；其次为占比 27.5% 的"文字、统计、报表等具体事务"；20.5% 为"制度设计和维护运营"；只有 15.8% 为"战略思考和规划"，而这类工作恰恰与企业成长性的关系最大。可见，HR 的很大一部分时间被琐碎的日常性工作所占据，而没有过多的时间和精力花费在对企业最有价值的战略思考与计划上，难以将人力资源的价值最大化。企业的人力资源数字化转型使人力资源管理部门由过去的行政管理部门转变为企业经营战略中枢。传统的人力资源事务性工作被 IT 系统所取代，HR 就能从日常琐事中逐渐解放出来，扩展自己的业务领域和工作范围，把更多的精力聚焦在更有价值的领域。想要用技术来接替人力资源管理中烦琐的低价值工作，前提是对那些日常重复的工作进行分析，把工作流程化、标准化，才能实现自动化运行。

虽然在数字化时代人力资源管理面临着很多新挑战、新变化，要求 HR 具备一些新技能，但是工作分析的基础地位和作用并没有改变，了解工作分析的基本理论仍然具有现实意义。

第一篇

理论与意义：工作分析与岗位管理的重要性

第 1 章　工作分析与岗位管理的内容与重要性

学习目标和知识点

1. 了解工作分析与岗位数字化的概念。
2. 了解工作分析的基本含义与原则。
3. 掌握工作分析与岗位管理的主要方法。
4. 了解岗位管理对企业管理的作用。

导言

在如今数字化发展的新趋势下，传统的管理方式与工作内容已经不能满足企业发展的需要，在转变过程中，应该有新思维、新技能、新视野，掌握工作分析的特征，遵循工作分析的原则，完成企业的数字化转型。

1.1　工作分析与岗位管理的内容

1.1.1　工作分析的基本含义

在过去的 100 年里，随着工作分析的发展，外国学者对工作分析的概念提出了很多不同的解释。蒂芬（Tiffin）和麦考密克（McCormick）在 1965 年提出这样一个定义：广义地说，工作分析就是为了特定的目的，用特定的方法收集和分析与工作有关的各种信息和资料。高培德（Ghorpade）和阿特齐森（Atchison）（1980）认为，工作分析是组织的一种管理行为，目的是通过收集、分析、综合整理有关工作的资料，为组织规划、组织设计、人力资源管理及其他管理职能提供基本的服务。工作分析的另一种更广泛的定义是从具体的工作分析目标出发的："工作分析是一个与之相关联的过程，它可以明确一项工作的任务和性质，并决定哪种人（从技能和经验上来说）适合这种工作。"（Gary Dessler，1996）我国学者也对工作分析进行了界定。例如："工作分析本质上是一种基础的管理活动，它对工作进行全面的理解和提炼。""工作分析又称职务分析，是通过运用科学的手段和技术，全面了解一项工作或提取关于一项工作的全面信息的活动。"

本书借鉴萧鸣政对工作分析的定义。工作分析，粗略一点说，就是人力资源管理在短时间内用以获取相关的工作信息和情况的一种科学手段；具体一点说，就是一种管理活动或过程，它是分析者采用科学的方法和技术直接收集、比较、综合有关工作的信息，对工作岗位的状况、资格要求、职责等做出规范的描述和说明，从而为组织制定发展战略、组织规划、人力资源管理及其他管理行为提供基本依据[一]。

任何一个复杂的工作体系都是从投入、过程、产出和关联要素四个层面来展开分析的。首先是投入方面。雇员要做这份工作，必须具备哪些知识、性格、技术和能力？在此项工作中，需要哪些材料、资源和其他非人力耗费的支持？其次是过程方面。如何将资源转化为满意的产品与服务？在此转换期间，生产流程、技术和工艺方法是什么？哪些工作是依靠机械，哪些是纯粹的人力？工作中包含了雇员的什么相关行为和人际关系？再次是产出层面。对于一种工作来说，它的标准化、规范化的物质产品和服务产物是什么？它们与组织中其他工作的产品和服务有什么区别？最后是关联要素方面。这项工作属于组织结构图中的哪一部分？它有什么职责和权力？对这项工作的工作环境有何要求？员工是在什么样的时限与环境下操作的？

1.1.2 工作分析的相关术语

1. 工作要素

工作要素（Job Factor）是指工作中无法再对其继续分解的最小活动单位。它是构成工作职责的信息来源和基础，但并非直接反映在岗位说明书之中。例如，接听电话。

2. 任务

任务（Task）是指为了达到特定目的而完成的一系列工作要素。它是岗位分析的基本单位，是对工作责任的进一步分解。例如，回答客户的电话咨询。

3. 职责

职责（Responsibility）是一组为了在特定领域取得成果而进行的一系列工作任务。它常常以任职者的行动再加上行动的目标的形式表达。例如，维护客户关系，以维持和提高客户心目中公司的形象[二]。

4. 职位

职位（Position）是每个组织的基本组成单位，是指具有一系列工作职责的某任职者在组织中所处的位置。例如，销售部副经理周平。职位与任职者是一一对应的，如果存在职位空缺，那么意味着职位数量大于任职者数目。

5. 职务

职务（Job）是指组织中承担相同或类似职责或工作内容的若干职位的总和。例如，销售部副经理。

[一] 萧鸣政.工作分析的方法与技术[M].5版.北京：中国人民大学出版社，2018.
[二] 潘泰萍.工作分析基本原理、方法与实践[M].2版.上海：复旦大学出版社，2018.

6. 职级

职级（Class）是指工作责任大小、工作复杂性、工作的困难程度相近，以及对任职者的技能水平要求相当的一组职位的总和。通常，职级与管理层级相关联。例如，部门副经理就是一个职级。

7. 职系

职系（Grade）是指工作性质和特点相同或无穷相似，而责任轻重、权力大小和工作繁简难易程度却参差有别的一组岗位所构成的团体。职系是最基本的岗位业务分类，一个职系相当于一类专门职业。

8. 职组

职组（Functional Group）是指由几个具有近似工作性质的职系组成的群体。例如，中学教师就是一个职系，而教师则是一个职组。

9. 职业

职业（Profession）是指在一段时期内，在不同组织中从事类似工作的人员。例如，会计、销售人员、采购人员等。"工作"和"职业"的区别主要在于应用的范围。"工作"这个概念比较窄，一般是从组织内部视角出发的；"职业"则可以跨组织，是针对整个行业而言的。

10. 职等

职等（Grade Level）是指工作性质不甚相同，但工作的难易程度、责任轻重及要求的资格条件等要素相同或极其类似的职级组成的集合[⊖]。它所表示的是不同职系中职位之间的横向关系，其目的在于寻求不同职系同一职等的待遇平衡。

1.1.3 工作分析的主体、客体及内容

1. 工作分析的主体

工作分析的主体包括工作分析小组、工作分析对象的直接领导者及工作任职人员。不同主体在工作分析中的角色和地位不同，拥有的权限与承担的职责也有所差异。要明确工作分析的主体、主体之间的关系，以及他们在工作过程中的责任、权限和地位，才能更好地实施工作分析。以下将对三个主体在工作分析中的角色、地位、职责、权限等进行说明。

（1）工作分析小组　工作分析小组又称专家组，负责指导、规划整个工作分析过程，设计工作分析的程序、步骤，安排分析工作的时间，提供所需的一系列表格、范例等。

（2）工作分析对象的直接领导者　工作分析目标的直接领导，也就是工作认识的直接上级。工作分析对象的直接领导者，也就是分析对象岗位的直接上级主管。工作分析对象的直接主管对工作分析能否顺利开展起重要作用，是否得到了他们的充分支持将直接影响工作分析的进程和效果。

（3）工作任职人员　工作任职人员是工作分析中最关键的主体，因为工作任职人员对其所从事的工作是最了解的，也是最有发言权的。组织在进行工作分析时，一定要调动起这些岗位任职人员对工作分析活动的热情与积极性，得到他们的理解、支持与配合。同时也要让工作任职人员明白，工作分析并不只是工作分析小组或专家组的工作，也不是其直接主管

⊖ 马国辉，张燕娣. 工作分析与应用 [M]. 2版. 上海：华东理工大学出版社，2012.

的任务，而是他们自己的工作。

2. 工作分析的客体

工作分析的客体是工作分析的基本对象，只有明确了工作分析的客体，才能有针对性地进行工作分析。工作的客体主要包括工作的职责、工作的权限、工作联系、工作中使用的设备、考核指标、监督及考核机构、任职资格等。企业进行工作分析，首先要明确的就是企业中每个岗位的工作任务有哪些，这些工作任务之间的关系，以及与这些工作任务相关的一系列事件和人员关系等。只有明确了这些内容，工作分析才能更好地进行下去㊀。

3. 工作分析的内容

一般而言，工作分析包括对七个问题的调查。这七个问题分别是：

1）由谁来做（Who），即需要具备什么特征或条件的人来完成这项工作。任职者的资格条件具体包括知识技能、工作经验、教育培训、身体素质、心理素质等方面的内容。

2）做什么（What），需要完成什么样的工作，即这一职位具体的工作内容是什么。

3）在哪里做（Where），即该岗位的工作环境，包括物理环境、社会环境和安全环境。

4）何时做（When），即工作时间的安排。

5）为什么做（Why），即从事这些工作的目的是什么。

6）为谁做（For Whom），即这些工作的服务对象是谁。

7）如何做（How），即如何进行这些工作。

不同的公司和机构都有其自身的特征，存在着一些亟待解决的问题。有些是为了建立更加贴合现实的激励机制激励员工，有些则是为了改进工作环境和保证安全。所以工作分析的重点有所差异，但总体上，工作分析包含两个部分，即工作描述和工作要求。

工作描述就是对工作的具体特征展开描述，由下列要素组成：①工作的名称，也就是工作是什么；②工作活动与程序，包含需要完成的工作任务、职责有哪些，完成工作所需的机械设备，工作流程，与其他员工的联系，上下级的关系等；③工作环境，包括工作相关的物理环境和社会环境，其中物理环境是指工厂、办公室、车间的大小、通风、照明、噪声等，社会环境则涵盖各个部门之间的相互关系、工作团体的情况、同事之间的关系、员工的心理气氛；④职业条件，即明确工作在薪酬、晋升等方面的特征，如工资、奖金制度、进修和提高的机会、晋升机会、工作时间、该职务在组织内的位置及与其他工作的联系。

工作要求是指人们在工作中必须具有的知识、技能、行为、生理素质和心理特征。工作要求主要包括文化程度要求、专业技能要求、工作经历或经验要求、身体素质情况、规范的工作流程、独立的判断力和思考力、记忆力、专注力、机动性、工作态度，以及各类特殊能力等要求。

1.1.4 工作分析的特征

1. 以岗位为基本出发点

岗位是组织的基本单位，企业的战略目标和组织架构决定了设有哪些岗位。岗位体系要与组织战略和组织结构相适配，相应的职责、权限、工作关系、任职条件等也应当与岗位体

㊀ 龚尚猛，宋相鑫. 工作分析理论、方法及应用［M］. 4版. 上海：上海财经大学出版社，2020.

系对应。工作分析应当从岗位出发，以岗位为核心，对工作任务、岗位任职人员、职责与权限、环境条件、激励与约束机制等要素进行分析和综合，最后得到最符合该岗位要求的工作分析结果。

2. 以组织目标为依据

每一个组织的存在都是为了实现特定的目标，所以，不论是对企业还是部门内各岗位职责的分析，都必须以实现企业目标为依据。也就是说，全面的工作分析应该从企业目标、经营业务等方面着眼，将企业内需要落实的任务分解为各部门的目标、职责和要求，再将这些目标、职责和要求分解到具体的岗位。反之，每个具体岗位、每项具体工作，同样应该体现与反映企业的总体规划和目标。

3. 全员参与性

工作分析的范围很广，在整个分析过程中都需要所有员工的积极参与和合作，才能确保工作分析的顺利进行。在对工作进行分析前，应向所有员工充分地宣传工作分析的重要性和作用，让他们对工作分析抱以正面的态度，并充分地配合工作分析小组。在工作分析的过程中，如现场观察、访谈、问卷调查等，都要求岗位工作人员理解与配合。工作分析完成后，形成工作档案，并由所在岗位的员工确认，以便为以后的工作提供参照和依据。因此，在开展工作分析时，若没有全体人员的共同努力，将会在一定程度上影响工作分析的顺利进行或者影响产出结果的准确性，甚至会导致工作分析的失败。

4. 动态性

组织中的岗位一般是相对稳定的，但是，随着组织使命、目标和经营重点的改变，岗位的职责、职能、价值、地位等也随之发生变化。所以，工作分析要保持变化发展的动态性。特别是在信息科技日新月异的今天，企业必须顺应市场和环境的需求与变化，不断地更新和调整自己的目标与方向，同时也要对各种职位的需求条件进行调整，使之与新的境况相适应。

1.1.5　工作分析的原则

工作分析从宏观上讲，是组织战略设想和规划得以贯彻、落实的基础与保障；从微观上讲，则是每位员工、每项具体工作得以安排与开展的依据和蓝本。工作分析开展得好坏与否，不仅会直接影响组织的生存和发展，同时也会直接影响组织中每位成员的工作质量和生活水平。因此，为了提高工作分析的科学性、合理性和有效性，保障工作分析的顺利、有序进行，有必要确定一些相应的原则。

1. 系统性原则

工作分析是一项涉及组织各个岗位的基础工作，需要深入、彻底地调查、研究岗位的各项信息，对岗位的职责、权限、任职条件要求等一系列要素进行高度概括与综合评价。在此过程中，如果没有科学系统的调查、分析和评价的技术和手段，那么，工作分析的根基是不牢固的。一个系统应具有以下特征：整体性、目的性、相关性、环境适应性。

在工作岗位研究中，应从系统论出发，将每个岗位放在组织系统中，从总体上和相互联系上进行系统性分析研究。因此，在进行工作分析之前，要进行系统的设计，制定科学的方案；在实施工作分析的过程中，要根据实际情况系统调整方案和方法；在制定工作分析文件时，也要从系统的角度出发，综合考虑各方面因素。只有这样，工作分析才能取得令人满意的结果。所以，工作分析是一个系统的调查、分析、评价的过程。

2. 能级原则

劳动分工与协作是企业中有机结合的两个方面。劳动分工是职能化、专业化的必然结果，是在实现企业目标的基础上，将企业内的同类工作集中起来，由专门的部门、岗位来完成，使员工能专注于特定的工作领域，有助于提高工作技能和工作效率。同时，不同的企业内部能级将发挥不同的工作岗位效用。因此，在工作岗位分析管理时需要注重能级原则。

企业能级原则是指在企业管理系统中建立一套合理的能级，即根据单位和个人能量的大小安排其职位和工作，做到才职相称，如图1-1所示。这样才能发挥不同能级的能量，保证结构的稳定性和管理的有效性。

图1-1 企业能级原则

3. 标准化原则

为了维护企业和组织的内部公平、完善企业内部制度，标准化原则是岗位管理的一项重要原则。

标准化原则具体可以体现为：①工作岗位研究的标准化表现为岗位调查、岗位分析、岗位评价和岗位分级在内容、程序、方法、因素、指标上的标准化；②工作岗位研究的各项成果，如工作说明书、岗位培训规范等人事文件的标准化；③企业在执行过程中的标准化，即各个部门在进行工作分析和岗位评估的过程中需要严格按照企业既定的指标、标准、程序，标准化地实施。这样才可以确保工作分析能够被科学、标准地执行。

4. 成本最优原则

任何管理都需要成本，而资源的有限性和对效益追求的最大化，始终是企业管理者必须面对的重要课题。所以，在工作分析中，同样必须考虑企业各个工作岗位的设置和编排是否能以最优化的设计、最合理的成本来实现企业的预定目标。企业成本包括物质、时间、人力等有形成本和无形成本。例如，在岗位设置时应体现最优原则，即以最低岗位设置，谋求总体的高效率，确保系统目标的实现。

5. 合理性原则

合理性原则主要关注两个方面：岗位设置的合理性和工作流程的合理性。首先，在岗位管理的过程中，一般会出现由于工作量或者工作重要性发生变化而产生岗位设置不合理的情况。因此，在工作分析的过程中需要对现有的工作岗位及其当下的工作岗位性质、任务和工作量进行评价，从而做出合理的评估。此外，企业的目标不可能由单个部门、单个岗位或单个人独立完成，也不可能只通过一两项工作和一两道工序来完成，所以常规工作都会有一定的流程,有多个环节,有环节间的协调与衔接。因此,在工作分析中,需要关注和重视工作项目在部门、岗位间衔接的必要性和合理性,消除摩擦、降低成本、提高效益,慎重、认真地处理好工作流程的组合和调整。

1.1.6 工作分析与岗位管理的主要方法

岗位管理是指以企业战略、环境因素、员工素质、企业规模、企业发展、技术因素等六大因素为依据,通过岗位分析设计、描述、培训、规划、考评、激励与约束等过程控制,实现人岗匹配,谋求劳动效率提高。其最终目标是制定出工作说明书等人事管理文件为员工的招聘、考核、培训、晋升、调配、薪酬和奖惩提供客观依据。岗位管理有着清晰的流程,包括岗位调查、岗位设计、岗位分析和岗位评价四个主要环节。

工作分析与岗位管理主要可以分为这样几个步骤:岗位调查阶段、岗位分析阶段、岗位评价阶段以及分析人岗匹配分析阶段。其中,在岗位调查阶段主要使用调查的方法有观察法、问卷法和访谈法,并结合专业有的问题列表进行岗位工作的调查;在岗位分析阶段和岗位评价阶段主要使用计量分析的方法;在人岗匹配分析阶段主要使用心理学的方法进行人员分析和测评。

1.2 工作分析与岗位管理的重要性

1.2.1 在企业人力资源管理中的作用

工作分析在人力资源管理(HRM)体系中的位置大致如图 1-2 所示。

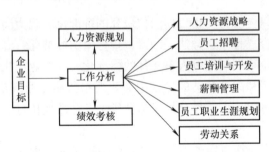

图 1-2 工作分析在 HRM 体系中的位置

工作分析是企业人力资源管理的基础和关键,是企业人力资源管理的重要内容。工作分析的终极目标并不仅仅在于获取分析的结果,而更多在于将其运用到后续的人力资源管理中。工作分析为企业的人力资源管理提供了有力的支撑,为人力资源管理工作提供了科学、标准化、规范化的依据。它对人力资源管理的重要性具体体现在以下几个方面:

1. 为人力资源规划提供必要的信息

人力资源规划的焦点是对企业现有的人力资源进行盘点,并对员工流入、流出组织的行为进行预测,制订相关的计划。系统地进行工作分析,能够对各岗位的工作量进行科学、严谨的评估与判断,为岗位的增减变动提供必要的依据。同时,根据不同岗位的需求,可以为企业人力资源的内部供应提供参考。一个组织有多少岗位,这些岗位目前的人员配备能否达到工作的要求，今后几年内工作将发生哪些变化，单位的人员结构应做什么相应的调整，几年甚至几十年内人员增减的趋势如何，后备人员的素质应达到什么水平等问题，都可以依据工作分析的结果做出适当的处理和安排[1]。

2. 为招聘、录用员工提供明确的标准

在招聘过程中，工作分析结果可以为企业制定招聘标准、发布招聘信息、筛选应聘简历、设计与选择面试工具等提供重要的依据和参考。为组织内的岗位挑选合适的员工，争取人岗匹配，首先必须知道该岗位到底需要任职者拥有哪些知识、技能、经验等。明确任职条件是招聘工作的前提，每个岗位的任职资格要求已在工作分析所形成的工作说明书中写明。用人单位应根据任职条件选择劳动者，不符合岗位要求者不得录用。如果必须要用的话，就必须降级，如降低薪水等级或者降低职级。另外，企业内部员工的升职和岗位调动，也需要参考工作分析的结果来做出正确的决定。例如，一家服装制造厂对会计岗位的工作分析显示，过去认为只有受过大学专业教育的人员才有资格承担此工作，现在已经可以由那些高中学历但是具有几年实际工作经验的人员来承担了。这样的结果可能是由于目前会计岗位上的职员虽然没有本科学历，但因为具备几年相关工作经验，因此也可以被提升到比会计更高的职级。这样一来，不仅可以节省成本，而且可以充分调动组织内部员工的工作积极性。

3. 为员工培训与开发提供详细的内容

工作分析令企业的员工培训与开发更有针对性。员工培训是现代组织开发人力资源的重要途径，通过培训，能够增强员工的专业能力，提高员工的综合素质，开发员工的潜能。但是，过多的培训对组织来说是一种负担，而过少的培训又会影响工作的质量。因此，员工培训要做到有的放矢、恰到好处。工作说明书对每个岗位的工作内容、工作条件等进行了详细的规定，所以，在员工被聘用后，工作说明书或工作手册可直接作为新人入职培训时的参考资料。按照工作手册的规定，对员工进行入职之前的培训，使其对自己的工作有更好、更全面的认识。另外，也可以针对员工与岗位要求之间的差距展开专门培训，以提高员工与岗位的匹配程度。这样就避免了盲目培训，减少了资源浪费，提高了单位培训的效率与效果。

4. 为绩效考核提供有效的帮助

绩效考核系统是一套衡量、评价和影响与员工工作相关的特性、行为和结果的正式的、结构化的组织制度。绩效考核制度设计的关键在于绩效指标的设计。这些指标都要从工作分析活动的结果中获取，如从职位职责中提取结果性效标，来衡量员工完成哪些工作任务或生产哪些产品。通常，工作职责描述得越清楚详细，绩效指标就越容易制定。通过对工作进行系统、科学的分析，可以清楚地定义每个岗位所要完成的工作任务，并制定出相应的完成标准，从而使考核有据可依，极大地降低了考核的主观性，提高了考核的公正程度和效率，同时也有利于减少绩效考核者与被考核者之间的冲突和矛盾。

5. 为薪酬管理提供公平的依据

有一种薪酬体系的建立过程是通过对各个岗位的工作难度、复杂程度、责任大小，以及任职资格中的学历、资历、经验、技能等内容进行综合评定，获得公平公正的职务评价，从而形成岗位分类和职务级别表，进而构建以岗位为依据的薪酬制度及工资标准。由此可见，

---

[1] 潘泰萍. 工作分析基本原理、方法与实践 [M]. 2 版. 上海：复旦大学出版社，2018.

建立这种薪酬制度所需要的基本资料都是从工作分析中得出的。以工作分析结果为参考进行工作评价，可以确定企业内部不同岗位的相对价值，从而达到优化企业薪资结构、提高薪酬内部公平性的目的。

6. 为员工职业生涯管理提供指导

企业通过科学的工作分析形成各项工作的基本规范，从而为员工职业生涯的发展提供指引。利用工作分析，可以了解岗位之间在工作内容及任职条件方面的逻辑关系与差异，从而建立起基于岗位的职业发展通道，并制定相应的职业发展路径、规范和标准。一方面，它为人力资源管理部门提供同类职位间工作内容、知识、技能、经验等方面的内在相关性，从而为人力资源管理人员设计员工职业生涯成长通道提供依据；另一方面，它帮助员工掌握自身成长通道上相关职位的任职要求，从而使员工加强对自身行为的改进。同时，在工作过程中对绩效标准的传达，能使员工明确组织的期望，更有助于他们有针对性地学习、实践和提高自身能力。

7. 支持劳动关系合法合规性

完整的工作分析对支持雇用实践中的合法性及建立员工劳动关系具有重要作用。工作分析产生的工作说明书将作为员工录用以后签订的劳动合同的附件。员工进入企业后，该完成什么任务，达到什么样的效果，承担何种责任，以及要负责到什么地步，这些问题的标准答案事先都已在职位说明书中写明。这样，一方面可以使员工对工作有更深层次的了解；另一方面可以避免不必要的冲突，日后万一出现劳动纠纷也可作为重要的法律依据。同时，它也能为员工晋升、降职、调动等决策提供依据[1]，保证决策的科学性、客观性和公平性，有利于组织领导者与员工之间建立和谐的关系。

由此可见，工作分析广泛应用于人力资源管理的各项活动之中，是人力资源管理的基础。

1.2.2 对企业管理的重要作用

1. 工作岗位的内容分析

案例库

> **案例分析：洒在地上的液体谁来打扫?**
> 某车间一名操作工不小心将一桶机油洒到了他工作的机器四周的地上。车间主任让他清理干净洒在地上的机油，但该操作工以自己的工作中没有这方面的任务为由拒绝了。接着，车间主任叫来了一名服务生，但服务生也不肯清理，说他的工作里不包括打扫卫生，应该让勤杂工来做，因为勤杂工的职责之一就是做好清洁工作。因为服务生是被派来的临时工，车间主任扬言：不服从就开除他。服务生只好被迫做了这份清扫工作。不过，事情办好以后，服务生心里很不是滋味，所以就愤愤不平地去向有关部门投诉。公司的负责人

---

[1] 付亚和. 工作分析 [M]. 3版. 上海：复旦大学出版社，2019.

> 在看到投诉后，对三类员工的工作说明书进行了审阅。在机床操作工的工作手册中写道："操作工应维护机床的洁净，以保证其正常运转"，但并未提到对周边环境的清理。服务生的工作手册中指出，服务生有义务以各种方式辅助配合操作工，如帮忙领取原材料和工具等，但也并未写明与清洁有关的工作内容。勤杂工的工作手册上的确涵盖了一系列清理打扫的任务，不过他们的工作时间是在普通工人下班时间之后。

在这个案例中，之所以会出现清扫地面这件小事都无人肯做，在几名工人之间来回推诿扯皮，甚至产生矛盾，就是因为该厂的工作说明书不够合理、准确、全面，对各个职位的职责、任务缺乏具体而明确的界定。工欲善其事，必先利其器。组织唯有事先对内部各个岗位的工作内容进行详尽的调研分析，充分考虑各种偶然事件，明确各个职位的任务、责任，才能避免或减少日后职责职权不清引发的矛盾。

通过工作岗位的内容分析，企业要回答或解决如下问题：岗位的名称是否准确？每个岗位的工作任务是什么？工作责任有哪些？权限是否合理？工作强度是否适中？

（1）岗位名称　岗位名称是岗位的标识，反映了岗位的性质和特点。一个确切的岗位名称可以使人们对该岗位的内涵一目了然。岗位名称既要指明岗位所处的范围，例如，所在部门、所在地点等，又要反映岗位的任务和责任。例如，财务部经理这个岗位名称，一是表明该岗位属于财务部门；二是表明该岗位的职务是经理；三是表明该岗位的人员是财务部门的主管人员，对财务部的工作全面负责。

（2）工作任务　工作任务是指工作活动中为达到一定目的的行为组合，例如，打印公告、编制周报等都属于工作任务的范畴。需要注意的是，工作任务不仅涵盖所有的体力劳动，如变换工作者自身的位置、使原材料或产品发生位移，还包括一切脑力劳动，如计划、判断、决策、指导等。任务中的体力活动是可以被观察和测量的，而脑力活动则需要通过专门技术来了解。

（3）工作责任　工作责任是指在完成自己的工作时，雇员必须达到的产品数量和品质标准，也就是要尽职尽责地履行自己的职责，并保证按时、保质保量地做好自己的工作。工作责任可以分为管理责任和非管理责任两大类。

管理责任体现为影响其他人员工作的方式或对他们的工作进行帮助和指导等，包括监督指导责任、成本控制责任、风险控制责任、内外部协调责任、决策责任等；非管理责任包括生产制造产品的责任、遵守相关制度的责任、保管某些财务使其不受损失的责任、安全生产的责任、机器设备的养护责任等[⊖]。

（4）岗位权限　岗位权限是指在履行其职务规定的工作任务时，可以在有限的范围内自行行使的权力。准确地说，它是指按照工作性质、工作特点，依据组织相关的规章制度，对其职权的范围和内容进行界定，以确保本岗位人员能够正确地履行职责。不同职务之间有不同的职权，如承办、审核、批准等，只有权限明确，责任才能明确。

例如，某机场安全检查通道设置了人身检查岗位。其任务是：手持监测仪，对人身进行全方位检查。与之对应的权限是：有权要求旅客打开随身携带的物品，接受进一步检查；有

⊖ 安鸿章. 工作岗位研究原理与应用 [M]. 3 版. 北京：中国劳动社会保障出版社，2012.

权提出扣留违禁物品，并交由值班员具体处理。

（5）工作强度　劳动强度是指劳动者从事劳动活动的繁重、紧张或密集程度。劳动强度分析主要对岗位劳动者的劳动紧张程度、劳动负荷、工时利用率、劳动姿势和工作轮班制度等方面进行分析。其中，劳动紧张程度分析是对员工在劳动过程中脑、眼、耳和四肢的协调性、感知和处理信息的速度、注意力集中程度、反应的快慢等进行分析；劳动负荷分析是根据员工在工作中采用的推、拉、走、跑等动作，来分析员工做功的大小和能量消耗的多少；工时利用率分析是对员工工作时间的利用情况进行分析；劳动姿势分析是对员工作业时所采用的坐、站、跑、蹲、攀、踢、踏、俯卧、仰视、蹲伏、弯腰和倒悬等劳动姿势进行分析；工作轮班制度分析是根据员工的工作轮班制度，如常白班、两班倒、四班三运转等进行分析，以确定工作班制对员工身心健康有无影响⊖。

工作的内容分析应该能够反映出劳动者与工作相关的一举一动，并且要做到准确，不要想当然或者模模糊糊，敷衍了事，应该把工作的整个过程都包含进去，甚至连意外事件都要考虑在内，记录在案⊖。

2. 工作岗位的时间分析

案例库

> **案例分析：物流配送的单位时间分析**
>
> 某物流配送中心主要有三项作业：处理订单、包装和配送。此前对各项作业所需的时间，该配送中心只有一个大概的估计数据。工人们工作的速度时快时慢，所用的时间很不稳定，效率也时高时低，因此经常遭到顾客对发货慢、配送时间长的投诉。后来，该配送中心的人事经理组织人员对各项工作进行了一次系统的分析评价，在这个过程中实地观察、测定了各项作业在各种情况下所需的工作时间，并由此制定了标准作业时间。终于，情况得到了改善⊜。

上述案例中将作业时间标准化，有利于合理安排生产及有效利用人力及物料资源。但由于各个企业所从事的行业、规模、生产品种等不尽相同，因此，企业需要建立起一套与自身相适应的作业标准体系㉔。企业（尤其是制造行业企业）在进行工作分析时，对工作岗位进行时间研究是不可或缺的，标准作业时间的制定也便顺水推舟、顺理成章。

标准作业时间是指一个训练有素的人员在正常工作条件下，用预先设定好的标准作业方法，以其正常的努力程度和正常的技能（非超常发挥），完成一定工作所耗费的时间，再加上考虑到操作者的个人原因和一些无法避免的影响因素所耽误的时间后，得到的作业时间。其中，操作者的个人原因和一些无法避免的影响因素所耽误的时间被称为宽放时间。在现实作业中，由于操作者的心理和生理等因素，往往需额外花费一定的时间，因此应对其予以考虑。

⊖ 刘凤霞. 组织与工作设计 [M]. 天津：天津大学出版社, 2015.
⊖ 马国辉, 张燕娣. 工作分析与应用 [M]. 2版. 上海：华东理工大学出版社, 2012.
⊜ 邓爱民, 李红, 文慧, 等. 基于时间研究的物流作业成本核算管理 [J]. 科技管理研究, 2014, 34 (19)：195-198；203.
㉔ 范旭. 焊装作业时间标准的制定和生产线再设计：案例研究 [J]. 工业工程, 2009, 12 (5)：120-125.

企业进行时间研究以及制定标准作业时间的优势主要有以下几点：

1）利用时间研究进行时间测定，可以让管理者对每一个作业单元所消耗的时间有大致的了解，以便发现每一项作业所存在的效率问题，而对各个环节进行改进和优化，减少不必要的成本[⊖]。

2）根据完成各项工作任务所需的标准时间，企业可以根据市场对产品的需求制订其人员计划和设备计划，包括设备投资和人员招聘的长远计划。

3）能够为管理者提供更准确的成本信息。标准作业时间是会计采用标准成本法核算成本的重要依据，也为时间驱动作业成本法进行成本核算打下了坚实基础。

4）有助于评价员工的工作绩效，奖惩也将有据可依，更加客观、公正。

5）根据标准作业时间合理安排每台设备、每个人每天的工作任务，以防止忙闲不均、设备闲置、人员闲暇的现象，能有效地利用资源。

标准时间是衡量一切工作的标准，具有相当高的客观性与公平性。但需要注意的是，标准作业时间也不是一成不变的，通过不断改善，标准时间可以不断刷新，从而提高生产效率、降低生产成本。

3. 工作岗位的流程分析

企业管理者最关心的就是如何用最少的人工成本来提高产品质量、提高劳动效率、减少制造成本、提高员工的执行力。那么，对工作流程进行分析，实现作业流程的标准化、专业化，不失为一个绝佳解决方案。星巴克的成功充分印证了这点。

案例库

案例分析：星巴克的标准化作业

全球最大的跨国连锁咖啡店星巴克自1971年诞生以来，以童话般的奇迹让全球瞩目，其成功的秘诀就在于标准化。为了保证全球一致的管理、品质和口味，从咖啡豆的选购到咖啡豆的烘焙，再到咖啡的加工，每一步星巴克都有标准化的流程。

以加工咖啡为例，星巴克对每一个咖啡制作师都进行了全面培训，在加工咖啡时要采用标准化操作，对操作的每一个步骤都需要严格把握，以保证顾客喝到完美咖啡。他们每个星期都会举办一些关于咖啡知识的讲座，职员们会在每天上午9:30集合，进行15min的咖啡交流。每个员工都要熟悉并牢记咖啡的知识，对水质、水温、水和咖啡的比例、咖啡豆研磨的粗细、新鲜程度，都要一丝不苟。在有兴趣的顾客面前，每个员工还必须能够向他们流利地介绍相关知识。

星巴克一杯咖啡的最佳冲泡时间为17~23s，用的是78~94℃的水。这个时间和温度正好可以让咖啡豆的香味得到最大限度的发挥，这是在严格监控下一次又一次不断练习出来的。星巴克的每一位员工都能把咖啡的冲泡时间控制在17~23s内，为顾客提供最好的咖啡，而无须借助任何计时设备。此外，星巴克也有规定，一旦员工觉得某一杯咖啡不符合要求，他们有权力将其扔掉。每一家门店的咖啡豆如果在7天之内没有用完，都要被淘

⊖ 龚尚猛，周亚新. 工作分析的理论、方法及运用 [M]. 3 版. 上海：上海财经大学出版社，2015.

> 汰。除此之外，对于展示商品的方式，甚至连打开咖啡豆包装袋、贴上包装标签这样的细节，星巴克都有明确的标准。例如，装好1lb的咖啡豆后，标签一定要贴在星巴克标志上方1.5in⊖的地方。
>
> 　　就是通过这样的标准化作业，星巴克将咖啡的口感精准量化，然后复制到每一家门店。

　　生产力的进步体现在生产效率与质量的提升上，而要提高生产的效率和品质，就必须不断精简工序、改善工艺、明晰工作标准和规范、最大限度地做到人岗适配，才能取得最佳效果。当今时代，生产过程日益复杂化，企业的规模不断扩大，生产环节越来越多，工序链变得更长，分工更细化，具体的劳动模式日益增多，对空间和时间上的劳动协同要求也越来越高。对于一套工作流程而言，其中的各个环节就像是建筑大厦的砖块，每个环节都是基础，也很重要，只有各个环节协同配合好，哪个都不出问题，这项工作流程才能顺利进行。标准作业流程的设计便为其提供了有力保障。

　　对组织内的各项工作进行流程分析，将工作分割成一系列可以由经过最少训练的一般工作人员从事的任务要素，结合内部员工长期实践所积累的技术和经验，形成标准化的文件来保存，供所有人效仿应用，这就是标准作业流程。标准作业流程的制定使得整个企业的经验技术不会随着员工的流动而流失，实现员工个人知道多少，组织就知道多少，也就是将个人的知识与经验转化为企业的财富；更因为有了标准化，很多工作即使员工流动率很高，换了一波又一波不同的人上岗，只要按照既有的标准化流程按部就班去操作，效率与质量也不会有太大的差别。结果就是，作业流程标准化不仅提高了工作效率，降低了企业成本，还保证了产品质量⊖。

本章总结

　　本章介绍了数字化转型下工作分析和岗位管理面临的一系列新挑战，从工作分析和岗位管理内容与发展、工作分析和岗位管理的重要性这两个方面依次展开讲解和讨论，通过引用具体的案例将理论和实际工作结合起来。本章重点要理解工作分析和岗位管理的基础内容和数字化转型中所面临的需要解决的问题，要注重发散思维，思考到数字化转型带来的各个方面的变化。

本章习题

1. 工作分析的基本含义是什么？
2. 工作分析的特征和原则是什么？
3. 从"星巴克的标准化作业"案例中，你能得到什么样的启发？

⊖　1in = 0.0254m。
⊖　钟朱炎. 标准操作规范：SOP 介绍 — [J]. 中国护理管理, 2010, 10 (2)：79-80.

4. 某大型钢铁集团设计院创建于 1955 年，是一家国有大型钢铁集团的全资子公司，注册资本 1000 万元，是以工程咨询、工程设计、工程总承包、工程勘察为主业的国家级综合性甲级设计院。随着设计院不断发展及行业的发展趋势，该设计院面临着员工数量过剩、大量人员闲置的问题，在一定程度上影响了企业的发展，导致企业的利润停滞不前，甚至出现滑坡。基于这样的背景，该设计院将人员减编和优化人力资源配置提上管理日程，希望能通过对不同序列、不同层级的员工进行科学、合理的能力素质评价，将真正的优秀人才调用到核心岗位，将不能胜任岗位的人员调到合适的岗位或进行边缘化，从而达到优化人力资源配置，实现人岗匹配，促进企业的不断发展。通过与该设计院不同层级的人员进行多次深入访谈和分析，了解到目前该设计院欠缺一套科学、合理的人员评价体系，领导在评价员工时更多地依赖主观印象，而且不同人员对员工的评价标准也有较大的差异。举例来说，小王和小李分别是 A 部门和 B 部门的普通员工。在进行人员评价时，由于 A 部门领导的要求较为严格，小王的综合打分为 80 分；而 B 部门的领导要求相对较低，小李的综合打分可能是 90 分。但实际上，客观来讲可能小王的综合能力比小李还要好一些。这就产生了不公平的现象，员工会私下抱怨，也有员工反映，"会干活不如会表现"，甚至该设计院形成了一股在领导面前争相表现的风气。在领导困惑不知道该如何评价员工的同时，员工也在迷惑自己的发展和提升方向，不知道企业鼓励员工做哪些工作或怎样做工作，也不知道哪些工作行为是不好的。到底应该从哪几方面评价员工？如何进行评价？

第 2 章　工作分析与岗位管理的理论

学习目标和知识点

1. 了解工作分析的思想渊源。
2. 了解早期"经济人"时代的内容。
3. 了解两次世界大战期间学者做出的研究与贡献。
4. 了解第二次世界大战后广泛应用的工作分析技术。

导言

理解并掌握工作分析与岗位管理的理论，就要先了解它们的思想渊源，可以将其简单分为早期"经济人"时代、两次世界大战期间、第二次世界大战以后三个阶段。下面让我们一起来学习工作分析与岗位管理的相关理论。

2.1　工作分析的思想渊源

西方社会工作分析的思想源远流长，早在公元前 4 世纪的古希腊就已经萌芽。柏拉图在其创作的哲学著作《理想国》中，借苏格拉底之口，基于正义的原则，对社会职业的分工进行了详尽的阐述。柏拉图认为，正义就是每个人都按照自己的天性做事情，同时也不能影响到其他人。一个正义的公民，会按照自己的天性——个人能力和自身特点，选择一种最适合自己的工作，使自己的个性得到最大限度的发展。由于个体与个体并不相同，个人的能力和性格会存在较大的差异，适合从事的工作自然也不一样。每个人在最适合自己或自己最擅长的领域，为社会生产或社会服务尽心竭力，这便是社会分工。社会分工将大大提高生产率。

个人特质和工作需求之间的差距主要体现在四个方面：一是不同个体的工作能力不同；二是不同职位对劳动者的需求有差异；三是让每个人在一段时间里，按照他们的天赋能力，不去干其他事情，而是专门从事一件工作，就可以实现产量更多、质量更好、工人更轻松；四是使所有人的岗位都是其最能胜任的工作，从而达到最佳工作效率，这是管理者的首要任务[1]。

2000多年前柏拉图的思想为后来的工作分析奠定了基础。了解各项工作和工作对劳动力的需求，从而使适合的劳动力从事适合自己的工作，是后来工作分析和人力资源研究中的一个重要课题。

国外工作岗位研究常用的概念如下：

（1）工作研究（Work Study） 它是方法研究（Method Study）和时间研究（Time Study）的总称。工作研究起源于19世纪末，由美国工程师泰勒（Taylor）以及吉尔布雷斯（Gilbreth）夫妇首创。工作研究是采用科学的方法，以人、原材料、机器设备构成的作业系统为研究对象，从空间和时间上进行分析研究、改进工作设计的一系列活动。

（2）工作分析（Job Analysis） 它也称职务描述、工作描述（Job Description）。

（3）职位分析（Position Analysis） 它是对由一个人承担一项或若干项任务的职位所进行的系统分析与研究。

（4）工作评价（Job Evaluation） 它也称职务评价，确定各项工作的相对价值。

（5）职位分类（Position Classification） 它也称职务分级、职务分类。

2.2 早期"经济人"时代

2.2.1 泰勒与科学管理原理

工业革命后，随着生产技术的变革和企业规模的扩大，传统的经验管理与先进生产力之间的矛盾开始凸显。尽管生产设备越来越先进，但由于管理经验不足，管理方式跟不上，优越的生产设备也往往发挥不出应有的效率，如何提高生产效率成为管理者们亟待解决的问题。于是，19世纪末到20世纪初，美国展开了一场提高效率的运动，即人们所说的"科学管理运动"。科学管理理论就在这个时候推动了工作分析的发展[2]。

1903年，科学管理学之父泰勒的著作《工厂管理》一书详细阐述了他把一项工作分成几个部分测试，之后工作效率显著提高的事实。他以铁块搬运工为例，把搬运工作划分为几个劳动环节，借助秒表严格计时，测量出完成每一环节所需要的时间，发现这种对工作时间的严格调查分析并规定工作绩效标准加以控制的方法显著提高了劳动效率。此后，泰勒于1911年发表了《科学管理原理》。他主张，企业管理者应该全面、系统地对企业的每项工作进行分析、研究，并根据科学的结果来选拔和培养员工，使其充分发挥其潜力，达到科学管理的目的。泰勒协会创立以后正式提出了十三大科学管理目标，其中第七大目标就是"以科学的方式来分析工作，选择、安排、培训和调动员工，确保每位员工的能力都得到最大化施展"。此外，泰勒的《科学管理原理》还关注了工作效率与工作心理之间的关系，并以实例研究表明，一个人的耐性是决定其工作效率的重要因素。

---

[1] 萧鸣政. 工作分析的方法与技术 [M]. 5版. 北京：中国人民大学出版社，2018.
[2] 龚尚猛，宋相鑫. 工作分析：理论、方法及运用 [M]. 上海：上海财经大学出版社，2020.

不论是泰勒提出的"以科学的管理代替传统的经验管理"理论，还是他在工作的各个层面上进行的关于提高劳动生产率的调查和研究，都大大促进了工作分析的理论和实践的发展，工作分析也成为科学管理的现实要求。

知识专栏

泰勒的科学管理实验

弗雷德里克·温斯洛·泰勒1856年3月生于美国费城杰曼顿的一个律师之家。1874年，他被哈佛大学法学专业录取，但由于眼疾而退学，之后在费城的恩特普里斯水压厂做模具工人和机械学徒。

1878年，泰勒入职费城米得维尔钢铁公司。他从一名机械工开始，先后担任车间管理员、组长、工长、技师，在该厂一直工作到1890年。当时，企业家往往采用低工资、延长劳动时间、提高劳动强度等手段来剥削工人，追求利润。工人如果提高了效率，增加了工资收入，管理人员就单方面降低工资率，由此劳资双方之间的对立加深，发生了有组织的怠工。为了解决工人的怠工问题，加大机器的产量，泰勒在米德维尔钢铁厂进行了著名的"金属切削实验"。借助自己掌握的一些金属切削的作业知识，泰勒对车床的工作展开了研究，要通过实验测得在用车床切割钢材时，需要用多大的切割速度、采取什么样的工具、工具处于什么样的角度和形状才能获得最佳工作效率。这项试验极其复杂困难，涉及12个独立变量，本来预计6个月完成，实际却花费了26年，耗费了80多万t钢材。泰勒在巴斯和怀特等十几名专家的帮助下，历经千辛万苦，终于取得了成果，于1906年，正式出版《论金属切削技术》，形成了金属加工方面的工作规范。

1898年，泰勒受伯利恒钢铁公司大股东约瑟夫·沃顿之邀，以顾问身份进入伯利恒钢铁公司，开始他著名的改革实验。泰勒发现，由于怠工，工人的实际劳动生产率只有他们可发挥的劳动生产率的1/3左右。他在伯利恒钢铁公司接受的第一项任务便是改造生铁搬运的工作。实验前，该公司75名工人由一名优秀的工头带领，负责把每块92lb重的生铁块搬运30m的距离装到货车上，他们每天人均搬运12.5t，日工资1.15美元，这与同行的速度、工资相差不大。泰勒首先利用三四天仔细观察了这75名工人，从中选出4名身体素质较好的，对他们展开进一步研究，调查他们的背景、性格、习惯和志向，最终挑选了一个名叫史密特的工人，他的特点是非常爱财且吝啬。泰勒与该员工进行了交流，指导他按新规定工作，并支付工资1.85美元/天。在实验中，频繁改变这名工人的工作要素，以观察各个因素对工作效率的影响。比如，尝试各种姿势进行搬运，史密特时而弯腰，时而挺直腰板。泰勒也研究了步行速度、握持位置、休息时间以及其他因素对搬运工作量的影响。他把搬运工作划分为几个劳动环节，借助秒表严格计时，测量出完成每一环节所需要的时间，通过这种对工作时间的严格调查，制定工作绩效标准。通过长时间观察实验确定的最佳搬运方法，加上劳逸结合的工作方式，该工人每天的搬运量可以达到47~48t，同时也不会感到太疲劳。其他工人也纷纷按照这种科学的方法来工作，使劳动效率得到了极大提高，工资也升高到1.85美元/天。这次改革使得伯利恒钢铁厂搬运生铁块的工作整体成本下降了58%，人均产能提高了280%，工人收入增长了60.87%。

泰勒在伯利恒钢铁厂做的另一个实验是铁锹实验。当时，不管铲铁石还是铲煤炭，大多数工人都是利用自带的铁锹进行铲取，铁锹的大小各不相同，而且同一个工人铲不同原料时用的都是同一把铁锹，工厂雇用的铁锹工人高达五六百人。为了获得一天最大的工作量，泰勒开始研究每一锹最合理的铲取量。他找了几个铲运工，通过逐渐改变每一铲的铲取量，来观察不同的铲运负荷引起的相应变化。他得出结论：一铁锹的铲运重量大概在21lb时，工人每天完成的总铲运量最大；并且，在铲取不同的物料时，最好使用不同规格的铁锹。他还准确地测量了工人在一定的水平距离以特定的高度抛掷材料的效果：先是把物料分为三类，接着按照水平方向和竖直方向区分抛甩物料的动作，然后将连续操作过程分解成几个基础动作，并分别计算用同一工具铲不同的物料并在水平和垂直之间投出不同的距离时，每一基础动作耗费的精确时间，以及总时间是多少。就是在铲运作业中，一次又一次地试验、观察、总结、综合这些因素，才得出了铲运的科学作业。在发现了科学、高效的作业规律之后，泰勒改造了伯利恒钢铁公司铲运工的工作模式。①设置清楚易懂的标识牌。这种标识牌有两块：一块标注工人们当天按指示使用的工具和具体工作地点；另一块记录工人们前一天完成了多少工作量，取得了多少收入。为使标识牌更清楚明了，还增加了颜色来表示不同的情况：黄色表示未完成的工作；白色表示所有工作都是正常的。②设立办事员和监工。其中，一类办事员要提前安排好每个工人的计划，为每个工地安排合适数量的工人，还要准确记录工人的劳动状况及所赚得的工资。另一类办事员充当老师的角色，他们都是熟练工出身，有足够的能力可以帮助和引导工人。当有工人未完成任务时，就派出一位这样的老师对他进行详细的指导，准确地告诉他该如何把工作做好，并且分析他是否适合做这份工作，如若不适合，就把他换到更适合的工作岗位上去。还有一类办事员专门负责工具，他们负责管理和维护工具，每天都会针对不同的劳动把适合的工具发放到每位工人手中。监工则主要负责生产纪律。通过这样的改革，极大地激发了工人的积极性，"他们把其主管和指导老师看成是最好的朋友，而不是强迫他们做苦工的工头和强迫他们超负荷劳动却只给一般工资的人"。在这种情况下，实验取得了良好的效果，不但工厂获得了更大的利润，工人的工资也大大增加了。

泰勒制度也存在一些困境。1911年，曾在两年前引入泰勒制度的波士顿沃特兵工厂引发了大规模的罢工。1912年，美国国会迫于压力组成了特别委员会，举行听证会。1913年，国会特别委员会向美国上下两议院提出"禁止泰勒制度"的法律提案。1915年，两院通过了这项法案。1918年，美国熟练工人及非熟练工人的工资调整与标准化方案，就是以工作评价制度为基础编制的。1921年，全美铁路、运输业在工作分析的基础上，实行了员工职级制。1930年，美国各大公司采用工作分析方法，建立工作评价制度的约占39%，1940年增加到75%，20世纪60年代在欧美国家广泛采用。1945年，希亚（W. T. Sher）创造工作因素法（Work Factor Systems）。1948年，梅纳德（H. B. Maynard）等创造方法时间衡量（Method-Time Measurement，MTM）法，创建了预定时间系统。

泰勒在国会听证会上的证词中说：科学管理的实质是一切企业或机构中的工人们的一次完全的思想革命——也就是这些工人，在对待他们的工作责任、对待他们的同事、对待他们的雇主态度的一次完全的思想革命；同时，也是管理方面的工长、厂长、雇主、董事会，在对他们的同事、他们的工人和对所有的日常工作问题责任上的一次完全的思想革命。没有工人与管理人员双方在思想上的一次完全的革命，科学管理就不会存在。

法约尔的管理14项原则

亨利·法约尔（Henri Fayol）是管理思想的古典理论家（Classical Theorists）的杰出代表。他把管理看作一组普遍的职能，即计划、组织、指挥、协调和控制。

法约尔把管理实践看作有别于会计、财务、生产、分销和其他典型生意职能的一种功能。他强调，管理是工商企业、政府甚至家庭中所有涉及人的管理的一种共同活动。其管理14项原则包括以下内容：

(1) 劳动分工原则（Division of Work）。
(2) 权力与责任原则（Authority and Responsibility）。
(3) 纪律原则（Discipline）。
(4) 统一指挥原则（Unity of Command）。
(5) 统一领导原则（Unity of Direction）。
(6) 个人利益服从整体利益的原则（Subordination of Individual Interest to General Interest）。
(7) 人员的报酬原则（Remuneration）。
(8) 集中原则（Centralization）。
(9) 等级制度原则（Scalar Chain）。
(10) 秩序原则（Order）。
(11) 公平原则（Equity）。
(12) 人员稳定原则（Stability Tenure of Personnel）。
(13) 首创精神（Initiative）。
(14) 团结精神（Esprit de Corps）。

2.2.2 闵斯特伯格的工作分析研究与贡献

雨果·闵斯特伯格（Hugo Munsterberg）是工业心理学的奠基者，被誉为"工业心理学之父"，他相信心理学应当有助于改善劳动者的适应能力和劳动生产率。其研究的重点是：怎样根据员工的素质和心理特征，为他们安排最合适的工作；在何种心理状态下，员工能最大限度地发挥工作的主动性，并保证产出最大化、令人相当满意；什么样的情绪状态才能让员工的工作达到最优效果。

闵斯特伯格的著作《心理学与经济生活》（又译作《心理学与工业效率》）由以下三个部分组成：①最合适的人才，也就是研究工作对劳动者的需求，找出最适合做某项工作的人的心理特征，在人员甄选、职业生涯指导和工作安排方面采用心理学常用的实验方法。②最适配的工作，就是研究和设计出一套适于员工工作的方法、手段和环境，从而使其工作的效率得到提升。闵斯特伯格研究发现，在工作中，学习与培训是性价比最高的提高劳动生产率的方式，而物理因素、社会因素对工作的效能有很大的影响，尤其是在工作中营造合适的"心理条件"非常关键。③最佳的效果，就是在商业上，通过适当的方式，能保证资源的合理使用。闵斯特伯格考察了对员工需求施加符合公司利益的影响的必要性。

此外，闵斯特伯格还发现，心理学家在研究某项工作的心理素质要求时，只是一个"外行人"，要获得有关工作的确切资料，仅凭自己的观察是远远不够的，而从事这份工作的工人和上级主管则可以对工作有关的心理因素进行精准的分析。例如，闵斯特伯格在研究印刷排版工作的效率时，他说，排版的速度依赖于工人手指的灵活性，而工厂的主管（一个专业的排版人员）则认为，工人的记忆力对排版的速度有极大的影响，这种影响是决定性的。一个排版工人的按键速度慢但记忆力很好，其工作效率会远高于按键飞快但记忆力不好的人，因为后者在排字时要在不断地翻页过程中浪费大量的时间，从而大大降低了排版效率。

2.2.3　吉尔布雷斯夫妇的贡献

弗兰克·吉尔布雷斯是以"动作研究之父"著称的工程师，他的妻子莉莲·吉尔布雷斯是一位心理学家，被誉为"管理第一夫人"。他们的动作研究极大地推动了工作分析的前进，并且关注到工作分析对象的全面性。

弗兰克提出了一种在实验室中进行工作分析的程序方法，通过提供合适的设备、减少多余的动作，来最大限度地提高工作效率。以砌筑工人砌砖为例，如果砌筑工人一手拿砖，另一手拿着抹泥板，同时配备一个可以调节高度的工作支架，这样每小时砌砖的数量会远远超过普通情况下砌砖的数量。吉尔布雷斯夫妇用照相机把工人的动作拍摄下来，又利用自己发明的一种计时器和灯光示迹摄影法清晰地记录下每项动作需要的时间。他们把小灯泡绑在工人的胳膊上，用一组时间指示的方式记录下他们的工作动作，并和大家一起讨论，什么是合理的、必需的、应该保留的，什么是冗余的、可以删除的，什么是可以优化的，什么是需要加速的，最后制定了一个标准的操作流程⊖。通过对动作的分解研究发现，一般所用的动作分类，对于细致分析来说是过于粗略了。因此，吉尔布雷斯夫妇把手的动作分为17种基本动作，并把这些基本动作定义为动素。例如，拿工具这一动作可以分解成17个基本动素：寻找、选择、抓取、移动、定位、装备、使用、拆卸、检验、预对、放手、运空、延迟（不可避免）、故延（可避免）、休息、计划、夹持等。动素是不可再分的，这是一个比较精确分析动作的方法⊜。

弗兰克还提出，工作分析的起点是员工本身，而非其他非人为因素，而工作分析的结果也会因工作分析对象的不同而发生改变。这正是弗兰克的理论特色。假如上文提到的那位砌筑工人是一名左撇子，他就必须把砖头和抹泥板的位置互换。因此，吉尔布雷斯夫妇提出，

⊖ 周三多. 管理学原理与方法 [M]. 7版. 上海：复旦大学出版社，2018.
⊜ 付亚和. 工作分析 [M]. 3版. 上海：复旦大学出版社，2019.

在相同的工作中，不同的员工应该采用不同的工作方式来提高工作的效率。这表明他们十分重视工作方法的分析，重视工作分析对象的全面和典型性。

2.2.4 福特时代科学管理达到顶峰

1913年10月7日。亨利·福特（Henry Ford）在密歇根州海兰帕克的汽车制造厂建立了一条活动装配线，大大提高了生产效率。这种装配线使一台汽车在不到3h内就能制造出来，适应了对福特T型汽车日益增长的需求。仅1914年里，即可预期生产出近25万辆汽车。到了"汽车大王"福特时代，科学管理达到了顶峰。其管理流程大致可分为如下步骤：第一步，制品通用化；第二步，流水作业、节拍生产；第三步，传送带；第四步，极度分工；第五步，日工资。

在泰勒等人的研究基础上，产生了工作分析制度，从具体的动作研究转向企业中工作岗位的系统描述，做出规范化的记录。这一制度首先在工商企业中被广泛推广。

2.3 两次世界大战期间

第一次世界大战的爆发极大地推动了工业心理学的发展，尤其促进了将心理学应用于人员分类和人员配置。战争刚开始时，美国军队一直没有征兵质量的原始记录和技术方法，理论界也缺乏对军事活动，甚至一般工作活动中人才素质与工作要求相匹配的研究。为了提高对军队人员的管理水平，工作分析得到了广泛研究和应用。

2.3.1 宾汉的工作分析研究与贡献

美国工业心理学家和应用心理学家宾汉（W. V. Bingham）在卡内基工学院创建了第一个应用心理学系，他将工作分析作为工业心理学的一个分支来研究。两次世界大战期间，宾汉在应用心理学领域取得了不少研究成果，对大规模工作分析项目和工作评价的发展产生了深远的影响。

第一次世界大战期间，宾汉开始研究工作分析的方法，该课题旨在解决人力资源配置问题。之后，宾汉与其他专业人士成立了研究中心，以收集各种数据为基础，对组织职业介绍和设计员工培训课程进行指导。研究中心的斯特朗和尤布洛克两位专家访问了许多劳动者，搜集了许多有关工作类型、角色内任务、资历要求、员工晋升等方面的信息。这些工作都是较早的工业工作分析。

20世纪20年代后期，美国国家教育委员会接受宾汉的提议，由曼恩（C. R. Mann）带头，进行了一项课题研究，旨在设计出一份优秀职员的资格说明书。研究过程中，曼恩提出了一个全新的想法——"用途记录"，即在记叙描述某项工作时，只要写明工作所需的知识和技能，而无须顾及或深究工作所要求的文凭和训练。具体来说，就是每一条记录都以一个动作动词开头，然后是完成这一动作或行为的条件和结果。这个方法的优点在于减少了直觉误差。曼恩的该项研究成为早期谈论任职资格只关注技能而不重视其他方面的典型例子。

1931年，宾汉又推动美国国家研究会和社会科学研究会开展了为民众就业服务而组织的工作分析大型项目。尽管很多参与此次项目的人都希望参军，宾汉还是将项目重点列为美国国家就业局的职业调查项目。该项目成为如今的工作分析计划的基石。第二次世界大战爆发后，宾汉担任美国国防部军队人员职位分类所主席和首席心理学家，延续其在工作分析领域的广泛影响。

2.3.2 斯考特的工作分析研究与贡献

美国心理学家和管理学家、工业心理学先驱之一斯考特（W. D. Scott）在卡内基工学院有一个推销员研究所。在该研究所创建的早期，他研究制定了一份对推销员绩效进行考核的标准，这份标准大多与推销员的所谓"办事能力"等个性特征挂钩，和工作的内容没有多大的联系。之后，斯考特结合军队实际，对"个性特征"进行修订，重新制定了一份考核标准，供纽约州的一个军官训练营参考使用，结果却并没有被军队首长采纳。原因是，尽管他的标准对人员的个性特征进行了详尽描述，但由于他并没有对军官的工作展开专门的工作分析，故这份标准缺乏具体应用的价值。针对这个问题，斯考特重新思考，将研究重点转向工作表现的内在质量标准。也就是说，他先将同一等级的所有军官按工作中表现出来的能力进行排列，再通过工作分析得到这一级别的军衔资格条件。终于，这份新的军衔资格标准得到了首长的赞同。由于斯考特出色的表现，1917年，美国防部长牛顿·贝克授权斯考特在军中组建人员测评委员会，并由他担任主席[一]。

由斯考特牵头的人员评估委员会，其主要职责是协助部队征召符合条件的军人，"为满足一线需求开展工作分析"。军队向委员会提供了必要的技术来征召军人，但结果并不理想。为了解决这一问题，该委员会要求部队在制定征兵标准时，要详细描述具体工作，如其中包括哪些工作任务、应当符合哪些条件等。同时，人员测评委员会还额外设置了一个人事专员，专门针对地方的具体情况开展调研和工作分析。最后，在人事专员所做报告的基础上，该委员会编制了一份"特定军官任职技能说明书"。委员会还根据"通过对技术娴熟的工人行为进行分析，可以找到工作所需要的工作技能"的认知，经过一系列的工作分析，设计出"人员调查表"和"应征申请表"，大大地提高了征兵的工作效率。

斯考特领导的委员会也提高了军队面谈评估的科学性，即在制定军人评估办法前，需要对士兵工作进行分析。面谈考核是检验士兵们对其能力描述的真实性的唯一途径，所以这一工作在部队中的作用非常关键。然而，在现实情况中，大部分的面谈评估效果并不理想，最主要的原因是缺乏对工作的分析。凯利（Kelley）在委员会中强调，工作分析是必要的，然后才能制定出严格符合军队需求的评估办法。因此，很多为军队服务的心理学家都把目光投向了工作分析。

斯考特还与克劳斯勒（R. C. Clothier）一起创办了斯考特公司，为企业和政府部门提供有关人才选拔和员工效率问题的咨询服务，用心理学的方法解决实际商业问题。他们合作撰写了《人事管理》一书，这本书详细地阐述了他们在企业中运用曾经在军队得出的科研结论进行企业管理的方法。其中最有意义的一个例子就是克劳斯勒把工作分析方法运用到了联邦公务员的职业介绍中。1922年，美国政府机构改革委员会派克劳斯勒前往俄亥俄州代顿市，调查分析了1200多个雇员的237种职位。克劳斯勒经过大量的调研和材料收集，取得

[一] 潘泰萍. 工作分析基本原理、方法与实践 [M]. 2版. 上海：复旦大学出版社，2018.

了一些结果，内容主要包括以下三点：①工作任务。工作分析小组成员应该把重点放在工作任务或作用上，而非具体的操作细节，因为他们往往会误导人。②工作本身的要求。为了获得客观的信息进行分析，分析小组应该详细地说明工作分析的理由，以便获得准确的工作要求。③就业途径。分析小组应该努力避免让劳动者从事无希望、无前景的工作。值得一提的是，在开展这项研究的时候，克劳斯勒得到了与美国政府机构改革委员会成员艾玛·巴鲁什（Ismar Baruch）紧密合作的机会。

2.3.3 巴鲁什的工作分析研究与贡献

巴鲁什对工作分析研究的最大贡献是，他成功地把工作分析的方法与结果应用于美国国会的《工薪划分法案》。

1853年—1923年，按照美国法律，公务员的薪水被分成四个级别。然而，薪酬与工作职责却是彼此独立的，只要政府的总薪金开支不变，政府官员就可以随意地对员工进行调整。美国政府机构改革委员会在1902年就曾号召和敦促政府按照自己的工作任务来给所有级别的员工发薪水。在这段时间里，格里芬·哈根（Griffin Hagen）利用问卷调查和面对面访谈等手段，运用工作分析方法实行了相关的薪酬计划。格里芬·哈根的薪酬方案在1909年经过了多方面的努力，最终被市政府和私营公司采纳。1912年，这样的薪酬分配方法也被用于社会和公共事业。

美国政府机构改革委员会在1919年派巴鲁什加入国会的工薪划分联合委员会。经过对10万多名公务员进行的调查，并搜集了工作职责的相关资料，再通过逻辑分类和分级，巴鲁什得到了分析结果。在此基础上，1923年，美国国会通过了《工薪划分法案》，并把华盛顿作为试点施行。巴鲁什的研究以关注影响各项工作的一般因素为特征，忽视了个别的偶然因素。例如，一个员工使用方法甲完成某项任务，但实际上大多数员工都使用方法乙实现相同的目的，那么在评估这项工作的等级和相应薪酬水平的过程中，巴鲁什认为，方法甲不应被视为一种必需的工作技能，而应以所有员工的通用技能（即方法乙）为准去考虑。

2.3.4 莫里斯·威特利斯的工作分析研究与贡献

美国国家研究会致力于通过工作分析为美国职业能力评价设计一套生理指数体系。1922年，该研究会的成员之一莫里斯·威特立斯（Morris Viteles）在吸纳了他人的能力指标后，提出了一套有关工作能力的指标体系。这个指标体系包括以下几个方面：

（1）体能 充足的体能是工作成功的保证，不同工作对体能的要求也不同。体能一般可划分为五个等级，重体力劳动所要求的体能是最高级——5级，而对于铁路扳道工之类的轻体力劳动者所要求的体能是最低级——1级。

（2）能量消耗的速率 能量消耗的速度会因为工作的不同产生很大的差别。例如，有些工作并不需要太多的体力，但需要较快的工作节奏，导致身体能量被快速消耗。

（3）工作者的兴趣和动机 人总是选择与自己兴趣和环境达到最佳匹配组合的工作。

（4）工作的性质和要求 工作性质是指根据不同的角度和标准对工作进行分类，主要有脑力劳动和体力劳动、是否担任领导职务、是否以财产或者主要涉及财产作为工作内容等标准。

通过多次的现场访谈，威特利斯把所有的技能指数分为 1～5 五个级别，并把它们归纳成一张员工素质表。在这张表中，最高级的技能就是最重要的工作技能。

2.3.5　美国社会科学研究会的工作分析研究与贡献

美国社会科学研究会对工作分析的贡献是，它从工作分析的角度，对美国各个行业的职业技能规范进行了清晰的界定，并将其分为共同要素和特定要素两种类型。

1931 年，社会科学研究会设立了失业问题委员会，专门研究"大萧条"给就业带来的冲击。委员会中有西屋电气公司的迪茨（J. W. Dietz）、美国政府机构改革委员会委员巴鲁什和明尼苏达大学就业研究所的史蒂文森（R. A. Stevenson）。在此之前，这些心理学家都从不同的视角看到了工作分析在政府工作、军事管理、工业生产及稳定就业等领域的作用。委员会的一项主要工作是制定各种工作所需的工作技能标准，以供公共就业交流中心参考。此外，该委员会还检视了各种工作中的共同因素，以方便员工在不同岗位之间的转换，并使其更好地发挥其能力。但是，在"共同要素"这一概念上，委员会成员之间有不同的认识。巴鲁什主张，在不同的工作中，工作技能应当是一个共同的素质要素；还有许多人对曼恩"用途记录"中所提及的特定工作技能表示了赞同；明尼苏达大学工程系的科普克（C. A. Koepke）通过对大量资料的分析，得出了"力量、灵活性、精确性、操作应用能力"等工作的具体要求才是各种职业的共同要素。

2.3.6　美国职位研究会的工作分析研究与贡献

1934 年 2 月，罗斯福总统授权美国国家就业局成立一个特别委员会，专门研究在那时特别严重的失业问题。宾汉利用这一历史契机，将社会科学研究会、国家研究会和 ESRI 三大机构整合，成立了国家就业局下属的职位研究委员会（简称 ORP），迪茨担任主席，沙特尔（C. L. Shartle）为主任，宾汉为主任顾问。1939 年 7 月，这个机构正式隶属于国家就业局，成为其下属的职位分析调查司。

交给 ORP 的第一个重任是编写一部就业指导辞典，着重介绍当时各式各样的工作所需的通用技能。ORP 在编辑时采用了一件极为重要的工具，即"员工行为特征表"，它实际上是心理图表的改良版，完成这个图表就意味着为不同的工作确立了共同的技能。ORP 没有采用结构化的理论架构来约束研究，相反，它进行了系统的工作分析，收集了上千个工作的实际数据。然而，也正是因为缺乏理论指导，虽然 ORP 搜集的信息量很大，仍未能达到预期的目标，编制工作也以失败告终。

当时，所有的工作分析研究人员都没能根据共同的工作特征建立一个职位分类体系，所以，ORP 在研究失业救济金问题时，同时展开了职业编码表的编制活动。然而，做这项工作是非常艰难的。职业编码表的本意是先根据工作的特定要求排列一组数字次序，然后根据就业资格排出另外一组次序，第二组次序与第一组次序自然相关。但是，由于研究人员侧重于工作所需的技术，而没有对从业人员的资格给予足够的重视，职业编码表也存在一定的不足。

1936 年 4 月，ORP 的另一个团队根据职业编码表展开工作分析，搜集了大量的事实材料，最后编辑出版了《职业大辞典》。这本辞典根据要求劳动者掌握的知识、技能等最基础的条件把岗位划分成不同职级，深受人们的欢迎，特别是极大地方便了美军第二次世界大战期间的招募工作，更是被许多人称为"为战争而生的辞典"。

长期担任 ORP 组织领导的著名工业心理学家沙特尔有着独特的眼光。他认为工作分析还需要在两个方面进一步开展：一方面，加强制造业的工作分析，为今后安置复员军人奠定基础；另一方面，研究如何设计培训计划，以便新兵能够更好地在军队中服役。基于这一思想，沙特尔于1941年完成了"人事配置表"的设计。人事配置表能够反映工作中所需的工作经验和工作知识，为人力部门设计退伍军人的择业方案提供了极大的便利。

ORP 及后来的职位分析调查司为工作分析、人事管理专业培养了数以千计的人才，他们在之后各类工作分析活动中的各个方面，如收集资料、选择分析对象、编制人员配置表、设计员工培训计划、培训与安置残障人士等，都起到了很大的作用。

2.4 第二次世界大战以后

第二次世界大战之后，一些学者对 ORP 的研究结果进行了修正和补充，有些人的研究对工作分析的发展和完善起到了重要作用；有些人从自己的工作经验出发，进行了方法论的探索；另一些人则从特定部门的特殊需求出发，提出了新的工作分析方法。在此阶段，工作分析理论逐渐完善，各类工作分析体系相继形成，工作分析方法逐渐多样化、系统化，并逐渐确立了工作分析的基础地位。随着现代科技的迅速进步，学者提出了许多新的管理思想，如社会系统理论、权变理论、决策理论、系统管理理论、经验主义理论、管理科学理论、技术系统理论、管理程序理论。20 世纪 70 年代，西方发达国家把工作分析作为现代人力资源管理的一个重要特征，而人力资源管理的专家则把它看作人力资源管理的最基本职能。

在竞争加剧的市场环境下，企业需要确保自身的生存与发展。为此，企业开始认识到组织层面分析的重要性和必要性，加强对企业宏观层面的透彻分析，站在企业发展的角度从组织结构、流程、岗位体系的角度深入以及岗位的价值，以及岗位间的内在联系。

1. 职位分析问卷

职位分析问卷（PAQ）是从 20 世纪 50 年代后期发展起来的一套工作分析体系，其主要内容是将以员工为中心的工作因素与以工作为中心的工作因素进行比较。起初，麦克米克为各类文秘工作、手工工作制定了一个"核对清单"。它是以某一类工作为研究变量，依据对相关工作人员的大量观察和访谈，对大量的事实进行分析和整理，形成了一份以工作岗位需求为主要内容的核对清单。之后，麦克米克将"员工"设为另一变量，根据双重因素变量做了大量的因素比例分析，最终完成了包括 195 项具体内容的"职位分析问卷"。PAQ 的特征是既要兼顾"员工"和"工作"两个变量，又要把基本工作能力和基本行为都用一套规范化的格式列出。开发职位分析问卷的目的是要取代传统的测试方式，达到一种通用的、定量的方式，从而估算各项工作的价值，进而确定岗位报酬。

PAQ 目前仍然被公认为一种标准的工作分析工具。它的广泛适用性使得后来的研究者对其进行了持续的研究和完善，如今的 PAQ 问卷是在数十年的实验和无数版本的修改和完善中形成的。PAQ 在持续的发展和运用中，不仅可以为工资标准的制定、人事调查等工作分析内容提供标准化的手段，而且也可以为其他人力资源管理的职能做出贡献，如员工的职业生涯规划、员工培训、工作设计等。

2. 职能工作分析

1950年，悉尼·A. 法恩（Sindey A. Fine）提出了职业职能分类计划，这一理论与ORP早期所从事的员工定向分类研究有异曲同工之妙。之后，法恩将职业职能分类计划的理论分析和实证研究结合起来，进一步推演出了职能工作分析（Functional Job Analysis，FJA）方法。

FJA阐明了关于企业内部的"工作与人"的某些理论：员工需要完成的工作行为和实际工作行为之间的区别是必需的。劳动者在其工作领域中的作用主要是处理与数据、人、物的关系，这三种关系与劳动者的作用相对应：对数据的处理，员工使用的主要是智力因素；与人打交道，以沟通技巧为主；处理与物之间的关系，则主要运用身体要素。所有的工作都需要工人们在某种程度上解决这些基础关系。虽然可以用无数的方式来描述工人的行为或工作，但是，从本质上讲，各个职能对于劳动者的特性和素质的需求类型和水平都是相对有限和特定的；适合于处理各种关系的职能，遵循从容易到困难的层次和次序；三个层次顺序可以测量出两种维度：复杂程度和参与比率。

FJA的理论有三个假定：首先是"人"的含义，每个任务都包含了员工在处理事务、数据、人际关系时所需要的生理、心理和个性方面的活动；其次是三个技能，即一般技能、专业技能和特殊技能，存在于所有工作表现中；最后是系统方法，所有的任务都是一个标准化的体系，将人员、工作和工作成果有机地结合起来。

3. 关键事件分析技术

美国军队系统心理学家约翰·C. 弗莱内根（John C. Flanagan）首先开发了关键事件分析技术。在那个时候，军队里的心理专家们需要对飞行员进行分析，找出他们绩效不佳的原因。弗莱内根在调查中列举了许多造成表现不理想的因素，并把这些因素称作"关键事件"。之后，弗莱内根的研究范围从军事转移到企业。在这个新的领域，他进行了深入的研究，发现了导致绩效高低的原因，并把它们与工作要素理论结合起来，运用到人才甄选、发展、培训、绩效评估等方面。关键事件成为为工作分析提供真实、客观的数据和定性资料的不二之选。目前，在非结构化的工作分析中，关键事件分析法得到了相当广泛的应用。

4. 任务清单/综合职业数据分析系统

第二次世界大战后被广泛应用的工作分析技术还有任务清单/综合职业数据分析系统（TI/CODAP）。

那时，美国空军在全球范围内服役，美国空军心理专家克里斯托（R. E. Christal）设计了一份"任务清单"调查表，目的是帮助设计一套行之有效的空军士兵培训计划。这份调查表包含成百上千个条目，大多是对工作任务的描述。空军人员在接受问卷调查时，会检查所列任务是否与实际任务有差异，并有权评价任务的重要性。由于任务清单设计工作相对简单，同时增强了工作者自主管理的可能性，因此在应用中受到普遍欢迎。

这项任务清单/综合职业数据分析系统的研究，收集了100000多个工作人员的事实资料，经过20年的努力，终于完成。TI/CODAP体系包括：①任务清单（TI）；②综合职业数据分析系统（CODAP）。TI由基础的资料搜集工具组成，清单的内容包含某些工作群体或团体的工作项目；综合职业数据分析系统包含一组交互的计算机应用，用以分析、组织和报告收集的数据。

在TI/CODAP中,"任务"被定义为"一项可以由工作任职者明确识别的有意义的工作单元"。在编排任务项目之前,要先准备一份职责清单,然后将"任务"分配给各个职责。清单中的信息可以来自另外的任务清单,或借助主题专家(Subject Matter Expert,SME)提供的新的任务陈述。对每个任务都要做"相对时间花费"评价,评价标尺一般是5、7、9或11级。之后把"相对时间花费"评价转化为"时间花费百分比"评价,作为评价工作的依据。也可以再加上其他评价维度,但"相对时间花费"维度是系统所必需的。

TI/CODAP被美国空军用来从分散在世界各地的众多任职人员那里搜集工作信息,然后加以综合、分析,为培训开发、工作分类、工作评价、工作设计等管理职能服务。

2.5 对工作岗位研究的认识

2.5.1 对国外工作岗位研究的认识

工作岗位研究是现代人力资源管理的基础。任何一种先进的管理理论、方法和制度,都有其适用条件和范围。在现代管理中,一定要坚持适用的和标准化的原则。我国企业的人力资源管理及国家行政人事管理,与国外发达国家相比在岗位研究方面还存在一定差距,需要迎头赶上。

2.5.2 我国企业岗位研究的简况

我国企业的工作岗位研究首先表现在岗位责任制的建立和发展上。1949年—1952年,生产管理改革;1953年—1960年,完善了管理办法;1961年—1965年,部分企业建立了严格岗位责任制度;1966年—1976年,原有管理制度遭到破坏;1977年以后,经济生产逐渐恢复,岗位责任制有了新发展。到了现代,先进的企业管理制度被逐渐引进,由于外资企业的大规模进入我国,先进的岗位管理制度也随之在我国本土被大量地导入和实施,并逐步形成了适合我国本土化的岗位管理制度。

2.5.3 国内外企业岗位研究的对比

国内企业岗位研究主要采用岗位分类的方法,即按照职能、职责、资历等标准将不同的岗位分为若干类别和等级;国外企业岗位研究主要采用岗位分析的方法,即通过收集和整理有关岗位的目标、任务、条件、要求等信息,来确定岗位的性质和价值。

依据谭棋心(2020),国内企业岗位研究更注重对现有人力资源的配置和管理,缺乏员工素养与岗位要求的匹配度,招聘方法比较僵化;而国外企业岗位研究更注重对潜在人力资源的开发和培养,在进行岗位研究时,会展开细致深入的岗位分析,然后按照岗位要求进行专业素养更为匹配岗位需求的人才选拔。

国内外企业岗位研究都不同程度地受到市场环境、政策法规、文化传统等因素的影响,此外还存在着科技创新、全球化竞争、多元化需求等因素的驱动。特别是在企业管理制度方面,企业的岗位研究面临着人才流失、信息不透明、评价不客观、人才匮乏、信息过载、评价不一致等挑战。

本章总结

本章着重介绍工作分析和岗位管理的理论,按照思想渊源、早期"经济人"时代、两次世界大战期间、第二次世界大战之后的发展历程,对各个时期的经典理论进行了描述和总结,重点突出了这些理论在工作分析和岗位管理方面的研究和具体做法。

本章习题

1. 早期"经济人"时代的管理理论有哪些?
2. 简述斯考特的工作分析研究与贡献。
3. 第二次世界大战后被广泛应用的工作分析技术有哪些?

第 3 章　数字化转型下企业的组织发展

学习目标和知识点

1. 了解组织及组织结构的定义、构成要素及基本作用。
2. 了解组织的基本结构模式。
3. 了解组织结构设计。
4. 了解数字化转型下企业组织结构的变化。
5. 了解数字化转型对企业组织结构的影响。

导言

　　组织的定义是一群人为了达到目标，通过权责分配和层次结构构成的一个完整有机体。掌握组织结构的要素，即工作专门化、部门化、指挥链、管理跨度、集权与分权、正规化。掌握各种组织结构基本模式的优缺点及适用情况，同时要了解数字化背景下，企业组织结构的转型及其发展情况。

3.1　组织概述

　　组织是管理的基础，认识组织、把握组织的本质是研究企业组织结构创新的前提，组织是由不同人员组成的单位，是安排分散的人或事物，使其具有一定的系统性或整体性，并按照一定的宗旨和系统建立起来的集体。

3.1.1　组织及组织结构的相关概念

1. 组织的定义

　　组织可定义为一群人为了达到共同目标，通过权责分配和层次结构所构成的一个完整的有机体。它随着时代及环境的改变而不断地自行调整和适应，同时人员之间建立起一种团体意识和规范。组织是指在共同的目标指导下协同工作的人群社会实体单位，它建立在一定的机构中，成为独立的法人，它又是通过分工合作而协调配合人们行为的组织活动过程㊀。

2. 组织的构成要素及条件

组织主要由有形要素与无形要素构成。其中，有形要素主要包括实现预期目标所需实施的工作、实施工作的人员、必备的物质条件、责权结构。无形要素主要包括共同的目标、组织成员工作的主动性与积极性、良好的沟通网络和制度、和谐的人际关系、有效配合和通力合作。另外，组织具有以下三个条件：

（1）人群集合　组织由至少两名成员组成。它是应社会生活的需要而产生的，从事一般个体无法承担的社会活动，或者因组织的形成而在社会活动中发挥比个体更大的功能。

（2）目标　组织的活动总是朝向一定的目标。这种活动目标既反映了社会分工的结果，又决定了组织作为社会存在的必要性和合理性。只有在这个目标的指导下，组织才可以将其成员或部门的行为统一和协调起来，并使组织成员的个人利益与组织利益相一致，至少不发生冲突和对抗。实现了组织的目标，也就有可能实现组织成员的个人目标。在追求组织目标的过程中，组织既要满足组织成员的基本需要，这样才能维系成员对组织的向心力，又要抑制组织成员的某些需要，这样才能有效地把不同成员结合在一起，共同实现组织目标。

（3）分工协作　组织内部总有一定的结构和分工，组织通过一定的规章制度等规范系统，确定成员之间、部门之间的关系，以及工作活动的范围、地位、权力和利益的分配。

3. 组织的基本作用

抽象地研究组织，可以发现组织有两种基本作用，即人力汇集作用和人力放大作用。

（1）人力汇集作用　社会中单个的人对于自然来说，力量是渺小的，有时甚至不能维持自己的生存。在自然选择面前，人们需要联合起来，相互协作，共同从事某些活动。这种联合与协作是以各种组织的形式完成的，它实际上是个人力量的一种汇集，"积细流以成江河"，把分散的个人汇集成为集体，进而在同大自然的搏斗中实现个人存在的价值。

（2）人力放大作用　组织的力量绝不等于个体力量的算术和，正如亚里士多德指出的："整体大于各个部分的总和。"因此，社会组织具有一种放大人力的作用，即对汇集起来的个体力量的放大。人力放大是人力分工和协作的结果，而任何人力的分工和协作都必然发生于一定的组织体系之中。

4. 组织结构的概念

组织结构是指对工作任务如何进行分工、分组和协调合作的人员工作关系的结构支撑。

组织结构定义的三个关键要素是：①组织结构决定了正式的报告关系，包括层级数和管理者的管理跨度；②如何由个体组成部门，再由部门到组织，这也是由组织结构确定的；③组织结构包含一套系统，以保证跨部门的有效沟通、合作与整合。组织结构的这三个要素包含于组织过程的纵、横两个方面：前两个要素是组织结构性框架，属于组织纵向层级内容；第三个要素是关于组织成员之间的相互作用类型的横向层级内容。一个理想的组织结构应该鼓励其成员在必要的时候提供横向信息，进行横向协调。㊁

㊀ 朱颖俊. 组织设计与工作分析［M］. 北京：北京大学出版社，2018.

㊁ 严进. 组织行为学［M］. 3版. 北京：北京大学出版社，2020.

5. 组织结构的要素

组织设计是管理者将组织内各要素进行合理组合，建立和实施一种特定组织结构的过程。其实质是对管理人员的管理劳动进行横向和纵向的分工。组织设计是一个涉及六项关键要素的决策过程：工作专门化、部门化、指挥链、管理跨度、集权与分权、正规化。它们之间的相互协调作用影响着组织的有效性，以及组织结构的灵活性。

(1) 工作专门化　工作专门化也称为劳动分工，是指将某项复杂的工作活动分解成许多简单的、重复性的工作任务。在大多数组织中，不同的工作任务对技能的熟练程度要求有着一定的差异性。如果不采取劳动分工，意味着每个人都要从事制造过程每一个步骤的活动，他们就必须同时具备从事最容易的工作和最困难的工作所必要的技能。其结果只会是，除了从事需要最高技能的、最复杂的任务之外，员工们大都在低于其技能水平的状态下工作，这也就意味着资源的浪费。尽管工作专门化对于提升生产率非常重要，但是物极必反，当超过某一个临界点后，工作专门化不会再带来生产率的继续提高，因为由工作专门化产生的疲劳、压力、枯燥会超过专门化带来的经济优势。

(2) 部门化　劳动分工创造了专业化人员及其活动，也对协调提出了要求。将同类专业化人员及其活动归并到一个部门，在一个管理者指导下工作，就可以促进协调。所谓的部门化原则，就是将组织中的工作活动按一定的逻辑安排，归并为若干个管理单位或部门。划分部门有一定的原则，如一般相似的职能应组合在一起，有联系的相关职能可归并一处，合并不同的职能以利协作，有利害冲突的职能应分开，尊重传统的习惯及工作守则等。一般来说，部门化的划分依据可分为产出和内部操作两大类。企业普遍使用的以产出为中心的三种部门化是产品部门化、顾客部门化和地区部门化；以内部操作为中心的两种部门化是职能部门化和过程部门化。

(3) 指挥链　指挥链是职权从组织的最高层延伸到组织最底层的路径，它表明了组织成员向谁汇报的问题。为了更好地理解指挥链，需要了解三个概念：职权、职责和统一指挥。职权是组织内部的正式权力来源，管理者被赋予职权来从事管理工作，这种权力仅仅与组织的某个职位相关。职权一般分为直线职权和参谋职权。直线职权向管理者授予直接指挥下属工作的权力，它从组织最高层延伸到最底层；参谋职权则为直线管理者提供参谋建议，以弥补直线管理者在时间、精力和技能等方面的不足。除了拥有职权外，管理者还需要承担相应的职责。职责是指承担履行指定工作任务的义务。管理工作强调职权和职责应该对等。统一指挥是指每一个下属应当而且只能向一个上司汇报工作，否则来自不同上司的相互冲突的命令会引发很大问题。当前，职责、职权和统一指挥仍然具有很强的合理性，但是重要性已经有所降低。技术的进步已使员工可以同组织中的任何人进行交流，而不必通过组织中正规的沟通渠道。在某些情况下，严格遵守指挥链原则会造成组织僵化，妨碍组织取得良好的业绩。

(4) 管理跨度　管理跨度是指一个管理者能有效地直接管理下属的人数。组织工作最直接的目的是让人们有效地进行合作，在合作的过程中必然产生管理跨度与组织层次之间的矛盾。组织层次是纵向的组织环节，即一个组织内所设置的行政指挥机构纵向向下分为几个层次。也就是说，最高决策层下达一道命令传递到最基层，需要几级传送。因为一个管理人员有效管理下属的人数总是有限的，那就必然产生组织层次。换句话说，组织层次的划分是因为受到管理跨度的限制,所以管理跨度是一个十分重要的概念。

许多组织正在扩大管理跨度,以提高组织的效率。管理跨度受权变因素的影响很大,这些因素包括管理者和下属的能力情况。若下属训练程度高、经验丰富,管理者可以以较宽的管理跨度领导他们。其他决定合适跨度范围的权变因素有下属工作任务的相似度、任务的复杂度、工作地点的相近性、组织文化的凝聚力和管理者领导风格等。

(5) 集权与分权　管理工作中需要回答的问题之一是"决策是在哪个组织层级制定的"。集权化决定了在多大程度上将决策权下放到组织的中低层。集权与分权不是两个非此即彼的概念,它们只是关于程度的概念。也就是说,没有绝对的集权,也没有绝对的分权。影响集权与分权的主要因素有组织的规模、职责或决策的重要性、组织文化、下级管理人员的素质、控制技术的发展程度、环境的影响等。

传统的组织结构呈金字塔形,职权和权力集中在组织的顶层。历史上这种结构的集权制度是最有效的。早期管理学者也认为这样可以使雇员的工作效率达到最高。但是,今天的组织已经变得更加复杂,面临的外部环境变化非常快,组织需要具备更高的灵活性以便对环境中的变化做出快速的反应。因此,今天的管理学者认为决策应该由最接近问题现场的人做出,而不是视其在组织中所处的层次。分权化当前已经成为一个明显的趋势。组织最终采用何种程度的集权还是分权,取决于如何能更好地进行决策和实现组织目标。

(6) 正规化　正规化是指组织中各项工作的标准化及员工行为受正式规则和程序约束的程度。不同组织的正规化程度有很大差别,即便在同一组织中,正规化程度也可能不同。高正规化的组织具有明确的职务说明和组织规则,员工自主权受到一定的限制;在正规化程度较低的组织中,员工则拥有更大的自主权开展工作。尽管一定程度的正规化是协调和控制所必需的,然而,当今许多组织较少依靠严格的规则和标准来指导和管理员工的行为,但这并不意味着可以抛弃组织中的所有规则。○

3.1.2　组织的基本结构模式

1. 直线型组织结构

直线制组织结构是上级领导者直接而全面地管理下属组织的一种组织形式。它是最早被使用也是最为简单的一种结构,是一种集权式的组织结构形式,又称军队式结构。其特点是:组织中的各种职位是按垂直系统直线排列的,各级行政领导者执行统一指挥和管理职能,不设专门的职能机构。

优点:设置机构简单、权责分明、信息传递便捷、决策迅速、便于统一指挥集中管理。

缺点:缺乏横向的协调关系,没有职能机构当领导的助手,容易产生忙乱现象;各层领导机构实行综合管理,无专业化分工,不利于专业管理水平的提高;当企业规模扩大时,管理工作复杂化,领导者势必因经验、精力问题而顾此失彼,难以进行有效的管理。

适用:直线制组织结构适合企业规模不大、员工人数不多、生产和管理工作都比较简单的情况,如专卖店或便利店等。

直线型组织结构如图 3-1 所示。

○ 厉伟,胡兴球,杨恺钧. 管理学 [M]. 南京:南京大学出版社,2017.

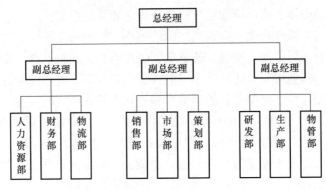

图 3-1 直线型组织结构

2. 职能型组织结构

职能制组织结构又称分职制或分部制，是指行政组织同一层级横向划分为若干个部门，每个部门的业务性质和基本职能相同，但互不隶属，相互分工合作的组织体制。职能制组织结构形式按专业分工设置管理职能部门，各部门在其业务范围内有权向下级发布命令；每一级组织既服从上级直线部门的指挥，也听从上级职能部门的指挥，即它既有直线部门，又有职能部门，且职能部门拥有直线指挥权。

优点：能充分发挥职能机构专业管理的作用，有利于业务专精，思考周密，提高管理水平，减轻直线领导者的工作负担；将同类业务划归同一部门，职有专司，责任确定，有利于建立良好的工作秩序，防止顾此失彼和互相推诿，能适应现代化工业企业生产技术比较复杂和管理工作比较精细的特点。

缺点：妨碍了统一指挥的原则，在组织内部容易形成多头领导，不利于明确划分各级行政直线部门和职能部门的权责，从而影响工作的正常进行；容易造成纪律松弛、生产管理秩序混乱，不便于行政组织间各部门的整体协作，容易形成部门间各自为政的现象，使行政领导难于协调。

适用：这种组织结构形式主要适用于那些提供单一产品或少数几种产品的中小企业组织。

职能型组织结构如图 3-2 所示。

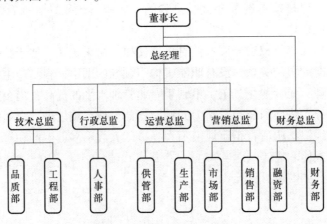

图 3-2 职能型组织结构

然而，现代企业一般不采用职能型。职能型组织和直线型组织一样，存在各级不同管理等级，但是组织的每一个环节按被执行的每个职能隶属于不同的领导者，因而这种组织的特点是多种从属状态。

3. 直线-职能型组织结构

直线-职能型组织结构起源于20世纪初法约尔在一家法国煤矿担任总经理时所建立的组织形式，故又称"法约尔模型"。直线-职能制也称生产区域制或直线参谋制，它是在直线制和职能制的基础上，取长补短，吸取这两种形式的优点而建立起来的。取长补短的确切含义是指直线-职能制组织结构模式既保留了直线制组织结构的集权特征，同时又吸收了职能制组织结构的职能部门化的优点，即在直线制组织结构统一指挥的原则下，增加了参谋机构。目前，我国绝大多数企业都采用这种组织结构形式。

特点：①企业的第二级机构按不同职能实行专业分工。例如，按照生产、销售、开发等职能来划分部门和设置机构。②实行直线-参谋制。整个管理系统可划分为两类机构和人员：一类是直线指挥机构和人员，对其直属下级有发号施令的权力；另一类为参谋机构和人员，其职责是为同级直线指挥人员出谋划策，对下级单位不能发号施令，只是起业务上的指导、监督和服务作用。③企业管理权力高度集中。各二级单位只是职能部门，不具有独立法人资格，没有对外经营权，企业经营决策和管理权力高度集中于企业高层组织。④整个企业统负盈亏。各二级单位也要进行经济核算，其业绩要接受企业考核，但一般只是成本（费用）中心。公司总部才是投资中心和利润中心。

优点：①由于按职能划分部门，其职责容易明确规定。每一个管理人员都固定地归属于一个职能机构，专门从事某一项职能工作，在此基础上建立起来的部门之间的联系能够长期不变，这就使整个组织系统有较高的稳定性。②各部门和各类人员实行专业分工，有利于管理人员重视并能熟练掌握本职工作的技能，有利于强化专业管理，以弥补管理人员在专业管理知识和能力方面的不足，协助管理人员决策，提高工作效率。③管理权力高度集中，便于最高领导层对整个企业实施严格的控制。

缺点：①横向协调差。高度的专业化分工及稳定性使各职能部门人员的眼界比较狭窄，他们往往片面强调本部门工作的重要性，希望提高本部门在组织中的地位，十分重视维护本部门的利益，特别注意致力于提高本部门的工作成绩。所有这些容易导致各部门主要关心部门目标，常常站在部门立场上考虑和处理问题，而不把企业当成一个整体来看待，不太关心企业的共同目标。因此，容易产生本位主义、分散主义，造成许多摩擦和内耗，使职能部门之间的横向协调比较困难。②适应性差。由于人们主要关心自己狭窄的专业工作，这不仅使部门之间的横向协调困难，而且妨碍相互间的信息沟通，高层决策在执行中也往往因狭隘的部门观点与利益而被曲解，或者受阻于部门隔阂而难以贯彻。这样，整个组织系统就不能对外部环境的变化及时做出反应，适应性较差。③企业领导负担重。在职能型结构下，部门之间的横向协调只有企业高层领导才能解决，加之经营决策权又集中在他们手中，企业高层领导的工作负担十分繁重，难免顾此失彼，也容易陷入行政事务之中，无暇深入研究和妥善解决生产经营的重大问题，不利于培养素质全面的、能够经营整个企业的管理人才。这是因为各部门的主管人员属于专业职能人员，工作本身限制了他们扩展自己的知识、技能和经验，而且养成了注重部门工作与目标的思维方式和行为习惯，使得他们难以胜任也不适合担任对企业全面负责的高层领导工作。

适用：适用于中小型的、产品品种比较单一、生产技术发展变化较慢、外部环境比较稳定的企业。具备以上特征的企业，其经营管理相对简单，部门较少，横向协调的难度小，对适应性的要求较低，因而职能制结构的缺点不突出，而优点却能得到较为充分的发挥。所以，尽管这种结构形式存在先天不足，但只要符合上述条件，仍然是一种有生命力的组织形式。

直线－职能型组织结构如图3-3所示。

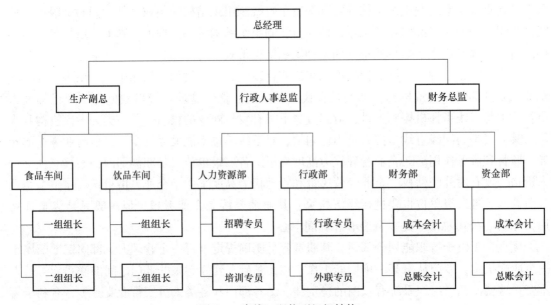

图3-3　直线－职能型组织结构

4. 事业部型组织结构

事业部型组织结构又称联邦分权制，是继集权的职能制组织结构之后而出现的一种组织结构形式。事业部型组织结构是将企业划分为若干事业群，每一个事业群建立自己的经营管理机构与队伍，独立核算，自负盈亏。也就是说，一个公司按地区或按产品类别分成若干个事业部，从产品的设计、原料采购、成本核算、产品制造，一直到产品销售，均由事业部及所属工厂负责，实行单独核算、独立经营，公司总部只保留人事决策、预算控制和监督大权，并通过利润等指标对事业部进行控制。

特点：①专业化分工。按照企业的产出将业务活动组合起来，成立专门的生产经营部门。②实行分权化管理。按照"统一政策，分散经营"的原则，处理企业同各事业部之间的关系。事业部虽然不具有独立法人资格，只是企业直接领导下的一个生产经营部门，但它具有较大的生产经营权限，在企业统一政策的领导下，负责某项产品（或地区）的生产、销售等全部活动，基本上相当于一个完整的企业。③事业部是一个利润责任中心。各事业部都实行独立核算、自负盈亏。这就是说，实行事业部制，则意味着把市场机制引入企业内部，各事业部之间的经济往来遵循等价交换原则，结成商品货币关系。例如，发生半成品供应或劳务往来，要按市场价格或公司内部核算价格来结算。这样，企业内部便形成了一个由三种责任中心构成的完整的管理体制：公司总部是投资中心；在其统一领导下的事业部是利润中心；事业部所属工厂是成本中心。④层级制管理。事业部尽管有分权色彩，但在事业部内部仍采用直线职能制结构，从总体上看，仍属于等级制组织。

优点：①可以使高层主管摆脱日常行政事务和直接管理具体经营工作的繁杂事务，集中力量研究和制定企业发展的各种经营战略和经营方针，而最大限度地把管理权限下放到各事业部，使它们能够依据企业的经营目标、政策和制度，完全自主经营，充分发挥各自的积极性和主动性，从而提高企业的整体效益。②由于事业部自成系统、独立经营，相当于一个完整的企业，所以管理者要经受企业高层管理者面临的各种考验，显然这有利于培养综合管理人才，为企业的未来发展储备干部。③各事业部规划自己的未来发展，灵活自主地适应市场变化，因此，可以提高各事业部对市场竞争环境的敏捷适应性，所以，这种组织结构既有高度的稳定性，又有良好的适应性，而且还能充分发挥分权组织的优点。④各事业部与顾客的沟通渠道短，可以真正了解顾客的需要。⑤各事业部之间可以有比较、有竞争，由此而增强企业活力，促进企业的全面发展。⑥各事业部自主经营、责任明确，使得目标管理和自我控制能有效进行，在这样的条件下，高层领导的管理幅度便可以适当扩大。⑦如果按产品划分事业部，便于组织专业化生产，形成经济规模，采用专用设备，并能使个人的技术和专业知识在生产和销售领域得到最大限度的发挥，因而有利于提高劳动生产率和企业经济效益。

缺点：①各事业部均设有相应的职能部门，容易造成管理层次和管理人员较多及机构重叠，造成管理成本上升。在经济低速成长时期，这个缺点就显得比较突出。②由于各事业部利益的独立性，容易滋长本位主义。事业部之间如果不能有效地沟通，容易出现一些问题。例如，知名的惠普公司拥有较多的事业部，但由于事业部之间缺少协调，有时软件事业部生产的程序与商业计算机事业部生产的计算机不兼容。这对公司总部的管理工作要求较高，否则容易发生失控。

适用：适合那些经营规模大、生产经营业务多样化、市场环境差异大、要求具有较强适应性的企业。

事业部型组织结构如图 3-4 所示。

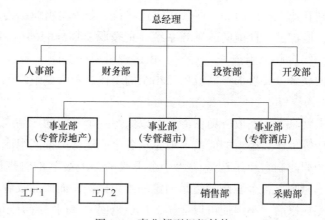

图 3-4　事业部型组织结构

5. 模拟分权型组织结构

模拟分权型组织结构是一种介于直线－职能型和事业部型之间的结构形式。由于企业的规模庞大，以致高层管理者感到采用其他组织形态都不容易管理，这时就出现了模拟分权型组织结构形式。其中，模拟就是指模拟事业部的独立经营、单独核算，而不是真正的事业部，实际上是一个个"生产单位"。这些生产单位有自己的职能机构，享有尽可能大的自主权，负有"模拟性"的盈亏责任，目的是调动它们的生产经营积极性，从而改善企业生产经营管理。但这些生产单位没有自己独立的外部市场，这也是与事业部的差别所在。

优点：能调动各生产单位的积极性，可以解决企业规模过大、不易管理的问题。高层管理人员将部分权力分给生产单位，减少了自己的行政事务，从而把精力集中到战略问题上；分权提高了下属部门管理者的责任心，促进了权责结合，提高了组织的绩效。

缺点：不易为模拟的生产单位明确任务，造成考核上的困难；各生产单位领导者不易了解企业的全貌，在信息沟通和决策权力方面也存在着明显的缺陷。

适用：适用于化学工业与材料工业领域的企业。此外，电子信息工业也可以采用模拟分权型组织结构。

模拟分权型组织结构如图 3-5 所示。

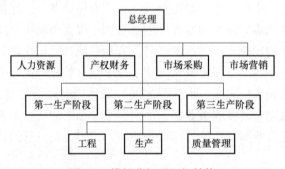

图 3-5　模拟分权型组织结构

6. 矩阵型组织结构

矩阵型组织结构是 20 世纪 50 年代美国创立的一种组织结构形式。其首先应用于国防工业企业，以后扩展到其他工业部门和一些公用事业单位。矩阵型组织结构是在直线 – 职能制组织结构的基础上，增加了一种横向的领导系统，把按职能划分的部门和按产品（或项目、服务等）划分的部门结合起来组成一个矩阵。在这种组织中，同一名员工既同原职能部门保持组织与业务上的联系，又参加产品或项目小组的工作。矩阵型组织也可以称为非长期固定性组织。

特点：最大特点就是为了完成一项任务，可以组织一个专门的产品或者项目小组，负责该任务的开发、生产等工作。小组的成员一般是从各个职能部门抽调组成的，所以一个员工有两个领导。传统的职能制组织结构遵循"一个下级一个上级"的管理原则，而矩阵型组织结构则突破了这一原则。各个职能部门是固定的组织机构，而产品或者项目小组是临时组建的，当该项任务完成以后，小组便可以撤销，成员返回原部门。待有了新的任务，可重新组建类似的小组。值得注意的是，产品或者项目小组的工作过程不是把任务从一个部门转到另一个部门来进行，而是通过不断地组建专门小组来完成任务。每个小组都有专门的负责人，他们直接对组织的领导者负责。在这种组织结构下，既有按职能部门划分的垂直管理体系，又有按产品或者项目划分的横向管理体系，形成了一个纵横交错的组织结构模型，横向和纵向的职权具有平衡对等性。

优点：①便于组织内部的沟通和协调，且容易适应组织外部的环境变化，能使人力、设备等资源在不同的产品、服务之间灵活分配。②加强了横向联系，专业设备和人员得到充分利用，同时也给员工提供了获得专业技能和一般管理两方面知识的途径。促进各种专业人员互相帮助、互相激发、相得益彰，克服了直线-职能制组织结构中各部门互相脱节的现象。③由于这种结构是根据项目组织的，任务清楚、目的明确，各方面有专长的人都是有备而来的，因此在新的工作小组里能沟通融合，把自己的工作同整体工作联系在一起。

缺点：①一些员工要接受双重命令，而有时这些命令可能是矛盾和冲突的，加上纵向和横向权力不平衡的矛盾，会造成员工无所适从，不利于工作的顺利开展，从而降低工作效率。②矩阵型组织结构有时会迫使管理者花费大量的时间开会讨论问题，可能会导致管理成本过高。

适用：一般适用于较大规模的组织，组织的外部环境变化比较频繁，组织内部各部门间的依存度较高，需要进行大量的横向和纵向的沟通和协调，而且一般拥有不止一个产品品种。企业可以用来完成涉及面广的、临时性的、复杂的重大工程项目或管理改革任务，特别适用于以开发与实验为主的单位，如科学研究，尤其是应用性研究单位等。

矩阵型组织结构如图3-6所示。

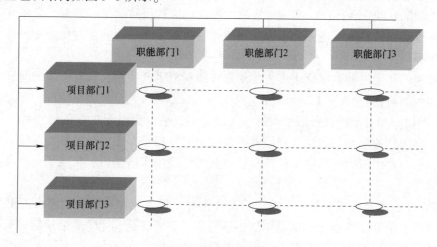

图3-6　矩阵型组织结构

7. 立体多维型组织结构

立体多维型组织结构是职能制组织结构、矩阵型组织结构和事业部型组织结构的综合发展，它是为了适应新形势的发展需要而产生的组织结构形式。立体多维型组织结构就是一个企业的组织结构包括三类以上的管理机构，主要包括：①按产品或服务项目划分的事业部，是产品利润中心；②按职能划分的参谋机构，是专业成本中心；③按地区划分的管理机构，是地区利润中心。这样，企业内部的一个员工可能同时受到来自三个不同方面的部门或者组织的领导，每一部门或组织领导都不能单独做出决定，而必须由三方代表通过共同协调才能采取行动。

优点：①在分权的基础上，确保职能目标的实现。②能最大限度地满足顾客需求。③促使人力资源在多种产品线之间灵活共享。④可以适应不确定性环境中频繁变化和复杂决策的需要。⑤能够促使各部门从组织整体的角度来考虑问题，从而减少产品、职能和地区各部门之间的矛盾。即使三者之间有摩擦，也比较容易统一和协调，有利于形成群策群力、信息共享、共同决策的协作关系。

缺点：①导致员工面临三重职权关系，容易产生无所适从和混乱感。②意味着员工要有良好的人际技能并接受高强度的训练耗费时间，需要频繁开会协调及讨论冲突解决方案。③需要做出很大努力来维持权力的平衡，导致部门间横向协调差。

适用：适用于体制健全的跨国或跨地区的规模庞大的企业集团，尤其适合拥有多条产品线的大规模跨国公司。⊖

立体多维型组织结构如图3-7所示。

8. 平台型组织结构

简单来说，平台型组织是企业为了应对高度复杂的市场需求、不稳定的竞争和知识型员工日益增长的自主管理需要，充分利用高度透明的数据化治理技术，将大公司专业资源集聚的规模优势和小公司敏捷应变的灵活优势进行集成的开放型组织模式。平台型组织是数字技术推动的产物。正是因为企业内外部一切行为的大数据化，无所不在的即时互联和各种智能化分析技术，使得企业既不需要在内部依赖于常规的层级化"人盯人"管控模式，也不需要与外部产业链交易对象实施"你死我活"的静态议价保守战术。内部在大数据透明化管控的基础上激活一线业务团队，实现对客户的即时响应和极致满足；外部与合作伙伴建立无缝衔接的深度协作关系，实现开放平台的整体竞争力最强，成为数字时代企业可持续生存发展的必然选择。

平台型组织作为一种数字化生产力推动形成的新型生产关系，具有一系列明显不同于传统科层式组织的特征：

1）扁平化。相对于传统科层组织的多层级分工，平台型组织是在信息技术支持下的扁平化组织，作为创业单元的各个客户经营模块被充分授权，并在平台的赋能下灵活地开展经营。因此，平台型组织彻底打破了传统科层企业的层级金字塔逻辑，变成了一个高度扁平化的网络连接组织。

2）专业化。平台型组织是为了响应后工业化时代服务化和知识化的需求而诞生的新型组织，平台职能的高度专业化和前端作战小组的多专业联合是其竞争力最基础的来源，也是其满足日益专业化的客户，应对日益升维和升级的竞争的基本能力。因此，平台型组织的专业化和知识化是其基础。

3）智能化和敏捷化。平台型组织是在信息技术和大数据基础上构建的现代组织模式，大数据集成化、即时化和智能化是其运行的基本保障；同时，资源和能力的集成和业务端的高度柔性，使得平台型组织具备"随需而变""高速响应"的智能化和敏捷化特征。

4）开放化。平台型组织已经远超传统科层组织的边界，资源和能力池的开放使得它可以整合一切全球资源为己所用，业务组合和集群边界的开放也使得组织的业务集群处在动态更新中，不断有外部业务被连接到客户的解决方案之中。因此，平台型组织也可以被视为

⊖ 贾隽，行金玲. 组织理论与设计 [M]. 西安：西安交通大学出版社，2011.

"全球开放整合型组织"。

平台型组织与传统科层式组织在思维导向、结构特征、管控模式、责权利分配、开放程度、员工与组织的关系、企业文化特征等方面都存在着显著的差异。⊖

平台型组织结构如图3-8所示。

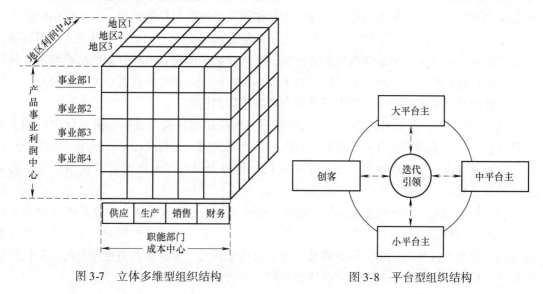

图3-7 立体多维型组织结构　　　　图3-8 平台型组织结构

9. 阿米巴组织结构

阿米巴组织结构是由日本的稻盛和夫独创的一套经营管理模式。这套经营模式让稻盛和夫在40年间创建了两家"世界500强"企业,并且帮助两家企业渡过了数次全球范围内的毁灭性危机,持续走向成功。"阿米巴经营"目前因其先进、有效、人性化和值得学习推广而在世界上备受推崇。

阿米巴组织结构的本质就是将企业分割成众多小的组织体,每个小的组织体称为阿米巴。各个阿米巴独立核算、独立经营,并培养具有经营意识的领导者,让全体员工参与到企业经营中,实行类似家庭账本式管理。

由于阿米巴组织结构需要花费大量的人力成本,所以控制人力成本成为阿米巴领导者需要尽快解决的问题。控制方法主要有以下几种:

1)总成本控制法。对阿米巴人力成本的控制,就是降低人力成本在总成本中的比重,增强产品的竞争力;还要降低人力成本在销售收入中的比重,增强人工成本的支付能力;以及降低人力成本在企业增加值中的比重,即降低劳动分配率,增强人力资源的开发能力。

2)人员控制法。人员增长一定会带来人力成本上升,除非业绩上升而冲掉上升的人力成本。控制人员的最好方法是控制成本,搞不清楚到底需要用多少个人的时候,就用成本控制法,其中定岗定编的控制法是最常用的。

3)正向降低法。正向降低法主要从组织架构设计、流程重组与优化等角度实施,从而

⊖ 刘绍荣,等. 平台型组织[M]. 北京:中信出版社,2019.

有效降低人力成本。

4）反向降低法。反向降低法主要通过工作质量上升一个台阶、提升组织与个人绩效来降低人力成本率。这里的组织绩效，是指组织在某一时期内组织任务完成的数量、质量、效率及盈利情况。组织绩效实现应在个人绩效实现的基础上，但是个人绩效的实现并不一定保证组织是有绩效的。如果组织的绩效按一定的逻辑关系被层层分解到每一个工作岗位及每一个人，只要每一个人达成了组织的要求，组织的绩效就能实现了。组织绩效的评价需要选用一定的指标，指标作为衡量组织绩效的标准，其本身必须体现对组织管理的综合要求。从组织的发展过程来看，一个有序的评价反馈系统对组织的生存和发展起着至关重要的作用。然而，困难的是从不同的角度评价组织绩效会产生不同的标准。

5）人员组合。人员组合是指人与人的配合，即组织内按管理或作业需要所进行的人员配置与合作。广东某企业有3个研发阿米巴，每个研发阿米巴对应一个打样组，共3个打样组。后来通过改革，继续保留3个研发阿米巴，但每个研发阿米巴都有打样组则是不必要的，就合并起来，节省了5个人的成本。

6）业务外包。业务外包是近几年发展起来的一种新的经营策略，即企业把内部业务的一部分承包给外部专门机构。其实质是企业重新定位，重新配置各种资源，将资源集中于最能反映企业相对优势的领域，塑造和发挥企业自己独特的、难以被其他企业模仿或替代的核心业务，构筑自己的竞争优势，获得使企业持续发展的能力。○

阿米巴组织结构如图3-9所示。

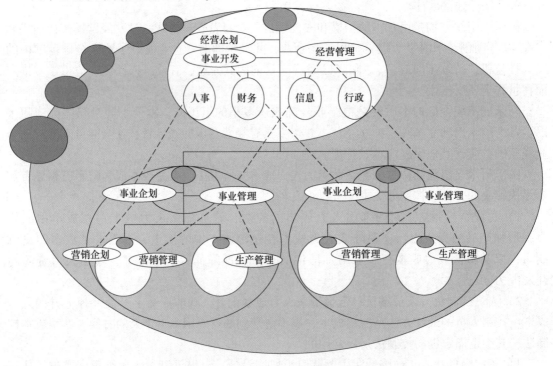

图3-9 阿米巴组织结构

○ 资料来源：https://wenku.baidu.com/view/7fc3fee86c1aff00bed5b9f3f90f76c660374c55.html。

案例库

案例分析：海尔集团的组织变革

海尔集团（以下简称海尔）是一家传统的制造业企业，连续10多年在全球白色家电领域获得市场份额第一的荣誉。它每七年制定一个新的战略方向，从2019年开始是第六个战略阶段，即生态化战略阶段。经过30多年的发展，海尔从一个濒临倒闭的工厂变成了一个平台型的企业，其中一个重要的动力就是进行了多次组织变革，每次组织变革都为企业的发展提供了强大的原动力。

1. 传统正三角组织结构（1984年—1996年）

海尔成立初期，也就是在名牌战略阶段和多元化战略阶段早中期，组织结构形式主要是传统正三角结构。一般企业成立初期，由于业务和部门构成都比较简单，此时比较有效率的组织形式为正三角结构，海尔成立初期，员工工作积极性不高、工作状态懒散，而且经常出现员工偷拿企业物品回家的现象。张瑞敏进入海尔的第一件事就是建立企业制度，利用制度的力量来约束员工行为，并希望能提高员工的积极性，著名的"十三条"就是在这种情况下诞生的。通过建立企业规章制度，可以把责任落实到每一位员工的身上，工作上的每一个环节都可以得到有效控制。针对员工做事不积极的状态，张瑞敏提出了"斜坡球定律"，即企业如同一个在斜坡上的圆球，发展需要两个动力："止动力"和"创新力"。圆球在斜坡上，如果下面没有物体挡着肯定会掉下来，而企业严格的管理制度就是阻止圆球下滑的"止动力"。虽然在名牌战略阶段海尔的创新力表现并不明显，但后期创新能力的提升也是建立在"止动力"基础上的。在1984年—1996年这段时期，海尔陆续制定了多项规章制度，如全面质量管理等，且每次制度的推行都是命令式的，从高层开始逐层往下传递，最后传达到一线员工。海尔凭借传统正三角组织结构的优势，如下级执行力强、等级明显、管理幅度小等，企业制度逐步得到完善，企业也实现了扭亏为盈，员工的积极性明显提高。在此基础上，海尔还提出了"要么不干，要干就要干第一"的理念，在注重产品质量的同时，还要创造出自己的品牌。这些理念提出来以后，通过管理层推动，很快得到了海尔员工的认同。理念能够得到全体员工的认同，同样得益于海尔的正三角组织结构。

2. 事业部制组织结构（1997年—2004年）

海尔进入多元化后期的时候，产品的种类越来越丰富，组织的部门和员工的数量都比之前有了明显的增加，但管理层感觉到组织的效率越来越低，企业发展跟不上市场速度。海尔管理层决定进行一项特殊的活动："砸组织"，即改变原来传统正三角的组织结构形式，使整个组织结构能够适应市场。

（1）海尔进行"三流"变革 张瑞敏认为，传统正三角组织结构已经不能适应新时代的发展要求。从1997年开始，海尔设立了多个事业部，如冰箱事业部、洗衣机事业部、电视机事业部等，且每个事业部都有自己的市场和产品，并且进行独立核算。海尔认识到组织效率降低的原因主要有信息沟通不流畅、管理层远离市场、分工不明确等，为此进行了"三流"变革，将企业的资金流、信息流和物流整合在一起。"三流"的整合有效破除了职能制的金字塔体制，企业信息的流程不再是以前的逐层传递，而变成了横向流动，全体员工都是直接面对市场。"三流"变革完全打破了原来企业内外信息传递的路径，缩短了信息传递的中间距离，根据市场的需求获取订单信息流，进而带动物流和资金流的运转。同时，海尔在"三流"改革的基础上引入了市场链，进行了以市场链为核心的流程再造。企业目标在"三流"变革的影响下也发生了改变：过去企业都是以利润最大化为中心，现在主要目标是快速满足市场上用户的需求，要以用户和市场需求为中心。

（2）事业部制的局限　事业部制组织结构最鲜明的一个特点是集中决策、分散经营，是集权向分权转化的一种改革，是多元化和一元化的关系，各个事业部是独立经营的。但这种组织结构的弊端也是非常明显的。虽然海尔强调各个事业部不能各自为政，只能各自为战，但由于各事业部都是独立核算的主体，每个事业部都要为了盈利而经营，所以有时候难免会面临一些冲突。当时，海尔设有六个事业部，而每个事业部下面都有自己的财务部门、人力部门、生产部门、营销部门、文化部门、技术部门、法律部门等，这样就造成了整个集团资源的严重浪费。如果某家商场选择了海尔不同种类的产品，而这些产品又分属于海尔不同的事业部，将导致该商场要与海尔多名产品经理打交道。各个产品事业部的营销策略不同，集团总部也没有对其进行总体协调，导致很多市场资源投入上的浪费，出现了各自为政的现象。海尔总部就像是一个"火车头"，如果后面挂的车厢太多，必然会拖慢整个火车的速度。事业部制虽然在海尔的国际化扩张战略中起到了推进作用，但它仍然保持着垂直领导的行政色彩，金字塔式管理体制仍然存在，整个集团的业务流程由于缺乏灵活性而变得僵化。

3. 倒三角组织结构（2005年—2012年）

（1）人单合一双赢模式的提出　海尔随着规模扩大，"大企业病"症状逐渐凸显。为了让前期推行的市场链形成稳定的机制，2005年9月，海尔首席执行官张瑞敏提出了全球化竞争的海尔模式——人单合一双赢模式。其中，"人"包括企业里的每个员工，也就是每一个能够进行自主创新的独立主体；"单"不是指以前的那种简单的订单，而是有竞争力的市场目标，是市场上用户没能被满足的需求；"双赢"是指员工既可以满足用户的需求，又体现了自身的价值。人单合一的最终目标是要实现企业里每个员工的价值，发挥自己的潜能，让每个创新主体都能找到自己的市场用户，找到有竞争力的市场目标。在国际化战略阶段开展的流程再造并没有打造出完整对接市场的信息化系统，局限于具体的运营细节，导致企业内部很多小的系统之间不能兼容，形成了单独的"信息孤岛"，而这种状况不利于人单合一双赢模式的推广。2007年，海尔再一次开始了"1000日流程再造"。经过1000天的信息化再造，完成了2000多个子流程的构建，打造了海尔的核心竞争力。人单合一双赢模式在这套完整的信息化体系中得到了很好的推广。人单合一双赢模式的提出为海尔集团后期的发展做出了巨大的贡献，被誉为"21世纪中国式管理模式"。

（2）自主经营体制的诞生　人单合一双赢模式要求发挥每个员工的创新能动性，那么员工就必须拥有一定的自主权。原来的事业部制组织结构仍然没有摆脱自上而下的管理体系机制，员工只是命令的被动接受者，基本没有空间发挥自己的创造力。为了坚定不移地推行人单合一双赢模式，组织结构形式还需进一步改革，让员工从被动执行者变成主动参与者,让用户"倒逼"企业做出改变。为此,海尔把事业部制组织结构变革成倒三角组织结构形式。在这种组织结构中,用户处于最高层,企业原来的管理层成了组织的最底层,整个组织结构由三级经营体构成:一级经营体最贴近用户,二级经营体次之,三级经营体离用户较远。各级经营体的职责有明确的分工,各司其职,保证整个倒三角组织能够平稳运行。

海尔在人单合一双赢模式推动下建立的倒三角组织结构,完全颠覆了传统的正三角组织结构。此时的领导者不再是命令发布者,而变成了资源提供者、员工服务者,角色发生了根本性的变化;企业员工的积极性也变得更高了,因为他们已经具有一定的自主权,不用再事事都听命于组织的管理者。

4. 平台型组织结构(2013年至今)

2012年,海尔正式进入网络化战略发展阶段。张瑞敏提出,企业不"触网"就会死亡,在互联网快速发展的时代,企业要么拥有平台,要么被平台所拥有。海尔的目标很明确:要建立起属于自己的平台。因此,海尔进一步变革组织结构形式,从倒三角组织结构向平台型组织结构转变。在平台型组织上只存在四种人:大平台主(也称领域主,如白色家电领域主、金融地产领域主等)、提供资源和服务的中平台主、组建自己团队的小平台主(也称小微主)及进行自主创业的创客。

实现平台型组织结构,使整个海尔集团变成了若干个大的平台,每个平台上都存在大量的"小微",倒三角组织结构中的自主经营体全部升级成为"小微",一个"小微"基本上由8个左右成员构成,实行竞聘上岗、动态合伙人机制,可以满足互联网时代从大规模生产到个性化定制转变的要求。而且,"小微"进行独立核算,拥有决策权、分配权、用人权。海尔认为,"小微"相比前面的经营体模式更加灵活,更容易根据市场的变化做出战略调整,可以吸引更多优秀的人才加入。"小微化"将原来封闭的扁平化组织进一步化解为松散的、开放的平台型组织,所有的利益相关者都变成网络平台上的节点。这个网络既是利益相关者的社会关系网络,也是海尔为"小微"提供创业资源连接的网络。创业者在这个网络中可以找到意气相投的合作伙伴,也能找到创业需要的物质、技术等资源。"小微"的一个成功典范是"家哇云",这个创业团队的创业项目主要是做线上泛家居业务的"信息高速公路",为家居用品企业提供流通体服务。项目最初的"创客"是一名在海尔工作了13年的员工,在其加入海尔的第10年开始在海尔平台尝试创业;第二名合伙人是知名家居行业"创二代";第三名合伙人具有金融行业背景。团队成员各有所长,覆盖了创业企业在战略规划、品牌建设、运营管理、资本运作等方面的需求,而且他们都具有很强的资源整合能力。在海尔这样一个"有根创业"的平台上,创业团队充分利用海尔的理念,招募了合伙人;利用海尔成熟的物流体系能力搭建了自己的物流云计算平台;还有海尔的信誉作为背书。这样的"小微"不仅能在创业平台上自给自足、自由发展,还能"反哺"海尔。他们没有将人才从海尔带走,反而带回了一个团队,为海尔开辟了新的业务领域、带来了新的产业模块。一旦创业项目成功,海尔依靠创业初期的少量投资与资源就可获取上万倍的收益。海尔的平台型组织结构形式已经完全释放了员工的自主创新力,每个员工都成为自己的CEO。在平台组织上,消除了原来的上下级关系,

建立了人人平等的企业员工关系，实现了"我的价值我创造、我的增值我分享"的目标。○

5. 开放式创新平台

为了满足互联网时代用户的个性化需求，提升用户体验，紧跟创新步伐，2013年10月，海尔集团开发了开放创新平台HOPE。HOPE的理念为"世界就是海尔的研发中心"。其本质是全球用户、创客和创新资源的零距离交互，持续创新，实现各方价值最大化。

HOPE的运行特点如下：

（1）人单合一双赢模式　海尔集团将员工和用户连接起来，共同活动是创新，提出了人单合一双赢模式。人单合一双赢模式有效激活了每个员工，让员工在为用户创造价值的同时实现自身价值，让每个人都成为自己的CEO。另外，在海尔集团内部，员工全部变为"接口人"，接入全世界一流资源，将世界变成海尔的研发部和人力资源部。

（2）"三化"协同战略　海尔集团的"三化战略"（即企业平台化、员工创客化、用户个性化）将企业塑造成创业平台，让员工成为平台创客，让企业组织生态完全适应个性化用户。现在的海尔集团内没有层级，只有3种人——平台主、小微主、创客，均围绕用户中心服务。平台主从管控者变为服务者；员工从听从上级指挥到为用户创造价值，变成创业者、创客并组成小微创业企业，创客和小微主共同创造用户和市场。

（3）"三化"利益分享机制　海尔集团采用"三化"利益分享机制，即让所有的员工能够"分享权力、分享财富、分担风险"。分享权力，是自主的前提；分享财富，是创业的前提；分担风险，是小微的前提。海尔集团的薪酬体系从过去由企业付薪变成由用户付薪，每一个员工都是一个创客，每一个创客都通过为用户创造价值来获得自己的报酬，人员管理从过去的雇佣制变成了合伙人制。

（4）孵化式保障服务　海尔集团除了建立良好的机制外，还为内部人员提供了孵化式保障服务，包括：建立为创业者在不同创业阶段提供资金支持的完全市场化投资驱动平台，解决其创业融资问题；搭建用户与创客的付薪平台，用户决定的薪酬体系驱动创业小微公司不断自演进和迭代升级。同时，海尔集团还为开放创新平台的项目提供强有力的背书，解决小微企业的信用问题；为平台提供强有力的信息技术和信息服务支持，确保平台各主体之间的交互和资源的精确匹配。○

海尔探索实践开放式创新的商业模式，通过创建HOPE平台，将原有的以企业需求为主的单向寻源，上升到供需双方的互动，让全球的用户和人才、内部和外部的创新资源都参与互动进行产品研发，将封闭式创新模式下参与企业活动主体形成的串联关系，转变为多主体参与的并联关系。海尔将HOPE平台划分为社区交互模块、技术匹配模块和创意转化模块三大创新运作模块，从而建立了专业圈子，形成了创新知识的共享与联通，捕捉最新的行业技术动态，实现创新资源的快速匹配，让创新创意能够持续产生并获得全流程的支持。海尔开放创新平台是一个技术资源的聚集平台，在平台上云集了技术需求方、技术

○ 邵天舒. 传统制造业企业组织结构演变历程：基于海尔集团的案例研究 [J]. 经营与管理, 2021, (4): 35-38.
○ 黎敏. 海尔开放式创新对新型研发机构发展的启示 [J]. 科技管理研究, 2017, 37 (17): 124-130.

供应方及普通消费者。在实践中，海尔的开放式创新平台是一个研发O2O平台，通过线上的用户创意交互、技术资源系统匹配，到线下的产品创意团队、专家评估团队，以及后期的技术管理等环节，都将企业内外部创新资源进行实时动态匹配，实现产品的迭代创新。海尔HOPE平台的实践与以往封闭式创新方式最大的区别在于创新资源、技术和人才是来源于世界各地，并且表现为实时动态性特征。[一]

海尔集团通过HOPE开放创新平台，成功吸引了全球一流的外部资源进入，资金、项目、人才之间有序匹配。目前，海尔金融平台上已经汇聚了50亿元的孵化资金，以及1328家风险投资机构，内部创业人员成立了200多家小微公司，孵化和孕育着2000多家创客小微公司。越来越多的社会人员选择海尔平台进行创业。现在的海尔集团，在册员工从前几年的11万人下降到6万人，但与海尔有契约关系的在线员工却增加到15万人，为海尔创业平台提供服务的超过100万人。海尔这项变革实现了企业在册员工减少，但社会就业岗位成倍数增加。[二]

海尔的每一次组织结构变革都是为了更好地服务于其战略，充分体现了企业战略决定组织结构、组织结构服务于企业战略。

3.2 组织结构设计与工作分析

3.2.1 组织结构设计

目前有些企业的组织结构仍然采用传统的组织结构模式，与当前的社会经济和市场经济不匹配、不适应。随着我国社会经济的不断发展以及企业的改革创新，这些企业在激烈的竞争中不能灵活应对，处于被动的境地，甚至被淘汰。企业在目前的大数据时代要想有长远的发展，就要深化改革、不断创新，并根据企业发展需求不断进行动态调整，跟上时代的步伐，构建合理高效的企业管理秩序。因此，要将企业组织结构设计作为现代企业发展的核心问题。

首先来介绍一下相关的组织理论。组织理论是有关组织结构和组织关系的系统设想，是关于一种组织运行及有效性的思维方式。这种思维方式是以组织设计和组织行为的方式及规律为基础的。其演进过程分为下面三个阶段：

(1) 古典组织理论时期　这一时期比较典型的理论是科学管理的组织理论、行政组织的理论。

古典组织理论强调以工作为中心，依靠权力来维系组织内部之间的关系。基于这种理论的组织模式是官僚组织模式。

(2) 行为组织理论时期　这一时期比较典型的理论是梅奥的理论、马斯洛的理论、巴

[一] 韦晓英. 开放式创新下的企业人力资源管理变革策略研究：基于海尔实践的案例分析 [J]. 管理现代化，2019，39 (6)：87-92.

[二] 黎敏. 海尔开放式创新对新型研发机构发展的启示 [J]. 科技管理研究，2017，37 (17)：124-130.

纳德的组织理论。

行为组织理论认为组织是由人所组成的，有效的组织模式应注重组织中的人际关系，给予组织成员较多的行动自由和发挥潜在能力的机会，提出参与式组织模式。

（3）现代组织理论时期　这一时期比较典型的理论是系统理论、权变系统理论、群体生态论、资源依赖论。

现代组织理论认为，不论是官僚组织模式还是参与式组织模式，都不一定是适用于任何组织的最佳模式。组织是一个系统，要根据组织所处的内外部环境进行系统设计。

对组织理论的评述：综合各学派的观点，组织和组织管理的研究可以归纳为，以组织为研究对象，分别沿着社会环境中组织之间的关系和组织内部的结构与协调两条主线，探讨组织结构、组织行为和组织绩效三个的方面内容。

未来组织理论发展的新趋势：自20世纪80年代以来，组织流程再造、虚拟组织、学习型组织、团队组织、网络组织等新的组织形态大量涌现，就是对上述变化的一种适应。

因此，把组织管理的重点由物质层次、管理层次转向意识层次，强调组织文化在发展中的作用，成为组织理论新的发展趋势。

组织设计的目的是发挥整体大于部分之和的优势，使有限的人力资源形成最佳的综合效果。其主要包括以下五点：①适应环境；②协调部门之间关系；③协调成员之间关系；④承担适当的责任；⑤享有相应的权利。

1. 组织结构设计的内涵

组织结构设计是为了实现预期的目标，从而形成的分工模式与协作关系的过程与策划，即对能够达到目的的相关角色、权力、职务、责任、流程、利益及信息沟通等方面的合理、科学的安排，以更加系统的方式开展。[一]

组织结构设计是组织设计的结果之一，它是指规划或涉及组织的各个要素和部门，并如何把这些要素和部门有机地联结起来，使组织中各个部门和单位有机地协调运作，它包括职能设计、框架设计和协调方式设计。[二]

2. 组织结构设计的内容

企业在进行组织结构设计时，必须考量组织结构的自身发展规律，分析所处的内外环境，打造出更加灵活高效的组织结构。其内容主要包括职能设计（机构、事物、人）、框架设计（纵向结构、横向结构、职能结构）、协调设计（分工、协作）、规范设计（规章制度、统一准则）、管理幅度（工作性质、人员素质、人员职权范围）、人员设计（精简高效）、激励设计（正负结合的激励方式）。

组织结构设计是一个动态的工作过程，包含众多的工作内容，归纳起来主要有以下几点：确定组织内各部门和人员之间的正式关系和各自的职责，勾画出组织结构图；确定组织最高部门向下属各个部门、人员分派任务和从事各种活动的方式；确定组织对各部门、人员活动的协调方式；确立组织中权力、地位和等级的正式关系，即确立组织中的职权系统。具体如图3-10所示。

[一] 邢双艳. 浅析企业组织结构设计 [J]. 经贸实践，2017，(18)：164-165.
[二] 朱颖俊. 组织设计与工作分析 [M]. 北京：北京大学出版社，2018.

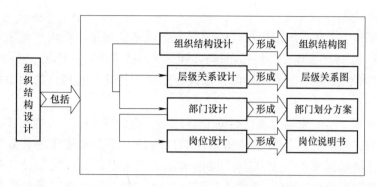

图 3-10　组织结构设计

在什么样的情况下需要进行组织结构设计呢？归纳总结大致有以下三种情况：首先，一般企业在建立初期的时候，需要进行组织结构设计；其次，当原有组织结构出现较大问题或企业目标发生变化的时候，需要进行组织结构设计；最后，当一个组织的结构需要进行局部调整和完善的时候，需要进行组织结构设计。

其中，管理幅度设计有以下影响因素：

（1）管理工作的内容和性质

1）组织工作的混乱和组织结构的不完善，这是限制管理幅度的主要因素之一。

2）主管所处的层次。

3）下属工作的相似性。

4）计划的完善程度。

5）非管理事务的多少。

（2）管理人员的工作能力

1）主管的综合能力和表达能力。

2）下属符合要求的能力。

（3）下属人员的空间分布状况

1）助手的配备情况。

2）信息手段的配备情况。

3）工作地点的相近性。

（4）组织变革的速度　环境变化越快、程度越大，则组织中遇到的新问题越多，下级的请示就越必要，上级的管理幅度就越小。

（5）信息沟通的情况

1）上下级沟通迅速。

2）横向沟通便利。

3. 组织结构设计的原则

组织结构设计是为实现企业的战略任务和经营目标服务的，这是一条最基本的原则。组织结构的全部设计工作必须以此作为出发点和归宿，即企业任务和目标同组织结构之间是目的同手段的关系。衡量组织结构设计的优劣，要以是否有利于企业任务和目标的实现作为最终的标准。从这一原则出发，当企业的任务、目标发生重大变化时，例如，从单纯生产型向生产经营型转变、从内向型向外向型转变时，组织结构必须做相应的调整和变革，以适应任务和目标变化的需要。

（1）创新原则　企业组织结构设计的过程中必须充分对企业的内外环境进行全面的分析，尤其要充分考虑到组织发展当前的战略方针、组织技术等实际情况。随着组织的不断成长与发展，组织结构要根据企业发展的要求进行进一步优化与扩展，进而更好地适应创新原则。

（2）匹配原则　匹配原则主要是针对企业战略方面的匹配。一方面，组织结构会受到企业战略的影响；另一方面，组织结构设计的目的是支持企业战略的有效实施，意味着组织结构是企业战略落实的主要工具。根据实际情况来看，组织结构设计只有与企业战略相适应，才能更好地实现组织结构的目标；反之，则会是阻碍实现组织战略目标的障碍之一。企业的组织结构应该严格按照企业的战略来进行设计，同时要随着企业战略的调整而更改。

（3）协作原则　协作原则是为了保障员工分工合作，能够履行各自的职能，进而形成合力，促进组织结构目标的实现。企业在明确总任务之后，要根据工作特点与专业标准进行分工，目的是将企业的总目标科学地划分为若干个派生目标，对繁杂的总任务做好类型划分，然后再进一步对各项工作进行细化，按照派生目标与各类业务的工作设立对应的机构。在目标与任务明确分解的基础上，一一建立企业内部的机构，直到将组织的目标划分成为各个部门、各个级别，以及落实到个人头上，让每个部门、每个人员都能明确自己的任务，从而履行职能，形成合力，完成任务。

（4）管理幅度原则　管理幅度将会直接影响到企业管理人员与管理层次。在企业内部，员工数量一旦达到一定程度，其管理幅度就会减小，但是管理层次与管理人员就会增多；反之，如果管理幅度增大，那么管理层次与管理人员则会减少。有效的管理幅度是需要根据企业自身情况而改变的。例如，高层管理幅度通常为3~6人；中层管理层为5~9人；基础管理层为7~15人。

（5）管理层次原则　在管理幅度的基础上，企业管理层次上的问题就会自然地暴露出来。因此，在企业组织结构设计的过程中，需要充分考虑管理层次对权力流、资源流及信息流方面的影响。随着计算机网络技术的发展，企业根据发展需求可以适当减少或者删减部分管理层，很大程度上能够拉近企业上下层之间的距离，有助于提高组织成员的积极性，达到精简高效的目标，从而促使组织结构向扁平化的方向发展。

（6）权责对等原则　企业会根据各项业务的特点设置企业内部各级机构、各个部门的职位。每一个职位一旦确立，其对应的管理层、职位负责人都必须完成相应的工作任务，并承担相应的责任；同时，还需要对各个职位赋予相应的权限，建立相应的惩罚制度。因此，企业组织机构在具体设计的过程中要特别重视权力与责任必须对应。试想一下，企业管理层如果没有相应的指挥权、决策权及赏罚权，就难以管理相应的部门；又或者员工如果没有拒绝使用不合格设备、材料、工具的权利，那么就无法保障生产效率与质量。

（7）系统运作原则　企业组织结构设计的最终目标是能够保证系统整体运作的效率与质量。因此，企业在进行组织结构设计时，应该减少不必要的流程，这样能够有效提高决策效率和信息传输效率，同时还能增加部门与部门之间的协作性，让整个管理过程更加系统化。

(8) 有效控制原则 为了能够最大限度地实现有效控制的目标,在组织结构设计时,需要注重权责对等、命令统一等方面,还需要制定相应的规章制度,促使企业职能部门能够在计划、预算、核查等工作领域更加具有效率。此外,有效控制还需要业务部门做好事前协调、事中控制、事后总结的工作。

(9) 执行监督分设原则 企业为了能够保障自我调节、自我约束的有效性,必须制定一套监督系统,能够规划执行行为,充分体现监督的公正性与严肃性;同时,还需要注意监督机构与执行结构必须分开设立。

(10) 有利于人才成长和合理使用的原则 人是组织的灵魂,组织设计只是为组织目标的实现创造了一定的条件,但是如果没有组织成员的努力,也是不可能实现组织目标的。因此,组织设计要有利于吸引人才,有利于人员在工作中得以培养、成长和提高,有利于发挥人员的积极性和创造性。

4. 组织结构设计的维度

组织设计的维度分为两类:结构性维度和关联性维度。结构性维度描述一个组织的内部特征,为衡量和比较组织提供了基础;关联性维度反映整个组织的特征,描述了影响和改变组织维度的环境。

组织结构设计的维度举例如图 3-11 所示,图中方框内部分为结构性维度指标,方框外部分为关联性维度指标。

图 3-11 组织结构设计的维度举例

① "人员比率"是指人员比率法,即首先计算出企业历史上关键业务指标(如技术人员与管理人员)的比例,然后根据可预见的变量计算出所需的各类人员数量。

5. 组织部门化

组织设计的另一个内容就是部门化,部门化主要解决组织的横向结构问题。随着组织规模的扩大和生产经营活动的复杂化、高级化,组织业务活动种类越来越多,所涉及的专业领域越来越广。因此,为了提高工作效率,管理者必须在劳动分工的基础上,把各项活动进行归类,使性质相同或相似的工作合并到一起组成单位,形成一个个专业化的部门。

(1) 部门化的含义 部门化是指按照一定的方法把组织中的人与事划分成可管理单位的过程。部门化的目的在于确定组织中各项任务的分配与责任的归属,以合理分工、明确职责,从而达到组织的目标。

(2) 组织部门化的形式 主要有以下几种形式:

1）区域部门化。对于一个规模较大、区域分散的组织来说，按区域划分部门是一种比较普遍的方法。这种方法是指当组织分散在不同区域，且各区域的政治、经济、文化等因素影响到组织的经营管理时，把某个区域的业务工作集中起来，委派一个部门负责人全权负责。这种按区域划分部门的方法把责任下放到各区域的基层，有利于组织集中精力了解当地的情况，改善区域内的协调，取得区域经营的经济效益，在充分调动基层积极性的同时，也有利于培养全能型的管理人才。但是，这种方法需要较多具有全面管理能力的人员，不仅增加了总部对各个部门控制的难度，而且区域之间也不易协调，存在机构设置重复、集中进行的经济服务活动得不到很好开展等问题。

2）职能部门化。这种方法是指根据生产专业化的原则，以工作或任务的性质为基础来划分部门。大多数企业在采取这种方法时，通常按法约尔对组织的界定方式，把企业划分为技术、商业、财务、安全、会计和管理等部门，并在此基础上进行细分。例如，技术职能部门细分为工程部门、生产部门，商业职能部门细分为销售部门、采购部门等。这种部门划分方法的优点在于遵循分工和专业化原则，能充分履行专业职能，提高了管理的效率，加强了高层管理者对整个组织的控制，也简化了对人员的训练工作。但是，这种方法容易使各职能部门的专业人员产生"隧道视野"，即除了自己所处领域外，无法了解整个组织的运行状态，给各部门之间的横向协调带来一定的困难；无法充分调动基层管理者的积极性，组织对外的反应能力减弱，不利于培养全能型的管理者。

3）产品部门化。产品部门化是指按照产品或产品系列来组织业务活动。例如，大学中的院系、研究所就是按照不同的人才培养目标或按照不同的科研要求来设置的。这种方法一般能够发挥个人的技能和专长，发挥专用设备的效率，取得产品专业化的效益，也可以调动基层管理者的积极性，使组织对外部环境变化的适应能力较强。但是，这种方法要求更多的人具有全面管理的能力，各产品部门的独立性比较强而整体性比较差，这就加重了各部门之间协调的负担。另外，这种方法也存在机构重复设置的问题。

4）顾客部门化。顾客部门化是指根据不同顾客的需要设立部门。这种新型组织结构形式在激烈的市场竞争中，迎合了需求多样化发展的趋势。例如，在百货公司里，按照服务顾客的不同划分为儿童用品部、女性用品部和男性用品部等。这种方法主要用于服务对象差异较大、对产品与服务有特殊要求的企业。其最大的优点是能满足各类对象的要求，企业的对外适应能力较强，但也可能造成由这种方法组织起来的部门与其他方法组织起来的部门产生冲突的现象。另外，由于机构的重复设置和资源的分散使用，可能导致运作成本增加。

5）流程部门化。流程部门化主要用于生产部门的划分，即按照工艺性质的不同来划分不同的流程部门。流程部门化将企业的生产或制造过程分成几个阶段，按阶段来设置部门和机构，每个部门只负责整个过程中某一阶段的工作。制造业及连续生产型企业常采用这种方法。例如，在机械制造企业中，生产过程常被分为铸造、锻压、机械加工和装配等流程，进而按不同流程来设立相应的车间和部门。采用流程部门化组织结构形式可以提高工艺的专业化水平，使企业能采用专用设备进行生产，提高了企业的生产效率；有利于工人的熟练程度和操作水平提高；在每个部门内部，员工从事相同或相似的工作，有利于相互配合和协作。其缺点是组织对外适应能力较差，难以对各个部门进行定量的考核，部门之间协调难度大，也不利于调动基层的积极性。

6. 组织的层级化设计

组织在纵向设计中需要确定层级数目和管理幅度,根据组织集权化程度,规定纵向各层级之间的权责关系,形成一个能够对外环境做出动态反应的有效组织结构形式——组织层级化。

7. 组织结构设计的步骤

企业组织结构设计是一个动态、复杂,并且需要不断反馈修正的过程。设计主要分为以下六步:

第一步,纵观全局,分析企业所处的外界环境和内部环境,对企业进行环境方面的深入分析。

第二步,通过对组织环境的分析,以及企业在行业内竞争优势与劣势的研究,构建组织的战略模型,确定企业的战略与目标。构建组织战略模型有波特的战略模型和米尔斯-斯诺战略模型。

第三步,严格按照企业制定的战略,对企业价值链进行分析,在明确企业主价值链与辅助价值链的基础上,对公司级职能做好二次分解与细化,让企业各个部门的职能权限更加明确。

第四步,根据企业各项职能的分类标准,分化组织结构部门,进而明确企业组织结构总体框架、组织结构图。基于职能项分解结果依据,结合权责匹配的原则对企业各个部门的权限进行细化与明确。同时,还需要对该过程中所形成的组织管理文件进行评估,能够进一步明确各项职能的具体操作性与实效性,最终形成企业岗位说明书,为员工上岗落实工作打下坚实的基础。

第五步,组织机构图、组织管理文件和岗位说明书经过多次反馈和修正后付诸实施。

第六步,根据企业经营环境的变化,对组织结构进行动态优化调整。

8. 组织结构设计的核心支柱

在设计组织结构时,必须考虑权力配置、业绩管理和激励系统的设立,否则就会失去平衡,组织的目标也无法实现。因此,权力配置、业绩管理和激励系统是组织结构设计的核心支柱,如图3-12所示。

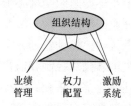

图3-12 组织结构设计的核心支柱

3.2.2 工作分析与不同的组织结构

1. 工作分析与直线型组织结构

直线型组织结构是最简单的一种组织结构形式。这种组织结构的决策权基本都集中于一人,组织中的各种职位按垂直系统直线排列,上级领导直接管理下属的组织,工作由各级领导统一指挥,没有设置专门的职能机构。因此,在工作分析与岗位管理的过程中,由于工作是由领导直接分配、管理的,在工作分析的过程中领导对其下属员工的工作能够足够了解,有关员工及工作信息的获得相对较快,管理人员能够在日常工作中就发现岗位设置是否存在问题、岗位是否协调、岗位的工作人员是否称职。但是,由于直线型组织结构没有专门的职能部门对员工的工作进行分工、设计,可能就会存在同一领导下的员工分工不够清晰。由于主管人员对下属员工及他们的工作有深刻的了解，因此在工作分析方法的选择上就可以选择相对轻松一些的主管人员分析法。

2. 工作分析与职能型组织结构

职能型组织结构除了有主管人员以外，还专门设立了职能机构分管职能管理的业务，同一级组织的员工既受主管人员的指挥，又受职能部门的指挥。因此，在工作分析和岗位管理的过程中，不仅主管人员能对下属员工直接管理并且有清晰的认知，而且相关的职能部门也能够对员工的工作进行清晰的分工与设计。这样就避免了分工不明确的情况，能够各司其职、责任明确，有利于工作分析过程中资料的获取，有利于对各个职位进行分析。但是，由于职能型的组织结构存在多头领导，不利于各个部门的整体协作，并且还会导致管理松散、生产混乱的现象，因此在工作分析方法的选择上尽量避免选用主管人员分析法。因为在多领导的情况下，各主管人员的说法容易出现偏差，无法确定哪个主管人员的说法更加贴合实际。可以选择观察分析法，在观察的过程中做出理性的判断，消除偏见。

3. 工作分析与直线－职能型组织结构

直线－职能型把直线制与职能制组织结构相结合，既设置纵向的直线指挥系统，又设置横向的职能管理系统。按照职能划分部门，每一个主管人员属于一个职能部门，专门从事一项职能工作。这样的组织结构具有稳定性，工作人员的分工明确，在工作分析的过程中能清晰快速地了解员工的分工和员工的工作技能。清晰地了解这些内容更有利于企业进行分析并强化管理，在岗位管理的过程中能够明确各员工负责的工作，更有利于对整个企业的控制。但是，这样的组织结构特征导致各个职能部门只专注于本部门的地位，而忽视整个企业部门的协调，尤其是各个部门的管理人员，只强调本部门工作的重要性。因此，在工作分析调查阶段获得的信息可能需要工作人员判断信息的真实性。每个部门都认为自身是相对重要的，因此获得的信息存在偏差，在工作分析的分析阶段需要进行专业的分析并结合企业情况去判断。

4. 工作分析与事业部型组织结构

事业部型组织结构必须满足三个前提条件：独立市场、独立经营权及独立利益。它是一种在事业部制的基础上演变而来的现代组织机构，即在公司总经理与各个事业部之间增加一级管理机构，将企业划分为几个事业群，每个事业群分散经营、独立管理，公司总部只保留人事决策、预算控制和监督大权的一种分层治理体系。它最大限度地将业务权限和管理权限下放到事业部，更能够发挥各自的专业性和主动性。事业部型组织结构的各个部门独立，每个事业部都有自己的财务部、人力资源部，并且存在重复的岗位分属于不同的部门，岗位管理工作很难进行，管理难度大，不同的事业部相同的岗位如何采取相同的管理办法是一个比较难解决的问题。这样的组织结构适用于经营规模大、业务多样的企业，因此在工作分析的过程中，调查阶段的工作量会比较大，资料的搜集相对来说比较困难，要对各个事业部的不同岗位进行汇总分析，因此分析阶段的工作量也非常大。由于不同的事业部有不同的特征，所以在工作分析的方法上可以选择文献资料分析法和访谈分析法。先通过文献资料分析法对企业各事业部进行大致的了解，确定下一步需要具体了解的信息，为进一步调查做准备；下一步的调查就可以采用访谈分析法，锁定需要进一步了解的职位，寻找适合的员工进行访谈，获取更加有针对性的信息。

5. 工作分析与模拟分权型组织结构

模拟分权型组织结构是指根据大型联合企业内部各组成部分的生产技术特点及其对管理

的不同要求，人为地把企业分成许多"组织单位"，并赋予其生产经营自主权。这是一种介于直线职能型和事业部型之间的组织结构形式，由于每个部门都有不同的生产特点及管理特点，因此，不同部门的岗位管理适用不同的标准，难以形成一个统一的管理标准。这种结构形式适用的企业同样规模庞大，并且一般涉及化学工业、材料工业等领域的业务，因此在工作分析的过程中，调查阶段的工作量也是比较大，资料的搜集相对来说也比较困难。并且工作分析的准备阶段需要工作人员做大量的功课，对企业的业务知识有充分的了解，尤其是一些专业的部分需要花大量的时间去理解，并将准备阶段了解到的知识应用到之后的调查阶段、分析阶段和应用阶段。在方法的选择方面，与事业部型组织结构一样，可以采用文献资料分析法和访谈分析法相结合的方法。

6. 工作分析与矩阵型组织结构

矩阵型组织结构是在直线-职能型垂直形态组织系统的基础上再增加一种横向的领导系统，把按职能划分的部门和按产品划分的部门结合起来组成的一个矩阵。在这样的组织结构下，员工既与原职能部门保持部门上的联系，又参加产品小组的工作，因此存在员工接受双重命令的情况，如果纵向和横向的命令没有明确地规定哪个为主、哪个为辅，就容易导致岗位管理中出现权责不明确的现象。这种组织结构适用于临时性工作任务较多或突发事件频繁的企业。在工作分析的过程中，准备阶段搜集的资料可能比较多且杂，因此在方法的选择上不适合采用文献资料分析法，可以通过访谈分析法去了解员工的想法，及时向员工补充询问，并针对存在的问题商讨对策。

7. 工作分析与立体多维型组织结构

立体多维型组织结构相较传统组织结构是一种新型组织结构，是职能型组织结构、矩阵型组织结构和事业部型组织结构的综合发展。这种组织结构按照产品类型划分事业部、按照职能划分参谋机构、按照地区划分管理机构，从整体性来看减少了各部门之间的矛盾，能够共同决策，员工不完全听从于其中任何一个机构。但在工作分析的过程中，需要花费大量的时间梳理各部门的职能、职责、任务和流程，在工作分析的准备阶段也要在设计上花费大量的精力。在工作分析方法的选择上，由于一个员工不止有一个主管人员，而这些主管人员的工作也大不相同，因此不适合用主管人员分析法。

8. 工作分析与平台型组织结构

平台型组织结构是数字化的产物，具有扁平化、专业化、智能化、敏捷化和开放化的特点。高度的扁平化导致员工的工作任务增多，晋升相对困难，但能够减少管理费用。岗位的管理模式相对传统模式比较宽松，各个部门与传统的集权集利不同，平台型组织结构的各部门赋能赋权、共享利益，员工拥有相对的自由及自主性，能够重复发挥自己的专业技能，并及时、主动地提升自身的技能。各个部门之间也不再是完全独立的，而是整合一切可以利用的资源为自己所用、互利互惠。在工作分析的过程中，能够通过平台进行资料的整合，再通过大数据对搜集的信息进行分析，找出企业组织结构的弊端并进行整改；能够节省梳理各部门职能、职责等的成本，并通过算法更好地进行工作分配，在加强岗位管理的同时给员工营造一种自由的工作氛围。

各类岗位管理的差异见表 3-1。

表 3-1　各类岗位管理的差异

组织结构类型	直线型组织结构	职能型组织结构	直线-职能型组织结构	事业部型组织结构	模拟分权型组织结构	矩阵型组织结构	立体多维型组织结构	平台型组织结构
岗位管理	垂直管理、直接管理；信息传递快，能迅速发现问题；没有专门的职能部门，分工不明确	有专门的职能机构，分工明确；主管人员直接管理，对员工情况了解，多头领导，权责不明确，导致管理松散	有纵向指挥系统和横向职能管理系统；对员工情况了解，有助于强化管理；各部门只对本部门负责，缺乏协调性	各事业群分散经营，独立管理；员工能最大限度地发挥各自的专业性和主动性；每个事业部都有独立的部门，岗位重复，不易于管理	根据不同的生产特点、管理特点划分部门；不同特点的部门使用的管理标准不同，难以形成统一的标准	垂直的组织系统加横向的领导系统；遇到双重命令时容易导致员工无所适从；规定哪个部门为主、哪个部门为辅比较困难	按产品划分事业部、按职能划分参谋机构、按地区划分管理机构；矛盾减少，共同决策；权责不明确，在岗位管理上花费的时间多	高度扁平化，员工任务重，晋升困难，能减少管理费用；通过算法进行分析、管理；能及时发现组织结构弊端；节省管理时间；员工能主动、及时地提升工作技能

3.2.3　怎么样设计富有弹性的组织结构

富有弹性的组织结构需满足以下条件：

（1）组织必须适应工作任务　对于重复、简单、呆板的工作，其工作程序和效果都是可以预测的，应采用正式集权式组织结构加以指挥管理；对于复杂的创造性的工作，其工作的程序和效果是难以准确预测的，最好采用分权式组织结构加以指挥管理。

（2）组织必须适应技术工艺特性　按工艺特性，企业可分为三种类型：单件小批量生产、批量生产和大批量生产。

1）单件小批量生产，即按照顾客的"订货"或"定做"进行生产，通常包括产品的设计和制造，如波音747飞机、大型电子计算机。其特点是一般工艺装备都是通用的，对操作人员的技术水平要求较高，技术权力相当分散。单件小批量生产企业的组织设计一般应采用分权的方式。

2）批量生产企业的组织设计要灵活掌握集权与分权的界限，要同时考虑传统设计原则和动态设计原则。

3）大批量生产一般采用专业化程度很高的专用高效设备，产品种类少，一次生产的数量很多，如自行车、汽车。其特点是对操作人员的技术水平要求较低，产品大部分已经标准化、通用化、系列化。大批量生产企业的组织设计适合采用相对集权的方式，即采用传统的原则，明确层次结构、职责范围。

（3）组织要适应于周围环境　例如，企业所在的社会环境、经济环境、政治环境、社会环境等。不同环境有以下特点：

1）稳定环境的特点。产品或服务在最近几年内是稳定的，没有改变；消费者和参与竞争者均维持稳定,很少有人进入或退出;政府制定的与企业有关的政策、法令连续而稳定;在可能竞争的领域中,技术缺少创新和突破;企业内部人际关系维持良好和稳定状态;社会政治局面稳定。

2)变迁环境的特点。产品或服务在最近几年内有温和改变;有一群数量相当稳定的竞争者,但不断有人进入或退出;政府制定的与企业有关的政策、法令发生变化,但变化趋势可以预测;技术不断创新,但每一步新的发展都与过去的技术相承接;人员关系、政治形势和社会趋向在不断改变。

3)剧烈环境的特点。产品或服务经常改变;竞争者组成经常在改变,且有一些大厂商介入市场;政府的行动很难预测;技术有重大创新;群众的行为和价值观念在迅速地改变。

案例库

案例分析:海尔集团组织结构分析

海尔集团通过多年经营的积累,形成了自身独特的组织结构。其组织结构大致如图3-13所示。

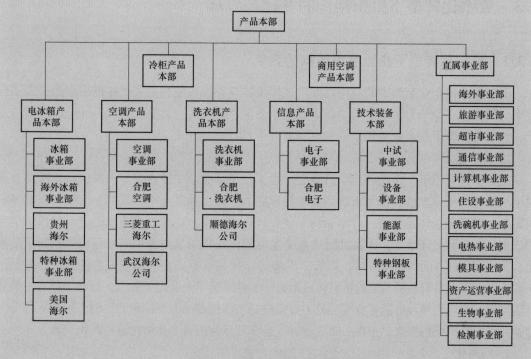

图3-13 海尔集团的组织结构

这种组织结构有着优点和缺点。

优点:①这种组织结构既有高度的稳定性,又有良好的适应性;②有利于最高领导层摆脱日常行政事务和直接管理具体经营工作的繁杂事务,成为坚强有力的决策机构,同时又能使各事业部发挥经营管理的积极性和创造性,从而提高企业的整体效益;③事业部经理能经受企业高层管理者面临的各种考验,这有利于培养全面管理人才,为企业的未来发展储备干部;④事业部作为利润中心,便于建立衡量事业部及其经理工作效率的标准,进行严格的考核,易于评价每种产品对企业总利润的贡献大小,用以指导企业发展的战略决策;⑤按产品划分事业部,便于组织专业化生产,形成经济规模,采用专用设备,并能使个人的技术和专业知识在生产和销售领域得到最大限度的发挥,因而有利于提高劳动生产率和企业经济效益;⑥各事业部之间可以有比较、有竞争,增强企业活力,促进企业的全面发展;⑦各事业部自主经营、责任明确,使得目标管理和自我控制能有效进行,在这样的条件下,高层领导者的管理幅度便可以适当扩大。

缺点:①公司与事业部的职能机构重叠,构成管理人员浪费;②各事业部自主经营、独立核算,考虑问题往往从本部门出发,而忽视整个企业的利益,影响事业部间的协作;③各事业部都设置了一套职能结构,因而就失去了职能部门内部的规模经济效应;④事业部基于自身产品或服务进行自身能力的构建,往往会导致产品线之间缺乏协调,失去了深度竞争力和技术专门化,产品线间的整合与标准化变得更加困难。

3.3 数字化转型下组织结构的变化与发展

3.3.1 数字化转型下企业组织结构的变化

随着数字化企业组织中的应用及推广,传统的企业组织结构面临严峻挑战。为提高工作效率,增强核心竞争力,企业组织必须适应企业生存环境的巨大变化,大力开展组织结构变革。数字化转型下的企业组织结构主要呈现以下三方面的变化:

1. 扁平化

在数字化背景下,市场环境瞬息万变。为了在市场竞争中抢占更多份额,企业需要提高对市场变化的反应速度,增强市场信息的处理能力。在工业社会中形成的企业组织,管理机构庞杂,管理等级体系严格,严重制约了信息处理的效率。信息处理技术的进步加快了信息的收集、传递和处理效率,计算机网络系统担负起传统组织结构的中间管理层级所担负的沟通、协调和控制方面的"中转站"职能,传统的命令沟通方式变为协商式沟通方式,缩短了企业高层管理人员与基层员工的信息传递距离,重新界定了企业内部分工,打破了原有的管理跨度局限,高层管理人员能够对基层员工直接进行工作指令的监督控制。目前,国内大部分大型企业优化组织结构框架,正在陆续从垂直式金字塔结构向扁平化结构进行转化变革。

2. 网络化

随着信息技术的发展,特别是网络技术和多媒体技术的广泛应用,企业之间打破了时空阻隔,沟通大大增强。企业可以突破传统的合作关系,依靠高度发达的网络,以拥有核心技术或设计能力的企业为核心,通过合同或控股整合产业资源,汇集原材料供应、生产制造、市场营销、物流运输等独立企业的优势,构建一个临时的研、产、供、销、运一体化协同网络系统,共享高新知识技术,共同承担成本费用,联合开展新产品的开发制造,以达到降低产品成本和提高管理效率的目的。面临市场变化快、技术进步快、产品研制开发难度大的企业生存环境,新型网络化组织结构的虚拟企业能够更好地解决产品从设计研发到生产制造,再到产品销售和运输装配中存在的问题，具有核心竞争力突出、管理层次少、生产水平更专业等优点，提高了企业组织的运行效率，降低了常规企业组织结构下大量基础设施建设的成本投入，在市场竞争中有较好的灵活应变能力，实现了协作企业间的优势互补。

3. 柔性化

传统金字塔式企业组织结构是具有稳定的刚性结构。数字化发展使企业的核心资源由资本转为知识与人力资源，按业务链划分的传统组织结构优势不再，过分僵硬的机构分工界限束缚了企业的创新活力，企业原有的刚性结构势必将趋向于柔性化特征。随着信息技术的推广应用，企业组织职能部门之间的界限越发模糊，固定不变的核心部门机构设置开始转变为围绕市场效益的团队型组织结构。这种结构由不同专业和部门的员工按产品、市场或区域划分组成，具有多变性、高弹性、高流动性、高度分权等特征。在信息共享、横向协调的前提下，这种组织结构能够针对业务需求的变化进行随意搭配和个性化调整，内部人员没有明确的单一分工或岗位，只负责承担相应的综合性团队角色，强调发现解决问题的能力，能够提高整个企业组织的信息传递、扩散、渗透和应用水平，使企业更加灵活地适应市场变化的需求。

企业的组织结构变革是一个受企业外部市场环境变化、客户需求变化、科学技术进步、企业内部组织战略目标改变、员工素质提高等多种因素影响而持续改变的过程。在信息化大背景下，只有充分认识到信息化对企业的深刻影响，在生产经营中利用好信息技术，精准把握组织结构变革的趋势，才能不断适应外部环境变化的需要，提高企业组织的信息反馈效率和核心竞争力，使企业长期立于不败之地。[一]

3.3.2 数字化转型对企业组织结构的影响

传统的金字塔式组织结构注重对物质资源的合理配置使用，具有管理幅度小、管理层次多的特点，主要用层次等级设置和严格的管理制度保证工作效率，满足当时工业社会企业组织的管理要求。当前市场环境复杂多变，对企业组织内部沟通、组织之间的协调，以及企业组织对外部环境变化的反应等方面提出了更高的要求。企业的管理重点从对生产技术、设备等物质资源的管理转为对知识信息的吸纳与处理。现代信息技术的出现强化了信息的传递、存储、交互、共享能力，使得管理幅度变大、管理层级变少。其对企业组织结构的影响主要表现在以下几方面：

1. 组织沟通能力增强

数字化支持广泛的横向沟通、协调和管控，建立高度共享的信息系统打破传统信息的等级界限，能够解决信息掌控不对称、不完全的问题，提高信息传递效率，促使员工在无障碍的信息沟通中互相启发，从而充分利用和挖掘信息的潜在价值。

2. 企业管理层次精简

数字化打破了企业之间和企业内部交流的时空限制，各层级人员的信息采集、处理能力得到增强，解决了工业技术时代的信息层次间传递速度慢和准确率低等问题。新的信息传递方式使得信息从上下级之间的纵向传递更多地转变为部门之间的横向传递，加大了管理的影响幅度，减少了对中间管理层次的需要。

[一] 李新，朱彧谦. 浅谈信息化时代的企业组织结构变革［J］. 河北企业，2020（10）：21-22.

3. 管理职能整合与岗位职责优化

现代信息技术具有网络化开放共享特征，简化了企业组织采集处理信息的环节，减少了处于机械化工作环节的人员需求，精简了中间管理层次，减少了员工的晋升机会，对组织结构提出了倾向于创造性部门和岗位的调整需求，这要求企业提供更丰富的工作内容和更具激励性的考核机制。

4. 企业管理权力重心转移

企业信息能力的增强导致中间管理层减少，使得原来中层掌控的权力向上、下两个层级分散。因此，企业高层管理者的权力更加集中，基层获得更大程度的分项授权。权力重心的上下级分化和横向协调关系对纵向控制关系的替代，提高了对企业人员个体综合素质的要求，增强了企业组织的民主化管理程度。

3.3.3 大数据时代下企业组织结构的发展

1. 转变组织战略管理思维，规范组织体制，形成科学、准确的决策系统

组织结构设计是管理人员的一项非常重要的管理职能，是一个重要的活动过程。每个组织在设计组织结构时，由于各自面对的外部环境和内部条件的差异，组织目标定位不同，所以在组织机构设计时所考虑的因素也往往各不相同。健全合理的流程和结构对增加企业价值起着关键作用。组织结构设计盲目扩大，会造成机构臃肿、庞大，一方面导致决策链过长、运营效率低下，另一方面会大幅增加运营成本。因此，充分运用大数据捕捉市场变化，对于企业决策有着非常重要的作用。大数据对于企业组织结构的管理思维具有十分重要的影响。在现代化的管理活动中，企业若想提升发展水平，需要充分利用大数据带来的优势。根据相关领域的调查和分析可以得出，企业的现代化发展离不开数据和信息，并且大部分企业都是将数据作为各项经营活动的基础。大数据背景下，企业的数据分析和管理方法也都在不同程度上发生着转变。从企业发展历程的角度进行分析能够了解到，传统企业在对信息数据的分析过程中，主要采用抽样分析的方法。此种方法会在某种程度上受到随机采样环境的影响，因此最终分析得出的结果会出现明显的缺陷。在大数据发展背景下，企业的组织管理活动思维发生了明显的转变。大数据环境中企业组织管理工作涉及的各项信息数据，都是通过对大数据信息资源库当中全部信息进行分析得出的。在这一过程中，采样数据中的细微差异不会对最终数据的分析结果产生显著影响。工作人员将数据中的价值充分发掘出来，便能对企业的组织结构有管理思维转变产生积极的推动作用。

2. 深入调研挖掘信息，设计合理、有效的管控系统，优化企业结构发展模式

组织机构的设计要充分调研企业的现状，依据企业的价值目标，确定战略，充分研究流程、人力资本、优化结构设置，打造有核心竞争力的企业文化，从而大幅度地提高企业的运行效率和经济效益。组织结构的设立要符合自身业务特点，在实施中必须考虑企业的自身特点和管理基础，在参照其他企业管理实践时，不能照抄照搬，避免水土不服。随着业务的不断扩大、经营的不断深入，企业必然要对组织结构进行变革和深化，以适应业务发展的需要。企业必须充分认识，业务组织结构并非一成不变的，需要根据内外部环境的变化而调整。一般而言，每过几年，或大规模或小规模，或整体或局部，企业都需要对组织结构进行一定程度的调整，以激发组织活力。在大数据背景下，传统企业中企业领导者作为各项经营活动和管理方案直接决策者的身份发生了转变。从企业的实际管理和发展模式进行分析可以得出，企业各项活动的决策者往往会根据自己的管理工作经验进行决策。在此种管理模式下，企业领导者的素质会对企业的发展水平和经营效率产生直接影响。随着大数据技术的全面发展，企业内部的每一个成员都可以参与到企业经营管理活动之中，从而达到优化组织结构发展模式的目的。针对这一特征，我国某些地区的企业在大数据背景下，重点关注对高素质人才的吸收和培养等方面的工作，鼓励高素质人才参与到企业的经营管理活动之中，有效地提升了企业各项决策的科学性。例如，当地企业在大数据背景下，对大数据应用的基础设施进行了优化设计，提高了信息数据的获取、存储、分析及调用等多个环节的效率；同时，招聘了具备对大数据进行深度分析能力的高素质人才，确保各项数据信息资源都可以得到充分利用。

3. 加快信息系统建设，建立合理的信息管理评估体系，上下联动、快速反应

在大数据时代，管理者要通过对企业的控制系统、业务开发、生产流程的联动整合，建立适合自己企业的经营发展机制，设立专门的信息收集、分析、传递系统。通过定制专属的系统软件，由专人对大数据进行充分挖掘、统计分析，在内部，实时监控流程，优化原料、库存、在线生产过程，充分梳理业务流程上的潜在风险点，并对每个流程都设立关键控制点；在外部，分析市场消费者的偏好，加大研发力度，延长产品生命周期，实时更新，打造自身特有的核心价值，引领市场。企业管理者通过信息评估系统，时刻牢牢抓住企业内部控制和市场信息变化情况，让决策更为合理、科学、有依据，组织结构设置简洁、高效，流程管控得心应手，业务定位迅速精准，保持市场快速反应能力，有效防范经营风险。○

案例库

> **案例分析：智能时代阿里巴巴集团组织结构新变革**
>
> 2018年11月至今，阿里巴巴开启了第五阶段新一轮组织结构变革，希望面向未来十年，实现智能时代组织发展战略的提前布局。阿里巴巴这一次调整主要包括将"中台+阿里云"升级为阿里云智能、线上综合购物平台天猫升级为"大天猫"。同时，阿里巴巴重组创新业务事业群，将盒马升级为独立事业群、让钉钉进入云智能事业群等。2019年12月，阿里巴巴聚焦全球化、内需、大数据和云计算三大战略，发力2B市场，再次进行组织的"自我升级"，着力实现未来十年阿里巴巴数字化商业操作体系的目标。具体组织结构变革与调整举措如下：
>
> **1. 从大中台向云智能平台的支撑体系延展**
>
> 2015年阿里巴巴集团在组织结构变革中，创新性地组成"小前台、大中台"互为协同的组织结构模式。阿里巴巴的"大中台"建设包括机器智能的计算平台、数据库、基础技术架构平台、调度平台等。"大中台"避免了各种业务自建技术支撑的资源浪费，而以体系化的服务能力，助力前台聚焦业务前端，不断进行创新发展。与中台事业群的技术支

○ 符靖. 大数据时代下企业组织结构设计与管理变革[J]. 品牌研究，2018（3）：160-161.

撑作用相对应，阿里巴巴 2009 年创办的阿里云计算公司也得到迅速发展。作为全球领先的云计算及人工智能科技公司，阿里巴巴自主研发飞天云操作系统，以在线公共服务方式，为政府部门、企事业单位提供安全可靠的计算和数据处理服务。2018 年，阿里云升级为阿里云智能，目的是将技术中台与云相结合，整合建设零售云、营销云、金融云、物流云等云化基础设施，打造一个新的基于云的分布式、智能化技术服务平台，构建数字经济时代基于云计算的智能化技术基础设施，使计算和人工智能技术成为普惠社会的科学技术。

2. 从电商生态系统向数字经济体的组织形态升级

公司成立之初，阿里巴巴的定位是成为"一家服务于中国小型出口企业的电子商务公司"。2008 年，阿里巴巴聚焦核心电商业务，提出"构建开放协同繁荣的电子商务生态系统"。阿里巴巴的商业模式从 B2B 向 C2C，再到 B2C、金融服务、云计算等不断扩充，组织架构也随之从单一的 B2B 部门，到"淘宝一拆三""7 拆 25"，再到中台集合，演化出淘宝、大天猫、新零售、蚂蚁金服、中台、阿里云等事业群。经过电商平台的沉淀，阿里巴巴已发展为数据驱动的互联网科技公司，组织形态不断升级。2018 年，阿里巴巴提出要构建"商业操作系统"，"包含购物、娱乐、本地生活服务等多元商业场景及其形成的数字化能力"。具体来说，这是帮助企业完成"品牌、商品、销售、营销、渠道、制造、服务、金融、物流供应链、组织、信息技术"十一大商业要素的在线化和数字化，为商家提供以消费者为中心的一站式解决方案。2019 年，阿里巴巴将"商业操作系统"的说法提升为"数字经济体"这样一种新组织形态，希望通过广义的阿里巴巴云体系，继续其"在数字经济时代，让天下没有难做的生意"的新使命。

3. 从拆分创新到组织赋能创新发展

创新是社会对企业的要求，也是企业发展永恒的命题。企业要实现创新，组织结构是其中的重要支撑。阿里巴巴之前将大淘宝进行拆分，目的即是通过裂变方式，确保淘宝旗下业务的持续竞争力和内生性创新能力。后续阿里巴巴又将七大事业群拆分为 25 个事业部，目的也是为充分放权、激发内部创新活力。人工智能时代，创新依然是关键，但企业业务的创新开发更多地依赖组织自身的创新创造能力。组织化赋能，即把资源和能力建立并附着在组织上，而不是游离在个人或利益小群体之中。在信息赋能和组织化能力加持下，各业务单元创新的难度大为降低，新业务成功更有保障。阿里巴巴建立"大中台、小前台"的组织模式，就是完成了能力和资源的组织化。阿里巴巴的用户中心、商品中心，以及交易结构、交易评价，如店铺搜索、整体数据和营销推广等，这些能力和资源都沉淀在业务中台，可为淘宝、天猫、聚划算、阿里妈妈、菜鸟等前台业务及新业务拓展进行有力的资源和能力赋能。

4. 从管理、激励向赋能型组织发展

人工智能时代，简单、机械、记忆性和重复性的劳动，乃至一些比较复杂的分析工作，机器智能都能胜任。只有人的创造力、洞察力、对客户的感知力、对知识的综合升华能力，是机器难以达到的。面向未来，企业如何发挥人的创造力，尤为关键。从组织层面来看，重要的是，组织提供的服务要能让有创意的人更高效地发挥作用。阿里巴巴学术委员会主席曾鸣曾把管理100年的演化划分为三个阶段：第一个阶段是管理；第二个阶段是激励；第三个阶段也就是未来阶段的组织原则是赋能。赋能组织与智能时代相对应，更强调组织本身的设计、人和人之间互动机制的设计，通过赋能激发创新的有效性远高于对个体的激励。2019年，在阿里巴巴新一轮组织升级当中，集团CEO张勇在全员信中表示："阿里巴巴数字经济体已经初步完成了全方位的统一作战，以及面向未来创新的组织架构升级。接下来我们将聚焦于组织的效率和活力，通人才、通策略、通技术。"

作为一家互联网企业的领跑者，阿里巴巴的组织结构变革可以给我们带来以下启示：当今社会，复杂的外部环境和技术的突破性发展，使得企业的发展面临不创新即停滞的风险。这种创新同样也表现在组织结构变革等方面。几乎每一年，阿里巴巴都会发起一次或大或小规模的组织结构调整。从大淘宝设置，到事业部制、事业群制，到大中台，再到数字经济体，进入21世纪的阿里巴巴，每次组织结构的调整都是在主动应变，不断进行自我革新。智能时代，企业的外部环境更为复杂。面临更加不确定的未来，企业需要将自上而下的前瞻性判断与自下而上的创新相结合，上下通达，对市场进行快速反应，企业组织内部的柔性化也成为必然的要求。对于调整，阿里巴巴高层的理念就是"我们不仅要积极拥抱变化，而且要主动创造变化"，要"面向未来，不断升级我们的组织设计和组织能力"，以进一步推动阿里巴巴数字经济体的聚力融合，为未来担当。⊖

3.3.4 组织结构变革

组织结构变革有助于企业合理设置职能部门，减少冗余职能，如撤销事业部下的职能结构，以形成内部规模经济效应。

变革往往是上层领导者从全局利益出发，统一决策，积极促进各部门沟通协调合作。变革需要引进新技术，加强企业市场竞争力；同时，变革要求企业制定以客户需求为核心的发展战略，以适应市场需要。

下面以宜昌某药品生产企业最初的组织结构（见图3-14）为例，对其进行功能缺陷分析和改良。

功能缺陷分析：横向协调和沟通不力，分权不足，妨碍效率，制约企业规模扩张，较难适应复杂多变的市场环境。

下面是对其缺陷进行的改革：

（1）解决协调沟通问题　具体措施如下：

1）构建更多交流渠道，加强企业网站和局域网的建设。

2）举行部门协调会议，这是一种简便易行的沟通方式。

⊖ 吴玉玲，许静. 面向智能时代的企业组织结构变革：以阿里巴巴集团为例[J]. 现代营销（经营版），2020，(7)：127-129.

3）在协调障碍较多的部门设置联络员。
4）采用大办公室制。
5）发挥工会的作用，组建职能部门部长管理研究会或中层干部联会。
6）用联合办公的方式解决例外性工作中的横向协调问题。
7）适当地进行专业搭接。

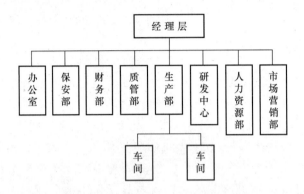

图 3-14 宜昌某药品生产企业最初的组织结构

（2）解决分权、适应性、灵活性和效率问题 解决这几个问题的根本点是一致的，即将管理重心下移，加大对核心职能部门和一线业务人员的授权。

（3）解决企业规模制约问题 权衡两方面，可以采用渐进式变革的方式，分阶段地推进组织优化，逐步消除直线职能制对企业规模的制约，既保持生产经营的相对稳定和原组织系统的长处，又满足企业扩张的需要。

具体的组织结构变革如图 3-15 和图 3-16 所示。

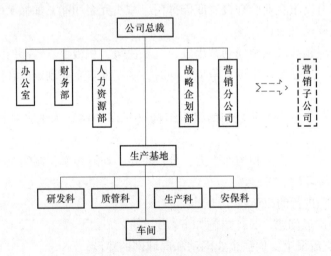

图 3-15 组织结构变革过程（一）

该企业通过这一系列组织变革，有利于加强沟通和管理，有利于生产经营活动的完善，同时有利于适时地优化组织结构，能够比较成功地实现企业做大做强的目标。

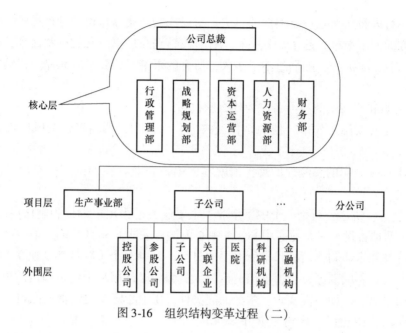

图 3-16 组织结构变革过程（二）

本章总结

本章主要介绍了数字化转型下企业的组织发展。要清楚组织及组织的基本类型，明确组织结构的要素；了解组织结构设计的相关内容，重点要知道工作分析与不同的组织结构结合的效果如何，适合怎样的工作分析路径，有哪些特征，有哪些岗位管理差异。同时，要知道在数字化转型下企业组织结构的变化趋势及发展方向，以及未来要如何继续发展。

本章习题

1. 组织结构的要素是什么？
2. 简述工作分析的组织结构。
3. 数字化转型对企业组织结构有什么影响？
4. 组织结构设计的原则有哪些？
5. 案例分析：王华明近来感到十分沮丧。一年半前，他获得某名牌大学工商管理学硕士学位后，在毕业生人才交流会上，凭着满腹经纶和出众的口才，他力挫群雄，光荣地成为某大公司的高级管理职员。由于其卓越的管理才华，一年后，他又被公司委以重任，出任该公司下属的一家面临困境的企业的厂长。当时，公司总经理及董事会希望王华明能重新整顿企业，使其扭亏为盈，并保证王华明拥有完成这些工作所需的权力。考虑到王华明年轻，且肩负重任，公司还为他配备了一名高级顾问严高工（原厂主管生产的副厂长），为其出谋划策。然而，在担任厂长半年后，王华明开始怀疑自己能否控制住局势。他向办公室高主任抱怨道："在我执行厂管理改革方案时，我要各部门制定明确的工作职责、目标和工作程序，而严高工却认为，管理固然重要，但眼下第一位的还是抓生产、开拓市场。更糟糕的是，他原来手下的主管人员居然也持有类似的想法。结果这些经集体讨论的管理措施执行受阻，倒是那些生产方面的事情推行起来十分顺利。有时我感到在厂里发布的一些命令，就像石头扔进了水里，只见了波纹，随后过不了多久，所有的事情又回到了发布命令以前的状态，什么都没改变。"

（1）王华明和严高工的权力各应为什么职权？

（2）严高工在实际工作中行使的是什么权力？你认为，严高工作为顾问应该行使什么样的职权？

（3）如果你是公司的总经理助理，请就案例中该企业存在的问题向总经理提出你的建议以改善现状。

6. 案例分析：凯达公司是一个中型企业，主要业务是为用户设计和制作商品目录手册。公司在 A、B 两地各设有一个业务中心。A 中心内设有采购部和目录部。采购部负责接受用户的订单、选择和定购制作商品目录所需要的材料，其中每个采购员都是独立工作的；目录部负责设计用户定制的商品目录，该部的设计人员因为必须服从采购员提出的要求，常常抱怨受到的约束过大，因而不能实现艺术上的完美性。B 中心则专门负责商品目录的制作。最近，根据经营主管的建议，公司在 B 中心又成立了一个市场部，专门负责分析市场需求，挖掘市场潜力，向采购员提出建议。但采购员和设计员都认为成立市场部不但多余，而且干涉了自己的工作。市场部人员则认为，采购员和设计员墨守成规、缺乏远见。虽然公司经营主管做了大量的说服工作，并先后调换了有关人员，但效果仍不理想。

讨论：利用所学的组织学理论，分析市场部有无成立的必要。

第4章 数字化转型下工作分析与岗位管理的理论发展

学习目标和知识点

1. 了解数据分析的思路与方法。
2. 了解企业数字化转型对人力资源管理的影响。
3. 了解工作分析如何解决问题。
4. 掌握人力资源数字化转型的路径。
5. 了解工作分析的发展趋势。

导言

"经济人"时代,泰勒提出通过将一项工作划分为几个环节,并对各个环节的劳动时间进行严格控制,以此来提升劳动效率。之后他在《科学管理原理》一书中提出,企业管理者应该对组织中的每一项工作加以分析研究,以科学的结论为基础对工人进行选择和培训,从而发挥员工的最大潜能,实现对组织的科学管理。吉尔布雷斯夫妇提出了一种在实验室中进行工作分析的程序方法,通过提供合适的设备、减少多余的动作,来最大限度地提高工作效率,还提出了工作分析的出发点是工人本身,而不是其他非人为因素,工作分析的结果随着工作分析对象的变化而变化。两次世界大战期间,宾汉对工作分析方法论进行了研究,促进了对人员配置问题的解决。巴鲁斯成功地把工作分析的方法与结果应用于美国国会的《工薪划分法案》。第二次世界大战后,随学者们的研究和工作分析的发展,出现了职位分析问卷、职能工作分析、关键事件分析技术、任务清单/综合职业数据分析系统。这些理论是现代工作分析的基础,在这些理论的铺垫下,工作分析在如今大数据时代正朝着更先进的方向发展,现在的数据计算、数据分析、智能化分工、数字化培训都建立在这些思路之上。

数字技术改变着日常工作，也在改变着人力资源管理。组织结构由最开始的直线型组织结构、职能型组织结构等慢慢发展为现在的平台型组织结构；由最开始的垂直管理、缺乏协调性，向扁平化、专业化、智能化和开放化转变。信息处理技术的进步加快了信息的收集、传递速度，提高了信息处理的效率，计算机网络系统开始负担起传统组织结构沟通、协调方面的职能，加快了管理人员与基层员工的信息传递速度，打破了传统的管理跨度，从传统的垂直式金字塔结构向扁平化结构转变。企业也突破了传统的合作关系，构建了研、产、销、运一体化的网络系统。新型的网络化组织结构竞争力突出、管理层次少、管理水平更高，企业的组织效率随之提升。随着数字化转型，企业的沟通能力不断增强，管理层次不断精简，加快了信息的传递，岗位职责也在不断优化，企业管理权力的重心发生了转移，增强了企业的民主化管理程度。企业的思维导向、结构特征、管控模式、权责分配、开放程度、员工与组织的关系都在随着数字化发生很大的转变。

数字化给企业组织带来了一系列转变的同时，人力资源作为企业管理的重要组成部分，也应该与企业的结构、流程保持一致，以及随着员工比例上升、企业对员工的要求发生较大改变、传统的人力资源管理难以适应环境变化等因素，人力资源数字化转型势在必行。人力资源数字化是人力资源的结构性转变。随着数字技术的不断进步，企业在人力资源管理方面应该开始重视数据和分析，并从中得出有意义的结论；应该与时俱进地招聘，利用数据驱动的招聘流程以及更加智能化的入职程序；应该优化员工的体验，为他们提供舒适的数字化工作环境；还应该将数字技术应用于人力资源中，提升吸引人才的竞争力。因此，大多数的企业开始重视人力资源数字化转型规划，注重人力资源管理专业团队建设，加快建立企业的人力资源数字化平台，充分利用数字化管理办法提升管理效率，通过数字化平台提升员工的培训体系，并利用科学技术来编制企业系统互联网络。

数字化环境下，工作分析作为人力资源的基础，工作描述会体现出工作中新技术的应用，信息来源由过去传统、单一的渠道转变为多种多样的数据源，信息收集方法也由面谈法、观察法、工作日志法、工作实践法等转变为通过对大数据的挖掘、建立数据模型、网络分析、电子绩效监控、对数据分组并建立数据库，分析单位也将变得更加广泛。因此，工作分析也应该根据这一过程中产生的问题做出相应的转变。①应该根据企业战略的变化，及时在工作分析上进行转变，也就是说，工作分析应该以战略为导向，强调关键职位对战略的价值。②组织发生变革，工作分析也应适应组织变革，根据受到组织变革影响的程度来进行工作分析。③工作分析能够获得组织设计的信息以及能够对各个要素进行全面的梳理，因此在组织发生转变时更应该重视工作分析过程中的贡献与价值，并重视对工作分析过程的管理与控制。④传统的工作分析往往容易忽视技术背后的假设系统，对技术只有前面的理解，这样工作分析的有效性就会大打折扣，因此，工作分析的框架和技术应该有假设系统。⑤在数字化背景下，人才流动速度极快，目前企业的工作分析技术中，职位信息收集与处理技术还停留在初级阶段，缺乏定量化的技术与方法，缺乏系统性的总结，缺乏对人力资源管理人员

> 有效的培训。因此，企业应该为具备成熟的信息收集与处理技术而努力。⑥数字化的发展对工作分析的实践产生较大的影响，如工作分析的方法，工作岗位的调查工作、设计工作及评价工作，都应该做出相应的调整。
>
> 在世界科技高速发展的背景下，工作分析与岗位管理的理论有了新的发展方向，企业的 HR 面临着很大的工作挑战，需要对大数据时代的信息进行数据分析和资源整合。要了解 HR 的战略导向，重视工作分析的未来发展趋势。

4.1 量化管理驱动变革

4.1.1 数据驱动变化

1. 大数据及其内涵

从大数据的性质来看，其主要分为以下几种定义类型：

（1）数据所具有的特性　大数据所指代的数据并非一般意义的数据，大数据有着与一般数据不同且更为突出的优势，这也是其成为大数据的前提。从宏观的技术层面来看，大数据包括计算机、信息等内容，但要真正挖掘大数据的价值及其应用潜力，还需紧密结合其性质与特点。

（2）数据所应用的分析技术　尤其是针对海量且复杂的数据应用的快速分析方式，需要新兴技术手段，这更多是从宏观技术加以定义，应用的学者多强调大数据获取信息的能力以及对企业管理效率促进产生的作用。

（3）数据的商业价值的来源与能力　大数据发挥的作用就是"分析、活动"，从本质来看不关注数据的数量，但实际上则要对重要数据进行分析，具体关注点在于数据所隐藏的实际信息与知识，从而帮助企业建立竞争优势。

2. 大数据时代企业面临的挑战

大数据时代复杂多变，企业面临着众多挑战，主要体现在以下方面：

（1）多样化的数据　多年的数据应用实践证明，很多企业在应用数据和处理数据过程中，只是利用和处理一些结构化数据，还不具备处理非结构化数据的能力，但往往非结构化数据更能反映企业的实际情况，成为其管理和发展的重点。由此可见，企业在面临多样化数据的处理工作中遭遇了巨大难题。

（2）实时分析数据　企业要寻求发展机遇，就必须处理各种市场信息，获取有效数据，通过及时获取实时数据强化内外部的管理开展工作，从而帮助管理者更好地掌握企业的运营情况，了解市场形势，利用机遇与优势发展企业。由此可见，在面对更多数据处理的工作中，企业只有具备实时分析数据的能力，处理好各项数据，才能提高管理效率。

（3）满足决策需求　企业管理者要对数据做出分析，预测结果，提高决策的科学性，才能降低风险，保持企业发展的稳定性与进阶性。但纵观当前的企业，很多企业在对其业务发展状况的相关数据进行分析时，只能做简单的数据汇总，不注重与同行的比较，不能结合数据体现价值分析对企业业务产生的影响,因而无法满足决策需求。

(4) 数据安全问题 企业在发展的过程中,对其有价值的数据很多,不少涉及隐私问题,尤其是关乎企业自身信息与客户信息的内容。而在大数据时代背景下,企业的创新管理还需要重视对关键信息的保护,降低数据获取和应用存在的风险,解决普遍存在的数据安全问题,只有这样才能促使企业走上更健康和可持续的发展道路。[一]

3. HR如何利用数据驱动变化

在复杂多变的大数据背景下,HR必须学会利用数据驱动变化。

(1) 为什么HR需要数据分析 在数字化时代,无论是人工职能还是信息系统,所有这些技术的基础都是数据。在大数据时代,越来越多的企业根据数据分析得出的结论来做出决策。因此,在这样的背景下,人力资源数据分析也逐渐引起各个企业的重视,已经有不少企业建立了人力资源数字分析岗位。

(2) 如何利用数据度量 通过人力资源的六大模块划分,可以得到一些度量方式,见表4-1。

表4-1 人力资源六大模块的度量方式

模块	数量	质量	时间	成本	价值
人力规划	1. 人员需求数量 2. 员工增长率	人员要求能力	年度规划周期	1. 人力成本总额 2. 人力成本占比	1. 人力投资回报率 2. 员工平均利润
招聘选材	招聘人数	试用期通过率	人均招聘周期	人均招聘成本	关键人才招聘完成率
绩效管理	高、低绩效员工被动离职率	淘汰率	低绩效员工改进周期	人均绩效管理成本	劳动生产率
培训发展	人均培训课时	培训满意度	培训完成周期	人岗匹配率	绩效提升率
员工关系	1. 员工人数 2. 每月入职人数 3. 主动离职率 4. 关键人才离职率	人力资源数据准确率	1. 人均到岗时间 2. 人均服务年限	人均运营成本	员工满意度
薪资福利	每月薪资发放总额	1. 薪资发放准确率 2. 薪资健康率	薪资发放及时率	人均薪资福利成本	员工敬业度

案例库

案例分析:数字化部队战时装备维修人员配置优化

数字化部队(Digitized Force)的概念由美国陆军于20世纪90年代初首先提出。海湾战争后,美国陆军为提高与空军、海军实施联合作战的能力,提出了建设数字化部队的构想,并于1994年4月付诸实施。其主要内容包括单兵装备的数字化、各种武器平台横向联通系统的数字化、旅和旅以下部队的数字化、师以上部队的数字化。数字化部队即增加了数字通信系统、数据传输系统、自主式惯性导航系统、雷达和光学侦察系统、卫星定位

[一] 魏春海. 基于大数据时代下企业管理模式的创新探索 [J]. 中国商论, 2021 (14): 143-145.

系统等数字化设备，形成了单兵作战系统、指挥控制系统、战术互联网系统、战场识别系统、信息通信系统、数字化武器装备平台的作战体系结构。它改变了传统的作战方式，使信息获取、传递、处理实时化，使目标探测、监视、分配、打击、毁伤、评估一体化，是态势感知能力、部队机动能力和作战能力得以"倍增"的部队。与非数字化部队相比，数字化部队的显著特点有：①反应更快，数字化信息网络系统使信息获取、处理和传递实时化；②指挥更灵，扁平化、互联式的网络指挥层次结构使得指挥准确、及时、果断；③协同更好，实时感知、高效协同、精确行动；④保障更佳，能准确掌握战损装备位置，使战场抢修快速有效，物资保障及时充足。

战时装备维修采用战场抢修的维修方式，包括战场损伤评估和战场损伤修复两部分内容。战时装备维修任务是指从获取装备战损信息、对战损装备进行损伤评估、确定维修资源并进行配置决策到对战损装备实施维修的整个过程。对数字化部队来说，装备战损后，使用人员或伴随维修保障人员对战伤装备进行损伤评估，维修指挥控制中心通过战场传感器、战术互联网及战场态势感知等系统实时获得装备战损信息及损伤评估结果，同时获取战场维修资源和维修设施的分布、储备等基本信息，根据评估结果通过指挥控制系统对维修资源进行合理配置，完成战损装备的战场修复任务。

战时战损装备的维修任务量与装备所处的战场环境、参战装备的数量、装备的战损率、损伤程度等因素有关，可通过计算维修战损装备实际耗费的工时来确定。不同专业类型、技术等级的维修人员对同一类型装备进行维修所耗费的工时不相同，所以在对战损装备所需维修任务量进行计算时，必须加以考虑。所以，可以从维修人员的有效工时入手，构建维修人员配置优化模型。

数字化部队节省了维修任务时间，保证了战时装备维修的时效性；同时在维修任务时间一定的情况下，极大地缩短了维修准备时间，极大地延长了维修实施时间，减少了维修人员的需求数量，可节省出更多的人力资源来开展更多战损装备的维修任务，提高了维修任务成功的概率。

(资料来源：王雷，张守玉，齐园园.《数字化部队战时装备维修人员配置优化》.)

4.1.2 数据分析的思路与方法

1. 在企业中如何推动人力资源数据分析

人力资源数据分析对企业来说是一个十分重要的任务。下面从推动数据分析的路径和数据分析的具体模块来展开讨论。

企业根据所处阶段的不同，对数据分析的需求是不同的。但无论如何，数据分析对于企业长远的发展意义重大。对于 HR 来说，如果将来想要进行人力资源大数据分析，那么就一定要让企业领导层重视，在企业层面推动数据分析，因为人力资源大数据分析不仅需要 HR 部门的数据，还需要对各部门的数据进行整体分析。如果当前企业的数据分析基础相对薄弱，应该如何一步步推动其发展呢？

由于数据分析的本质在在于可以通过数据知道已经发生了什么，为什么会发生，以及将来会发生什么，因此可以把数据分析按照不同阶段分成不同模块，并与数据分析的目标相对应。

数据分析可分为数据收集、数据质量、数据报表、数据可视化、预测模型和数据驱动战略决策六个模块。

（1）**数据收集** 企业首先要考虑如何通过日常工作流程开始积累电子化的数据。即使是有着很多数据积累的传统大企业，也通常由于历史原因，各部门都有自己不同的数据和存储方式，因此，要让企业所有部门能够共享所有数据也不是件简单的事情。所以，企业在准备开始踏上大数据之路前，需要建立便利的数据共享机制作为基础。

企业需要通过各种途径来及时获取和打通部门内部数据、企业跨团队数据和企业外部数据的获取渠道，以确保能定期、稳定、方便地获取不同渠道的数据资源。这方面做得好的企业，通常有自动化的机制定期从各种不同的系统收集数据，并将收集的数据在企业中通过数据仓库来进行集中存储。

（2）**数据质量** 对于获取到的数据，应对其准确性和格式标准化进行检验，确保可以通过日常核查找出数据存在的问题，然后进行必要的修正，并反馈给数据源头负责人，通过持续改进，逐步提升数据源头的质量。同时，可以通过工具将所有的数据统一成标准的格式，以便于将来的分析。

（3）**数据报表** 数据报表最主要的作用是结合业务需求来了解关键的管理指标，这些指标有可能是传统的 KPI，也有可能是 OKR，总之没有衡量就无法管理。要找到这些为管理而服务的衡量点，利用现有的数据，将不同的衡量点通过报表展示出来。

（4）**数据可视化** 可以借助计算机技术将数据用图形甚至动画等方式更好地展现出来。数据可视化是一种能够更清晰、有效地传达与沟通信息的途径。通常在企业中，数据驾驶舱就是这样的应用。比较好的数据可视化应用还可以是交互的，可以按照某个特定层次或条件（例如，地区—城市—区县等）进行数据细分呈现，层层深入，以便员工更详细地查看数据。

（5）**预测模型** 以足够大量和正确的数据为基础，就可以利用数学算法、建模工具等来建立计算机数学分析模型，并通过过往的结果数据分析来达到预测将来的目的。在这方面，通常需要基于业务的需求，与算法工程师进行配合将数据进行更进一步的机器学习处理。由于预测本身存在着不确定性，因此如何验证和利用预测结果也是需要业务专家和算法工程师紧密配合、合作讨论的地方。

（6）**数据驱动战略决策** 只有经过前五个模块的积累和应用，才有可能将数据分析嵌入重大的战略决策中。因此，数据分析是一个循序渐进的过程，只有之前的工作做到位了，才能有相对准确和有价值的分析结果，并取得企业管理层的认同；而有了管理层的信任，相应的数据分析结果才能更好地被管理层运用到决策中去。

如果企业能够基于业务实际需求和当前各模块的成熟度，相应分配适当资源给六个模块并相互配合，整个团队就能够相辅相成，共同向着数据化管理和决策的方向持续迈进。

2. HR 数据分析的常用方法

经过实践总结，整理了几个 HR 数据分析的常用方法。

（1）**静态分析** 静态分析通常用于在某个时间点上的分析，从数量或者比例上反映出某个时间点数据的分布状态，可以是饼状图、柱状图等。在人力资源分析中，员工的年龄、性别、地域、年龄的分布通常用分类数据来表示。这一类分析是最为简单、直观的。

（2）趋势分析　静态分析是无法看出数据的变动趋势的，因此通常会以时间为横轴来反映不同时间数据的变化过程。

在人力资源分析中，HR 在做招聘或者离职分析时就可以把不同时间点的岗位需求和离职人数结合起来，看一个时间段内的变化趋势，并以此来判断以什么样的节奏来进行招聘的工作规划。

在人力资源工作中，如果对员工的生产力、绩效等用类似的图表来分析，就能跟踪整个企业及不同团队人力效能的提升情况及变化趋势。

如果企业为了增加人力效能而实施了系列项目或培训，就可以通过这样的人力效能提升跟踪图来衡量项目实施和培训的效果。

（3）回归分析　在统计学中，回归分析是确定两种或两种以上变量间相互依赖关系的一种统计分析方法。回归分析按照涉及变量的多少，可分为一元回归分析和多元回归分析；按照自变量和因变量之间的关系类型，可分为线性回归分析和非线性回归分析。

假设在招聘的时候想知道销售岗位的招募时间如何确定，可以把之前所有的招募岗位级别、招聘人员级别、招聘人员工作年限、招募月份、招募时间等放在一起，利用电子表格的功能进行回归分析，就可能发现招聘时间和这些变量之间有一定的关系。如果相关性比较高，就可以依据此回归分析建立的公式来预估招聘所需要预留的时间。

在回归分析中分析的是相关性，但是变量之间的相关性并不代表变量之间一定会有因果关系。例如，由于气温升高，冰激凌的销量和游泳的人数增多，从数据分析的角度是有相关性的，但是这两者之间并没有严格的因果关系。如果有因果关系，为了减少游泳池的人数，直接减少冰激凌的产量就可以了。但事实并不是这样，不卖冰激凌并不会让游泳池的人数减少，游泳池人数的增多主要和气温有因果关系。

（4）预测分析　有了数据的趋势分析，如果基于大量的数据及过往的经验，可以进一步利用数据知识和计算机编程来建立数学模型对数据走势进行预测。不少企业已经在尝试利用大数据，通过数据建模进行离职的预测分析。由于预测分析需要有更多的数据分析专业知识，因此在数据建模这项工作上，普通 HR 很难做到。

HR 可以通过建立专业的人力数据分析团队或者和拥有专业数据分析能力的 IT 部门或供应商合作，来解决这个问题。HR 可以提出人力资源运营过程中的痛点、需求和想法，让数据专家帮助企业进行预测分析，并依据 HR 的经验来共同验证准确性。

3. HR 数据分析的常用思维方法

在应用上述这些数据分析方法时，还可以尝试不同的思维方法，来选择从什么视角来分析这些数据。常用的分析思维方法有分类思维、比较思维、交叉思维和因果思维。

（1）分类思维　对于人力资源各种不同的指标，都可以用分类的方式来进一步定位原因。例如，如果发现无法通过试用期的新员工比例上升，就可以通过分类的方式把员工具体到不同的部门或者不同的招聘人员。如果发现这种情况都集中在某个部门，那可能是部门管理的问题；如果是集中在某几名招聘人员，那可能就是招聘人员的技能问题。在分析离职率的时候，也可以进一步分类到不同的团队，进一步深挖原因并采取行动。因此，分类思维在数据分析中是非常重要的。

在一些数据分析工具中通常都会提供分类切片的功能，可以让 HR 从不同的维度来发现问题。

（2）比较思维　无论做什么分析，如果失去了比较的参照物，那么就没有特别大的参考意义。例如，用营业额除以销售人员数量来计算人均销售额，但如果不与同行业其他企业的人均销售额或者与去年同期做比较，那么就无法判断这个数字是高还是低，是有提升还是有退步。比较思维就是通过与内部或外部参考值的比较来得出结论，引发下一步行动。

（3）交叉思维　交叉思维是指要把不同的数据联系在一起看才有意义。例如，对于业务部门来说，如果仅通过报表来看部门人数，其实意义不大，因为这个人数并没有与业务关联起来。只有把人员数量和业务结果联系起来，才能看到人均产出是否有提升，以及人员数量和公司业绩的关系等。

（4）因果思维　因果思维是一种根据事物之间的因果联系来寻求创新突破的思维方法。它可以帮助人们分析问题的原因和结果，以及改善现状。因果思维有三个层次：观察数据、形成因果图和进行因果推断。

结合以上这些思维方法，就可以引发人们进行深度思考，HR 在数据分析的过程中，要保持敏锐的洞察力，在发现有异常时，要习惯和善于去深挖背后的原因，综合应用各种数据分析方式和思维方式来找到真正有意义的洞见。⊖

4.2　企业数字化转型对人力资源管理的影响

案例库

> **案例分析：步步高的人力资源管理数字化转型**
>
> 步步高集团（简称步步高）是涵盖商品零售、电子商务（跨境）、商业地产、互联网金融、物流与供应链管理等多业态的大型商业集团。其创始于 1995 年，2008 年在深圳 A 股上市，2014 年开始着力进行数字化转型，并将自己定位为优质生活方案的提供者和解决者。截至 2018 年年底，步步高集团在全国共有 510 家门店、近 7 万名员工，年销售额在 320 亿元左右。
>
> 零售行业在我国经历了三个阶段：零售 1.0 阶段是从超市概念引入我国到电商崛起这段时间，主要表现为市场细分及规模经济；零售 2.0 阶段是电商正式崛起阶段，主要表现为渠道扩充，进入流量经济时代；零售 3.0 阶段则是数字经济时代，主要特征为线上线下融合、业态跨界融合、生态资源融合及社区服务融合。相关研究报告显示，影响未来零售最重要的三大因素分别为便利性、互联网及移动通信。但无论如何，商业的本质不会改变。如果把新零售看成人、货、场的重构，那在新视角下思考人如何提供服务、货物如何抵达、场景如何设定等问题就显得至关重要。

⊖　徐刚. 人力资源数字化转型行动指南［M］. 北京：机械工业出版社，2020.

1. 步步高数字化转型之前的主要问题分析

（1）人力资源利用率有待提高　步步高超市各门店的到客数量不均匀，门店的区域店员经常出现一部分人员很忙，另一部分店员闲着。主要因为，步步高门店受到节假日或者天气等因素的客观原因的影响，如年前采办年货、周末购物囤物资、阴雨天气更喜欢逛超市的个人偏好等，顾客数量的高峰期会出现在一天的某几个小时，特别有可能出现区域高峰。例如生鲜区域，在早晨时是高峰期，店员可能都忙不过来；而在下午，生鲜区域的店员又会闲着。这种情况，在高峰期超市会招聘一定数量的临时员工，分担工作任务量；但是同时，也有些区域的员工没有事情可做。这样导致人力资源利用率低下，整体的人力成本很高。目前人力工资又趋于上涨，人力资源利用率低的问题更加突出。

（2）销售店员工作积极性有待提高　步步高超市员工的销售提成一定程度上可以促进员工的工作积极性，但是，很多员工依赖的提成是"听天由命"的，而没有意识到业绩是与自身的能力有关的，如提高销售技巧、增加专业知识等。这种工作没有激情的现状，一方面源于学习渠道的限制，员工不知道如何提升，进行整体培训的话，企业的培训成本很高；另一方面，对员工的激励措施不够客观，因为只是"听天由命"地依赖顾客自行购买，员工就没有积极工作的动力。

（3）中层人员管理能力有待提高　目前步步高超市的店面管理人员培训费用比较高，管理人员又没有时间进行培训，如果参与额外的培训，则需要占据上班的时间。所以，中层人员的管理能力有待提高与时间和企业成本之间形成矛盾，无法找到有效的解决方式。

（4）企业运营效率有待提高　随着步步高门店在全国各地分布增多，销售收入增长的同时，也暴露了更多的流程不规范问题，需要大量的人力、物力来协调工作，或者令消费者的等待时间加长、购物体验下降。由于数据的脱节，步步高集团总部无法第一时间掌握各个门店和区域信息，信息数据滞后，导致高层无法做出及时的战略调整和策略制定，因此，利用数字化来提高企业的运营效率势在必行。

2. 数字化"赋能"步步高的运营管理效率提升

（1）数字化"赋能"促进动态用工机制激活业绩　根据前面的问题分析可知，步步高因种种客观原因，人力资源利用率有待提高。虽然这些客观原因无法改变，但是其根本原因在于固定用工机制的弊端。大部分的企业都采用固定工资制度，组织架构相对固定，各部门相对独立，有些部门部分时段人手紧缺，导致服务质量严重下滑，而有些部门却人力过剩，劳效很低。针对这种用工需求大幅波动的痛点，最有效的方法是打破部门边界，实施动态用工机制。所谓动态用工机制，是指员工不是固定在某个工作岗位上，而是可以根据某个工作岗位的需求而主动换到该工作岗位上，没有部门限制。

步步高用工机制的选择根据价值不确定程度和资源不确定程度两个维度来确定。其中，价值不确定性越高，则岗位可替代性越低；资源不确定性越高，则说明岗位用工时间不确定性越高。对于价值不确定性高而资源不确定性低的岗位，如店长、处长、信息、营销人员，主要聚焦于顾客价值创新，外部竞争。这些人实行业绩合伙人制，具有高能力，适合高激励。对于价值不确定性高且资源不确定性高的岗位，如跨职能专业人才，这种人员聚焦于技术创新和专业赋能，则实行项目负责制，可采取内部项目竞争激励措施。这样就需要平台组织来实行精细化管理。而对于价值不确定性低的岗位，不管资源不确定性低还是高，将改变为动态用工。比如后勤、防损等，资源不确定性低，之前是固定工时制；又如收银、拣货、打称、理货，资源不确定性很高，之前是计件薪酬。现在都可以内部跨岗协同，实行动态用工。步步高建立了一个动态用工平台，用工部门在高峰时段发布用工需求（计件或以半小时为单位计时），门店所有员工均可参与抢单，让员工充分利用空闲创造价值、提升收入。此抢单平台公平、公正，同时也可以指派员工接单，满足超市的人力运营，具体分为任务创建和自由抢单或任务指派。其中，任务创建包括招工类型、招工部门、支援时间段、支援人员（自由抢单或指派工作人员）、预计支出，填写好后，即可发布任务。自由抢单包括待接单、未完成和已完成三大板块。选择待接单，则会显示派单的名称、时间、支援人数、支援价格。例如：剖鱼（生鲜小店），时间为2019年3月3日12：00—14：00，共6人支援，30.68元，是否接单。选择指派人员，则会直接按照符合条件的星级程度进行排序，内容包括人员的姓名、工号、区域、时间。抢单和任务指派都会与人员的星级挂钩，星级就是数字化赋能。在动态用工平台中，通过大数据技术对员工能力、绩效进行量化评估。第一板块为人员的个人信息表，核心内容包括上月收入、工作天数和小时，本月预估收入、工作天数和小时，上月的收入具体明细，还包括支援收益。第二板块为评价表，包括支援的打分评价。第三板块为绩效量化页。一是门店的绩效数字，包括门店的整体销售收入和工作时间数据，人时数据，小店人效；二是每个小店的排班数据，如收银排班，包括每个员工的收银天数和绩效收入排序。

如此一来，数字化赋能就能够实现快速的自由抢单和任务指派的公平、公正。数字化赋能还能使员工实时查看自己的业绩、收入、技能等级、相对排名等关键信息，动态用工抢单中能力高者优先，从而大大激发了员工的积极性。

(2) 数字化"赋能"提升员工工作能力　主要包括以下两个维度：

1) 大数据维度。在大数据分析下，通过机器学习算法加专家测试相结合的方法，逐步完善运营规则标准。例如，大类、中类、畅销品的渗透率标杆、分级销售模型、易损单品SKU级的损耗标准等，利用这些标准对门店业绩做实时自动化诊断，摒弃过去"拍脑袋"的经验主义做法，一定程度上消除员工之间的能力差异，促进业绩大幅提升。

2) 内容维度。步步高建立了群智共享平台，全员参与创新测试，并将测试的优秀案例编辑成数字化的内容，所有员工可利用碎片化时间在线学习；将业务运营管理经验形成知识库，方便门店员工随时查阅，辅助员工提升业务技能，形成标准化的运营体系。

(3) 数字化"赋能"门店运营管理平台智能化　步步高数字化运营项目目前在生鲜管理中已经形成闭环，实现了智能的、可复制的、精细化的运营管理。首先明确目标，业务流程在线化，使管理层能够明白下一步需要做什么。然后实现业务流程智能化，使管理中层人员通过App即可知道该怎么做及做多少。门店运营过程中，对生鲜商品进行动态管理。订货管理中采用预测模型动态盘点，收货管理中设置品质等级，并且投诉返仓（即消费者因为对商品不满意而要求退货，但是商家不同意或者拖延，导致消费者无法退货的情况)。库存管理中动态报损出清,实时矫正库存数据。动态预警中建立风险模型,对出清状况进行预警。盘点管理中能够动态反映今日必盘、零星盘点和订货盘点数据,高效地完成生鲜单品的运营管理。

智能订货中聚焦实物库存校准,其他工作实现自动化。整理排面、补货时的动态盘点。整合订货信息,数据模型自动分析。零售管理系统(Retail Management System, RMS)申请录入,卖场移动订货。其中,智能订货时间由2h缩短到43min,效率提升64%。智能收货在优化前,收货确认2min,提交投诉15min,然后平台受理投诉,RMS中提交返仓申请,经24h客服审核,人工核对扣重比例,超出部分交采购确认,采购签字后客服审核RMS返仓单,1min返仓确认,整个流程需24h以上。优化后,5min收货确认,收货时提交品质投诉,无须再在RMS中提交返仓申请,经4h客服审核,扣重比例以内系统自动审核通过,超出比例部分由客服审核,然后1min返仓确认,整个流程约4h。智能收货、申诉、客服、动态出清无缝集成,时长从24h缩短到4h。

通过智能选品、订货预测、销售诊断、库存预警四大AI算法提升订货准确度,分级精准定价,及时出清降低损耗,大幅提升销售。

数字化"赋能"提升了步步高的运营管理效率。经营管理思路在试点门店进行有效的测试后,再形成固化的产品形态,实现可复制和大面积推广到各个门店应用,打造规范的、智能的运营管理平台,实现运营全过程的可识别与精细化管理。产品流程与运营制度、激励机制的同时改造,利用大数据、AI智能技术进行业务创新与员工赋能。推广实际应用门店相比去年同期,销售额、毛利率等各项指标均有所,损耗减少。㊀

4.2.1 对人力资源管理数字化转型的基本分析

1. 人力资源数字化转型的概念

人力资源管理主要是对企业发展战略组织之间的联系,以及企业内部人才进行管理。也就是说,人力资源管理是基于企业的战略目标对组织进行综合管理,以便能够在组织的基础上进行人才的选拔,并对人才进行培养和管理,从而更好地集中人力资源,实现企业的战略目标。人力资源管理在追求集体利益的同时,还追求人与组织之间的平衡,以便更好地扩大企业规模,充分发挥明确企业发展战略目标、稳定企业组织构架及实现人力资源管理等作用。数字化的时代背景给人力资源管理造成了较大的影响,现有的人力资源管理方式已经无法适应新的社会形势。对人力资源管理进行数字化转型,就是对传统及现有的管理逻辑进行转变,运用数字化思维,建立全新的管理逻辑,以人才为中心进行管理。充分利用数字化技术进行企业组织变革,强化企业内部业务转型,能够更好地提升企业活力,有效地增加企业的经济收益。

2. 大数据时代人力资源管理的特点

在大数据时代,为了使企业能够紧随时代潮流,人力资源管理也要有所转型。

(1) 人力资源管理向三支柱模型转变,由管理转向服务 新时代企业平台化的运行模式、专业化的服务、快速的响应等都需要人力资源。管理者最大限度地整合企业资源、简化

㊀ 陈思娴. 数字化"赋能"步步高提升运营管理效率 [J]. 广西质量监督导报, 2020 (4): 102-103.

组织，支持企业满足客户需求。因此，企业产生了诸如合伙人机制、阿米巴模式等新型组织形态，以最大限度地整合资源，实现企业内部的有效协同。在这样的组织形态下，组织由传统的按照事先预算和组织需求进行资源配置，转变为围绕满足客户需求和关键核心员工进行资源配置；在企业领导力构建与培养方面，由传统的垂直领导力（即通过职务所赋予的权力和企业制度等方式进行计划、组织、指挥、控制和协调等，以便有效地完成组织既定目标的领导能力），转变成平行领导力（即在平等、非职权的状态下，用企业的愿景、使命和价值观，个人的情商与性格魅力，以及良好的沟通协调等方式推动团队向前发展，并有效完成既定目标的领导能力）；在企业的绩效管理方面，从传统的以 KPI 为核心的绩效管理模式，转变为以 OKR 为核心的绩效管理模式；在员工激励方面，从传统的以物质激励为主，转变为激励与赋能并重，并逐步通过对员工赋能吸引和留住核心员；在人力资源运营方面，从传统的注重极致的运营组织，转变为服务型组织，让员工经历卓越的体验，使其真正感受到自己是企业最重要的资源。

（2）使命和企业文化正在成为企业赋能员工的主要手段　随着"90 后""95 后"甚至"00 后"等新生代劳动者先后进入职场，人们的职业理念正在发生深刻的变化。美国心理学家亚伯拉罕·马斯洛（Abraham H. Maslow）的需求层次理论表明，人是有需要的，且人的需要是有层次的，由低到高依次为生理需要、安全需要、爱和归属的需要、尊重的需要及自我实现的需要。只有低层次的需要得到满足后，人才会向高一层次的需要发展，追求更高层次的需求就成为其行为的驱动力。

"世界那么大，我想去看看。"这句几年前流行一时的"辞职宣言"在互联网上迅速传播。这句话道出了新生代劳动者内心真实的想法。这表明，随着经济压力的日趋缓解，新生代劳动者以谋生作为自己职业的第一需要正在悄然发生改变，"工作是为了实现自己的人生价值"的精神需要正在成为他们的主要职业需要。因此，传统的企业管理理念已经不适用于这类新生代人才。未来企业最重要的功能就是事先激励员工，使他们拥有乐于加入企业、投身创造的动机，而不再是对他们进行管理或传统的事后激励。

这种事先激励就称作赋能。对于企业而言，赋能就是给员工赋予某种能力和能量，其核心特征是事先性，即企业在员工工作之前就有效地连接和激发出每个个体的价值，激发出他们的参与感、主人翁意识，能够与企业共享愿景、共担责任。在新时代，要创造和改变世界，赋能比传统的激励更有效，也更有利于创新。因此，面对新生代劳动者的新的工作需求，很多企业正在努力打造能够与员工的价值追求相吻合、与员工的职业梦想相致，能够得到员工的认同与共鸣的企业使命，从而实现赋能员工。

（3）数字化人力资源管理的出现　面对互联网、大数据和人工智能等技术的深刻影响，众多企业和企业的不同部门都在经历着数字化转型，人力资源部也不例外。云计算彻底改变了企业购买人力资源管理软件和建设人力资源管理平台的方式，人工智能技术已经在逐渐替代人力资源运营管理中的那些简单、标准化的工作，同时，人力资源管理的思想、架构、方式以及管理的重点等也在发生着变化。更为重要的是，数字化人力资源管理不只是简单地将新科技应用于人力资源管理工作中，更是为应对未来全新的工作而进行必要准备。

（4）从注重人力资源运营转变为注重员工体验　随着"90 后""95 后"和"00 后"等新生代劳动者逐渐成为职场的主力军，员工更加追求主见与认同感，以及自己的价值感和体验感。员工之所以选择并留在组织里，除了为了谋生，还有高阶的需求：一是体现自己的价值感，做自己认为有意义的事情；二是自身的职业发展，希望企业能够为自己提供不断学习的机会；三是获得充足的安全感、在职场的存在感及幸福感。这种复合体验能起到促使员工留任的作用。在新时代，让员工尽可能按照自己喜欢的方式去工作，发挥自己的价值，也是一种管理创新。因此，提升员工体验是新时代人力资源服务工作关注的重点之一，在提升员工体验的背后，组织的终极目的则是希望员工能更加敬业。

随着人力资源管理者将注意力转向员工体验，越来越多的企业已经开始制定灵活性政策，采取量身定制的方式为员工提供更加灵活的工作选择。这些政策在企业吸引和保留所需人才的过程中发挥着重要作用。

（5）人力资源管理更加智能化和移动化　在新时代，大规模的工厂化组织将退居次要地位，知识型员工的人数逐渐超过从事传统制造业和服务业的人数，目标导向、绩效导向、工作以项目为核心的发展趋势日益明显，一种柔性的、网络化的生产组织将成为主导。这将导致人们的工作方式发生根本性的变化，移动办公、居家办公和弹性工作制逐渐成为潮流网络技术的发展趋势。

与移动办公和居家办公发展趋势相匹配，弹性工作制将成为未来的主要工作方式。弹性工作制最大的优点是，它把工作和生活结合起来，使员工不再把工作当成一种负担，而是生活中必不可少的创造性活动，从而提高人们的工作和生活质量。未来经济的发展取决于人工智能的开发、创新能力的发挥和活力的激发。也就是说，只有发挥人的能动性和创造性，开发人的潜能，才能推动经济的发展。人力资源管理者要转变工作观念和工作方法，以人为本，充分了解员工的心理需要、价值观的变化及自我实现的需要，要给予员工足够的自由度，充分调动他们的工作积极性和主动性。⊖

3. 人力资源管理数字化转型的必要性

随着社会形态的不断转变，人力资源管理的大环境也发生了非常大的变化，这促进了人力资源管理数字化转型。第一个表现为员工比例逐渐上升。在当前的企业发展过程中，"80后""90后"成为主力军，他们是互联网时代的见证者，其在价值观及知识储备等方面与之前的员工有较大差异，而且其在发展的过程中更加注重个性化的发展，这就使得他们在日常工作时更加追求个性，对个人发展的重视程度更高，希望能够更好地实现自我价值。第二个表现就是随着数字化技术的飞速发展，企业对员工的要求产生了较大的改变。目前来看，大多数的企业为了自身发展更加全面，纷纷利用云计算、物联网、人工智能等诸多新兴技术来优化业务流程，这也使得企业内部组织架构建立了诚信，同时能够更好地提高客户的体验。这些综合性的变化都使得企业内部的人才需求发生了较大转变，更需要复合型高素质的人才支持这些转变。因此，在这种背景下，对人力资源管理体系进行数字化转型，成为促进企业发展的必然举措。在全新的背景之下，企业的发展理念及经营理念都发生了较大变化，"互联网+"思想已经普遍存在于社会各行各业当中，这对人力资源管理提出了更高的要求。传统人力资源结构相对单一，而且在进行管理时主体缺失，这会使得人力资本的投入相对较

⊖ 刘凤瑜，等. 人力资源服务与数字化转型：新时代人力资源管理如何与新技术融合 [M]. 北京：人民邮电出版社，2020.

低，而物质资本的投入相对较高，传统的人力资源管理模式已经无法适应外界环境的变化。因此，数字化转型是时代所趋。㊀

企业开展数字化转型主要是运用数字化技术和手段进行全方位的升级，其中又可以分为管理转型和技术转型。目前，很多企业都是技术转型快于管理转型，导致了一系列问题。其实，企业数字化转型成功的关键在于数字化组织转型能否成功，数字化组织转型的内容包括组织架构、业务流程、系统建设、人力资源管理、企业文化等。其中，人力资源管理数字化转型是数字化组织转型、企业数字化转型的基石，只有做好人力资源管理数字化，才能促进组织转型，从而推动企业管理与技术相协调。㊁

4. 数字化转型下人力资源管理的变革方向

数字化转型下，人力资源管理变革有以下几个方向：

（1）框架-系统互联下的管理流程化　　我国企业的数字化注重全盘接受的系统性解决方案，人力资源系统应当与其他系统保持基本同步的数字化，这需要实现企业各系统之间紧密联系。系统互联是指人力资源系统与财务系统、生产系统和客户管理系统等实现信息共享和便捷沟通，以实现人力资源管理的高度流程化、标准化，实现高效运转，为企业业务数字化奠定基础。以绩效考核环节为例，构建人力资源部门与相关部门的沟通系统，使人力资源部门能第一时间掌握员工在各业务流程中的表现，进而产生可视化、可量化的考核数据记录，而员工也可以通过连入系统及时了解任务目标和评价反馈，实现实时的绩效提升。

（2）基础-技术支持下的管理数据化　　在数字化转型时代，数据成为决定企业发展前景的关键性资源。管理数据化主要指决策数据化，将原先通过经验和直觉进行的"拍脑瓜"决策和以描述性统计结果为根据的情况分析，转变为以量化数据为依据的精准决策。具体来说，即企业在人力资源规划、职业生涯规划等具有战略性高度的人力资源管理环节，有意识地主动运用科学分析方法，从经验和理论、定性和定量、因果和统计、结构和功能、实验和个例等不同角度，提升数据分析在决策环节的比重，增强利用大数据等技术的能力。

（3）价值-协同发展下的管理合作化　　数字化转型背景下，信息与数据呈现出高度的共享性与流动性，企业边界被不断打破，为协作发展提供契机。协作发展主要是指两个方面：①企业与员工的协作，表现为劳动关系变革。全职雇佣模式逐渐瓦解，组织边界越来越开放，个体与组织的"契约关系"已发生深刻变化。企业与员工间的信息不对等越发不明显，员工能够第一时间获取全面的招聘信息，从而在选择任职企业方面具有更大的自主性。②企业间的协作，表现为劳动市场变革。在数字化转型的背景下，资源流动更加便捷，企业间的用工协作能够促进资源的高效利用。㊂

4.2.2　企业实现人力资源管理数字化转型的路径

企业要实现数字化人力资源管理转型，并不是单纯地采用数字化技术来进行人力资源管理，而是需要对人力资源管理的各个方面进行全方位升级，如管理目的、管理对象、管理工

㊀　张丽. 企业数字化人力资源管理转型的未来发展［J］. 人力资源，2021（10）：24-25.
㊁　王丽. 关于现代企业数字化人力资源管理转型的思考［J］. 广西质量监督导报，2019（12）：107-108.
㊂　李雪洁. 数字化转型时代企业人力资源管理变革［J］. 人才资源开发，2021（7）：87-88.

具及管理思维等。以下对企业实现人力资源管理数字化转型的路径进行简要分析。

1. 做好人力资源管理数字化转型规划

现代企业在发展的过程当中，一般都是采取从上到下的转型模式推动数字化转型，即企业从整体战略出发，逐步推进转型。同样，企业在进行人力资源管理数字化转型时，要从目标出发，以企业发展动力作为驱动力，根据数字手段判断业务需求，对企业职能进行更好的调整。当然，现代企业高层管理者也应该培养数字化思维，以便保证数字化转型规划的科学合理性，确保做好人工智能、大数据及区块链等数字化技术转型，可以更好地解决业务管理问题，充分围绕人力资源管理的各项职能，完善数字化组织构架。

2. 注重数字化人力资源管理专业团队建设

对于企业发展来说，最重要的就是人才，人力资源管理的核心也是人才管理，所以，在推动企业人力资源管理数字化转型时，一定要构建数字化人力资源管理专业团队，这样才能够充分提高企业管理队伍质量，更好地吸收并培养数字化人才，打造持续推动企业发展、服务于企业团体效益的数字化人力资源管理队伍。企业只有应用数字化人力管理队伍，才能够更好地实施数字化人才服务，从而更好地推动企业数字化转型。企业可以强化队伍建设，掌握信息技术，这样才能够提高企业数字化水平；可以从培养骨干着手，以点带面，逐步实现人才管理培训，更好地建设数字化人力资源管理专业团队。

3. 建立企业人力资源数字化平台

企业能否实现人力资源管理数字化转型，主要取决于系统平台的建设是否完善。企业人力资源数字化平台应包括业务处理平台、数据分析平台、协同办公平台等。依托这些平台进行流程的运转，实现业务数据化，在流程贯通的基础上，逐步实现数据贯通。企业要整合人力资源内外部数据，包括人力资源业务系统数据、财务数据、业务内部运营数据等，构建人力资源主题的大数据仓库，并从中选取有价值的数据，输入数据分析平台。数据分析平台具有指标和规则，各类模型分析异常、效率等问题，挖掘数据中的新价值，协同办公平台，能够实现考勤、业务沟通、移动办公、业务共享等，同时提供在线召开会议、发言、自动会议记录、在线业务流程处理等功能，并灵活利用信息技术，保障信息的流转安全。

4. 充分利用数字化管理方法

企业在推动人力资源管理数字化转型时，创新能力极为重要。因此，企业要实现数字化人力资源管理，必须强化创新，这样才能够使数字化技术紧跟时代发展步伐，为企业转型提供技术支持。当然，数字化人力资源管理还要创新管理理论，将理论与实际相联系，这样才能够更好地运用数字化管理工具及方法，提高人力资源管理效应和人力资源管理质量，保证企业人力资源管理得到创新。

5. 强化规章制度建设

缺乏完善的业务管理系统会阻碍企业的发展，因此，为了规范企业的管理体系，需要确立规章制度。例如，在招聘时，遵循企业的招聘过程，以保证招聘工作的进度，如策划可行的招聘计划，调查岗位需求，公布明确的岗位信息，然后进行面试和评估。这是人力资源部门在招聘时需要遵守的要求。为了使员工遵守规章制度，首先，企业要尽可能详细地制定规章制度，以便所有问题都可以找到相应的解决方案；另外，还需要多听取员工的建议，以便每个员工都能充分理解并接受规章制度，只有这样，员工才能真正有效地执行这些规章制度,这也体现了企业对员工的重视与尊重。

6. 完善员工培训体系

技术进步带来的环境变化,使企业面临许多挑战。为了适应这种变化、应对这些挑战,企业需要灵活、熟练、高效、知识渊博和能力出色的员工支持企业发展,以实现企业的目标。培训在提高员工的技巧和能力方面起着主要作用。培训是有利于企业发展的一部分,也被认为是重要且必要的人力资源实践,它会影响员工的培训成果和组织目标,并影响组织的成功。培训内容应主要包括基础知识培训、工作特色技能培训、工作实践,以及最终的绩效评估。培训和发展员工所需的才能和能力,以便他们为企业的战略目标做出贡献⊖。

7. 明确以数字化转型为导向的变革战略

企业需要将服务数字化转型作为人力资源管理变革的战略目标。一方面,提升人力资源管理部门员工的数字化素质:在思维方面,人力资源管理人员应当具备创新思维,掌握快速吸纳新知识的能力;在技能方面,掌握使用数字化管理系统及数据分析工具的能力;在基础方面,应以具备熟练业务能力和扎实专业知识的员工为基础进行数字化变革。人才可以来自外部招聘或内部成员培训。另一方面,以扁平化为指导实现人力资源部门组织架构重塑,减少管理层级,下放管理权限,从监督控制转变为支持鼓励。

8. 利用新兴技术构建企业系统互联网络

人力资源管理的流程化,一方面需要构建数字化人力资源管理的理论框架,另一方面需要实现企业内部系统的互联。而打通各系统互联渠道的"钥匙"就是数据。数据同步能够使各系统同时运作,保持各系统进程的一致性。企业可以利用云计算技术做到这一点。云计算技术通过基于互联网的超级计算,将所有硬件和软件结合在一起,实现数据高度共享,突破时空和物理设备的限制进行远程访问,以模块化为目标。

9. 激活企业间劳动资源为在职员工赋能

企业与员工间的协作强调人性化的管理理念,推行"以人为本"的管理方式,增强员工的融入感,如国内学者王少杰提出通过工作与生活的高度融合,提升员工工作的愉悦感。而企业间的协作体现在劳务资源分配,通过5G通信、在线社交平台和区块链等技术实现数据共享。根据对人才的不同需求将相关企业联系在一起,构建自动分配人力信息的协同系统。以区块链技术为例,企业可以在基于区块链技术的平台上发布技术含量较低的员工招聘需求,明确其所需条件和报酬金额;同时通过平台电子合约的形式雇用高校、科研及其他机构的高技术人才,增加企业人才来源。⊖

4.3 企业数字化与工作分析

4.3.1 工作分析面对问题应如何应对

1. 工作分析不能离开战略导向

人力资源管理是企业经营管理系统的重要组成部分,人力资源管理体系不能脱离企业的

⊖ 张丽. 企业数字化人力资源管理转型的未来发展 [J]. 人力资源, 2021 (10): 24-25.
⊖ 李雪洁. 数字化转型时代企业人力资源管理变革 [J]. 人才资源开发, 2021 (7): 87-88.

战略、文化、组织与流程等而独立存在和运行。工作分析作为人力资源管理的基础，也不例外。在工作分析的实际操作中，许多企业不是遵循先调整战略、组织与流程，再开展工作分析的逻辑次序，而往往是将工作分析作为战略、组织与流程变革之前的先导步骤。因此，常常能看到这样的现象：企业在耗费大量资源完成了工作分析之后，才发现企业战略发生了变化，随之而来的是组织结构的调整、职位的变迁、职位内容和职责的变化，原来煞费苦心形成的工作说明书成了形同虚设的文档。那么，以战略为导向进行工作分析，是否意味着企业在没有进行战略设计和组织调整的情况下就不能开展工作分析呢？其实，这也未必。因为工作分析一方面要以战略为导向，强调在工作分析中明确地体现关键职位对战略的价值和贡献；但另一方面也要充分考虑到企业目前的组织管理模式，以及职位的历史与现状，纯粹以战略为导向而背离现实的工作分析，往往会走向失败。因此，以战略为导向的工作分析在实际操作中应该是一个企业的现状与未来、战略要求和职位实际紧密互动的过程。

2. 工作分析应该适应组织变革

经济全球化的市场竞争时代日益强调组织对外部环境的反应能力与灵活性，因而持续的组织变革与优化成为企业经营管理的主题。在这样的情况下，势必要求工作分析适应组织变革的要求，在稳定中保持灵活，在严密中保持弹性；势必要求企业根据不同职位所受到组织变革的影响程度，展开分层分类的工作分析。很多企业在进行工作分析时忽视了这一点，不考虑组织变革对职位本身的影响，片面强调职位说明书的严密性与稳定性，忽视职位说明书的分层分类与动态管理，从而难以满足持续性的组织变革与优化的内在要求，造成组织变革与工作分析的脱节。

3. 工作分析应该与流程相衔接

现代企业越来越重视通过面向市场的流程再造来提高为客户创造价值的能力。任何职位都必须在流程中找到自身存在的价值和理由，必须根据流程来确定其工作内容与角色要求。这就要求工作分析必须与流程相衔接。而许多企业在开展工作分析时，缺乏对流程的系统分析，没有深入研究职位和流程之间的相互关系，没有根据流程来进行工作分析，结果造成工作说明书的内容与流程的要求相脱节，最终影响了流程的速度与效率。

4. 重视工作分析过程本身的价值

工作分析对于企业的价值主要体现在两个方面：一是成果价值，即通过工作分析所获得的信息为组织与人力资源体系的设计提供基础性的信息；二是过程价值，即通过工作分析帮助企业对组织的内在各要素进行全面、系统的梳理，帮助企业提高对自身状况的认识，从而发现企业经营管理中存在的问题，帮助任职者形成对职位的系统理解。而大多数企业在开展工作分析时，常常只重视前者而忽视后者，单纯用职位说明书本身的形式质量来评价整个项目的价值与意义。这就造成工作分析片面追求文本形式的规范与美观，而忽视了工作分析过程本身的价值。

5. 重视对工作分析过程的管理与控制

整个工作分析项目的效果，在很大程度上取决于对其过程的控制与管理。而大多数企业的问题在于：一是过分依赖外部专家；二是缺乏对工作分析过程进行管理的意识与经验。这就造成企业内部人员对工作分析的理解不够，因而对工作分析的参与程度不高、支持不足，最终导致工作分析的信息不全与失真，流于形式，整个项目的效果也就大打折扣。

6. 重视对工作职责之间内在逻辑关系的系统把握

任何职位的工作职责都是一个有机的系统，而非简单的拼凑。对工作职责之间内在逻辑的系统把握包括：①有利于形成对职责的系统理解，使任职者能够按照职责的逻辑来安排工作，而非无头苍蝇似的找不到头绪；②有利于把握不同职责对整体目标的贡献，找到努力的方向，优化资源配置；③有利于找到职责履行中的难点，为绩效的改进找到突破口和切入点。目前很多企业在进行工作分析时，一方面由于任职者本身的参与程度不够，另一方面由于工作分析人员缺乏系统的训练，往往难以形成对职责逻辑的准确把握，而仅仅是进行简单的罗列与描述。

7. 重视对职责与任职资格、业绩标准之间关系的把握

职位可以看作一个投入产出系统，其中任职资格就是投入，职责就是过程，业绩标准就是产出。只有在对它们之间的内在关系进行系统分析的基础之上，才能真正实现任职资格与业绩标准的科学化与标准化。很多企业在进行工作分析时，割裂了它们之间的内在联系，仅仅依据感觉与经验来建立业绩标准与任职资格，使得职位说明书本身的系统性、准确性和可信度受到影响，进而导致职位说明书在招聘、录用、考核等组织与人力资源管理中的运用受到限制。

8. 工作分析技术需要有假设系统

假设系统是经济与管理科学的前提和基础，是科学区别于经验的关键要素。工作分析技术的假设系统是指在构建工作分析技术体系之前，技术的构建者和使用者对职位内在各要素，以及职位与其外部环境要素之间的相互关系的抽象理解。西方发达国家的各种工作分析方法，其背后都有一套独特而完整的关于职位的理解和诠释，从而保证了工作分析方法的系统性与科学性。国内的管理学者和企业管理实践者在对国外的工作分析方法加以引进、消化、改进和创新，以及开发本土化的工作分析技术时，往往忽视了隐藏在技术背后的假设系统，形成对技术的孤立而片面的理解，导致工作分析技术的有效性大打折扣。

9. 工作分析的操作要有明确的目标导向，对成果进行应用

工作分析在企业的战略、组织与人力资源管理中有着非常广泛的应用。但是，任何一种工作分析方法都有其优势与不足，都只能在一定范围内针对一定的目的而展开，都无法满足组织与人力资源管理的所有要求，因此必须建立目标导向的工作分析技术，即明确规定工作分析在本企业运用所要针对的具体目标：以考核为导向，还是以薪酬为导向，或者二者兼顾。并以此为基础，确定工作分析信息收集的重点、信息收集与处理的方法、职位说明书的内容与格式。但大多数企业对这一至关重要的问题尚缺乏足够的重视，导致工作分析方法失当、信息收集分散、职位说明书缺乏目标针对性。正是工作分析缺乏目标导向、职位说明书缺乏目标针对性，导致其在组织与人力资源管理中的应用不显著，耗费了大量资源形成的职位说明书与工作分析报告往往最终被束之高阁，不能为实际的人力资源管理提供有效的支持，工作分析项目也成了毫无意义的"造文件运动"。

10. 具备成熟的职位信息收集与处理技术

信息收集与处理技术是工作分析技术的核心。但在目前很多企业所采用的工作分析技术中，职位信息收集与处理技术还停留在较为初级的阶段：一方面，缺乏定量化的技术与方法；另一方面，传统的、定性的信息收集与处理方法（如观察法、访谈法、问卷法）缺乏

系统性的总结，工作分析专家在实践中所获得的经验性认识还仅仅停留于自己的脑海中，尚未能进行系统总结，难以对人力资源管理人员进行有效的培训，由此导致工作分析的效果在很大程度上取决于工作分析员的个人能力及其对工作的感性认识。这也是目前很多企业中的职位说明书形式五花八门、质量参差不齐的重要原因。㊀

4.3.2 数字化环境下的工作分析

1. 工作描述

工作描述是工作分析的成果，是工作说明书的重要组成部分，主要包括核心内容和选择性内容。对未来的工作，应充分考虑组织内外部环境、技术发展、价值观、工作方式等一系列变化对职位的影响和要求，将工作的灵活性、复杂性、团队导向及新技术在工作描述中体现出来。

（1）灵活性、复杂性　随着工作的边界变得模糊，必须通过协调协作来应对工作任务的复杂性，以及在完成工作过程中可能出现的推诿扯皮现象。那么，工作分析的范围要扩大到工作单元，乃至整个团队或组织。在这种情况下，应确定组织成员应具备的通用素质，有效应对工作的灵活性和复杂性。

（2）团队导向　传统的工作分析没有很好地体现人际关系的本质。对于未来的工作，人际关系在团队中将发挥至关重要的作用。对人际关系的描述应主要着眼两个方面：人格特质与人际关系能力。面对灵活多变且复杂多样的工作，不同的工作类型和内容要求具有不同的人格特质，因此，人格特质作为工作描述的内容非常必要，而且应该是工作描述的重要组成部分。团队工作对组织成员的人际关系能力提出了相应的挑战，在面向团队或工作单元进行工作分析时，工作描述应能够展示工作任务与人员之间的联系，以及完成工作任务应具备的人际关系能力。

（3）新技术应用　由于工作方式的变化，传统的面谈法、观察法、写实法已经无法适应这种变化，随着人工智能应用到各种场景，人工智能技术将为工作分析打开一片新天地。企业可以利用人工智能技术，模拟人的意识和思维方式，分析工作任务对人的能力要求。

2. 信息来源

任职者可能仍然是常用的信息来源，除此之外，客户、专家、计算机等作为信息来源将得到更多的应用。组织所从事的一切工作是建立在客户需求的基础之上的。未来的客户需求呈现个性化和定制化特点，针对这种趋势，工作分析要聚焦客户需求，因而客户对产品、服务的需求信息是工作分析的重要信息来源。人力资源开发咨询专家基于丰富的工作经验以及对专业及发展趋势的认识和理解，将为工作分析提供重要的建议和咨询。计算机技术特别是大数据的应用，将对工作分析产生革命化、颠覆性的影响。在大数据时代，人们面临的数据源多种多样，企业的办公自动化（OA）系统、财务核算系统、人力资源管理系统等各类信息系统包含着海量信息，这是工作分析的重要信息来源。可以通过网络分析和可视化技术相结合的技术，通过化繁为简、去伪存真，从信息系统蕴含的海量信息中为工作分析挖掘、整理、获取有效的信息。

㊀ 龚尚猛，宋相鑫. 工作分析理论、方法及应用［M］. 4 版. 上海：上海财经大学出版社，2020.

3. 信息收集方法

常用的信息收集方法有面谈法、问卷调查法、观察法、工作日志法、工作实践法和典型事例法。未来，知识型员工的工作主要是思维性活动，依靠"脑"而不是"手"，劳动的过程往往是无形的，观察起来越来越难，因此，传统的面谈法、问卷调查法、观察法等工作分析方法将难以收集到职位内在的、本质的、核心的信息。随着大数据、人工智能等技术的发展、成熟和应用，一些新的信息收集方法不断出现，通过对大数据的挖掘，建立数据模型，以感知任务分析、网络分析、电子绩效监控、预测、模拟。未来可以利用增强现实（AR）技术采集信息、分析信息，对信息按相关性分组和关联规则建立数据库，预设工作场景，对工作进行逻辑推理和运算，为工作分析提供动态数据。

4. 分析单位

时间动作研究采用动素作为最基本的分析单位。而未来的工作中，分析单位会变得更加广泛。如何激活个体，让个体创造更大的价值？工作分析应以团队和角色为主。团队工作的主要特征是将工作任务分配到团队，虽然工作任务仍然需要个人完成，但是人与人之间的协作配合非常关键。所以，团队是很重要的分析单位。第一，要以团队为单位，按照团队目标实现与绩效提高的要求进行工作分析。第二，是分析角色。在团队中往往更加注重团队成员之间的协调、互助与信息共享。正如《激活个体》中所说，今天的组织，更像是蜂巢，每一个成员都高度自治，自我承担职责，组织甚至不再能够界定核心员工。需要让成员之间可以互动，而不是固化在各自的岗位范围内，让每个成员能够高度自治的同时，又能够与其他人共同工作，这样才可以创造尽可能大的价值。所以，明确团队成员在团队中的角色十分重要，通过角色分析，阐明团队成员的角色责任以及其他人对其角色期望，有助于促进团队人际协调，从而激活个体并提高团队效能。⊖

4.3.3 工作分析的发展趋势

1. 战略性工作分析和预测性工作分析有广阔的发展空间

战略性工作分析是将现在的工作分析与未来工作的导向相结合，要求现在的工作分析应当体现工作的未来发展趋势和组织的战略需求。当一个工作被新创建出来或者正在经历巨大变革时，工作分析就承担了预测的职能，即通过对实现组织目标所需履行的任务的预测来描述一项工作。未来工作职责和任职要求的变化促使组织更好地适应不断变化的环境。

预测性工作分析是一种利用数据分析技术来预测未来工作的需求、能力和绩效的方法。它可以帮助组织制定更有效的人才管理策略。

传统工作分析往往把任职者作为主要的信息来源。为了适应战略性工作分析的需要，不能仅仅把任职者作为唯一的信息来源，还应该让一些非任职者（如企业战略制定者、相关领域的行业专家）参与到工作分析的过程中，这样他们可以就企业需要的一些比较抽象的个性特质和企业的战略需求提出建议。因此，在工作分析信息的收集过程中，可以采取自上而下的方法，参加访谈的人员除了工作分析专家、任职者、任职者的上级和人力资源管理专家等传统工作分析包含的人员外，还应包括企业的战略规划者、相关技术领域的专家和经济

⊖ 李少亭. 人力资源管理视角下工作分析的发展趋势［J］. 人才资源开发, 2021（6）: 93-94.

学家，因为他们能够提供关于技术进步和经济发展等影响工作环境因素的信息。同时，随着顾客导向成为现代企业的核心思想，顾客的地位越来越重要，顾客需求日渐成为企业工作分析时重要的信息来源。尤其是对一项新兴工作进行预测性工作分析时，是无法通过任职者的工作获得职位信息的，而顾客可以提供工作如何设计、工作任务有哪些、工作绩效标准是什么等非常有价值的信息。

实施战略性工作分析主要包括以下步骤：

1）如果存在该工作，就可以使用传统的工作分析方法对其进行细致、准确的描述；如果目前还不存在该工作，则需要工作分析者和该工作所服务的主要顾客共同确定构成该工作的职责任务。

2）任职者和工作分析者共同讨论工作的变化，如新技术或者与外部顾客更加紧密的联系等，探讨如何改变现存工作的职责任务以及如何履行等。

3）工作分析者和其他熟悉该工作及其预期变动的人员共同制定为成功履行该工作所需的职责任务，以及知识、技能、能力和其他个性特征的详细描述。

4）对比所预测的未来工作和现存工作的分析结果，确定它们在职责任务、知识、技能、能力及其他个性特征等方面的区别。

5）这些对比结果可以用于确定绩效水平、培训内容、人员甄选时所需的知识、技能及其他个性特征等，确定应有的监督和管理需要，以及工作之间的联系等。

总之，工作分析的未来发展是从描述转向预测、从精确性转向战略性。

2. 系统的工作分析和胜任力模型

可以把工作定义得更宽泛一些，包含员工在一段时期内可能接触到的所有工作职责。例如，很多企事业单位采取岗位轮换制的方式，以减少员工长久处于一个工作岗位的倦怠感。那么是不是可以把所有此类可以轮换的工作当作一个整体看待？每个岗位只是这个整体工作的一部分。这种方式只需要有更广阔的视野、更全面的思维，而不需要对工作分析做出革新。

基于胜任力的工作分析的提出，被认为是工作分析研究的重大进展。胜任力也称为胜任特征、胜任能力或者胜任素质，是指那些能够被测评并且区分绩效优秀者和绩效平平者的个人特征，包括价值观、动机、知识、技能、能力、个性或态度等关键特征。基于胜任力的工作分析是一种人员导向的工作分析方法，它以胜任力为基础框架，通过对优秀员工的关键特征和组织环境与组织变量两方面的分析来确定胜任岗位的要求和组织的核心胜任力。通过这种方法确定的职务要求既能够满足组织当前对岗位的要求条件，也适应组织发展的需要。随着组织寻求在人力资源上获取竞争优势以实现可持续发展，基于胜任力的工作分析越来越趋向于未来导向和战略导向，即按照组织未来发展的要求来重构岗位职责和工作任务，确认职务要求。

与传统工作分析相比，基于胜任力的工作分析具有以下显著特征：

1）强调优秀员工的关键特征，注重怎么完成任务而不是完成什么任务。

2）与组织经营目标和战略紧密联系，强调与组织的长期匹配而不是与岗位的短期匹配。

3）除了寻找岗位之间在胜任要求上的差异外，更注重寻找岗位、职务系列之间在胜任要求上的相似点；而传统的工作分析更加注重寻求岗位之间、职务系列之间的差异。

4）具有较高的表面效度，更容易被任职者接受，即基于胜任力的工作分析是从优秀员工的关键行为出发来确认职务胜任要求，并且是用关键行为来描述职务胜任要求，把员工的行为、精神体现在对胜任要求的描述上。这样使得任职者能够在对胜任要求的描述中"看到"自己的样子和其他员工的样子。⊖

传统的工作分析者主要关注收集工作任务和知识、技能、能力等信息，以便建立一系列符合个体职位的具体任职资格条件。胜任力建模者关注的是找出整个职业或者类似的一组工作中共同的、核心的个体水平的胜任特征，构建过程中通常会考虑组织情境、组织目标和战略等信息。这样从个人身上得到的胜任力模型就体现了组织的特定要求。在同一个组织中将不同职位的胜任特征进行整合，就可以得到组织层面的胜任特征。因此，目前工作分析中的人员分析技术研究与胜任力模型之间的结合正在变得越来越紧密。一方面，人员分析能够为胜任力模型提供大量的实证数据；另一方面，胜任特征可以体现组织的特性和工作的未来需要，能够弥补人员分析关于组织层面信息和工作未来需求的欠缺。两者的结合将成为未来工作分析的发展方向。

3. 新的技术手段

在可以预见的未来，计算机模拟模型将成为工作分析数据的来源之一。在自然科学中，计算机常常用于预测情况变化带来的影响，如预测全球变暖情况下的气候变化模式。尽管人对工作职责和职位情境的反应比自然科学的预测更为复杂，但是计算机模拟的员工反应模型应该可以很快出现，用于预测工作变化可能引起的结果。

计算机化的问卷操作会受到信息质量问题的挑战。现在的纸笔问卷调查将日渐被网络操作代替，尤其是那些要求使用计算机的职位。计算机的使用节省了打印和邮寄问卷的费用和时间。但是，它同样存在问题，包括：调查问卷的视觉效果存在差异，如何保证回答者的隐私，如何保证数据的完整性，以及如何防止黑客攻击或非样本范围的回答者。

计算机成为日益重要的数据收集方法之一。如今，物流公司已经可以利用数字化技术跟踪货车的速度、空闲时间和即时位置。如果某个职位的工作需要使用计算机，计算机本身就可以记录下鼠标的轨迹和每次点击。这样的功能完全可以实现对工作绩效的详尽分析。计算机可以用摄像头拍摄并传送计算机操作者的相片，以及收集并存储工作绩效的大量信息。然而，计算机还无法理解被它们记录下来的信息的意义。例如，计算机可以每隔60s拍摄操作计算机的员工的照片，以及记录下其正在操作的文件；然而，它不可能辨认这个员工的身份，以及他正在做什么工作。但是，这些问题将在不远的将来得到解决，到时电子绩效监控系统的应用将迅速增长。

当然，电子绩效监控涉及道德问题。今天，服务热线全程记录已经很普遍，然而，这些情况都是在得到顾客同意后才发生的，顾客也有权利拒绝电话记录。大多数员工不愿意在工作时间被监视，如果在员工不知情的情况下监控其行为，可能引起员工的不满甚至愤怒。

因此，数字化的发展将会对工作分析的实践产生比较大的影响，工作分析方法、工作岗位调查、工作岗位设计及工作岗位评价等都将发生一系列的转变。

⊖ 陈民科. 基于胜任力的职务分析及其应用 [J]. 人类工效学, 2002（1）：23-26.

本章总结

本章介绍了数字化转型与工作分析与岗位管理的理论发展,工作分析应该根据这一过程中产生的问题做出相应的转变。企业的 HR 要学会利用大数据时代的资源进行数据分析整合,量化管理。要掌握企业数字化转型对人力资源管理带来的影响、大数据时代人力资源管理的特点和转型路径等内容。在企业数字化转型的环境下,工作分析将会面临的新问题和新方法都有哪些,应该怎样去分析,都是需要思考的方向。

本章习题

1. HR 数据分析常用思维是什么?
2. 大数据时代人力资源管理的特点有哪些?
3. 人力资源管理数字化转型的路径有哪些?

第二篇

实践： 如何进行工作分析与岗位管理

第 5 章　数字化的工作岗位调查

学习目标和知识点

1. 了解岗位调查的含义和内容。
2. 熟悉岗位调查的具体实施步骤。
3. 掌握岗位调查中的基本问题及解决对策。
4. 了解岗位调查不同方法的适用范围和优缺点。
5. 了解岗位调查的结果及应用。

导言

岗位调查是人力资源管理中的重要环节，是一项技术性很强的工作，需要周密的准备，同时还需要与人力资源管理活动相匹配的科学的、合理的操作程序。岗位调查的主要工作是对整个工作过程、工作环境、工作内容和工作人员等主要方面做全面的调查，从而有助于人力资源管理相关人员更好地运用岗位调查所得信息进行科学、合理的工作分析，并得到相应的工作分析成果。通过对本章内容的学习，能够了解岗位调查和分析的方法，能够根据实际情况应用合适的岗位调查方法，并了解在数字化背景下岗位调查的趋势。

案例库

案例分析：安森集团的管理问题

安森（化名）医药集团公司（简称安森集团）是一家以药品、生物制品、保健品等产品批发、零售连锁、药品生产与研发及有关增值服务为核心业务的大型企业集团，已连续多年位列中国医药商业企业前列。到目前为止，该公司拥有总资产 60 多亿元、员工

5000余人、下属子公司30余家,其直营和加盟的零售连锁药店有200余家。安森集团具备向上下游客户提供需求解决方案及增值服务的能力,并逐渐将技术增值服务延伸到上下游产业链,形成了独具特色的物流管理、供应链管理、医院管理三大产品线,可以满足客户对技术的高要求。近年来,安森集团发展迅速,业务量逐年增加。

人才是企业发展的第一动力,随着企业的迅速发展,其对各类优秀人才的需求也日益强烈。为适应企业发展对人才的需求,安森集团原有的人力资源部转型为内部人才培训开发中心,其主要定位是为企业提供专业的人才开发与培养,其主要业务包括研发管理、人才评价和培训发展三个板块。但是,经过近两年的运行,该中心仍存在一些管理问题,如组织定位不清晰、职责不明确等。

安森集团成立人才培训开发中心的战略定位是,通过建立科学化、系统化、标准化的人才开发培训体系,为公司人才开发提供培训、技术支持、管理咨询等服务,服务于公司的整体战略。该中心下设四个部门,分别为研发管理、人才评价、培训发展及人事管理,分别负责相应模块的工作职责。虽然该中心在成立之初就建立了各岗位的岗位说明书及明确的工作流程,但是,各部门之间仍存在职责不清的问题,并由此引发了一些管理问题。

1) 组织工作绩效低下,员工工作积极性差。各部门员工加班工作已成常态,员工也都反映工作量难以承受,甚至有的员工全年无休,员工的工作积极性每况愈下。

2) 各部门开展的职责偏离战略定位。员工也不清楚自己该做什么工作,大多忙于事务性工作,与传统的人事部并无区别,真正的职责往往没有实现。例如,研发管理部的主要职责是为安森集团的人才培训开发提供方向性指导,整合协调资源,促进管理项目实施等,但实际上该部门员工的工作职责多为组织培训活动等执行性工作。

3) 各部门/岗位之间推诿扯皮现象严重,难以追究责任。现有岗位说明书的描述较为模糊,各部门/岗位人员的职责难以区分,很多工作职责没有明确到底该由哪个部门/岗位来承担。例如,研发管理部的工作职责之一是"为培训项目的开展实施提供支持",但是,"支持"的具体事项没有明确约定。这就给各部门/岗位之间推诿扯皮提供了契机,各部门/岗位人员相互推卸工作职责和工作责任,难以保证该中心各项工作职责的顺利履行,甚至很多时候需要管理者出面协调。另一方面,工作质量难以保证,履职过程中出现问题也难以追究责任。在这种情况下,也难怪员工的工作责任心不强。

4) 配合协作效率低下。该中心的工作项大多都涉及跨部门协作配合,或是与外部其他部门协作配合,但是,员工经常反映对方以"不是自身职责"为由不配合工作,或是不情愿配合,也有员工反映不清楚自己应该找哪个部门或哪个具体人员来协调配合,工作难以顺利开展。⊖

⊖ 资料来源:https://bbs.pinggu.org/thread-3027680-1-1.html。

5.1 工作分析中的岗位调查

5.1.1 岗位调查概述

1. 岗位调查的含义

岗位调查是企业进行工作分析时收集信息的有效手段。通过岗位调查，工作分析小组收集到与企业各个岗位有关的信息和资料，为工作分析的其他工作奠定基础。

2. 岗位调查的目的

岗位调查的目的是以工作岗位为对象，采用科学的调查方法，收集各种与岗位有关信息。岗位调查需采用科学方法认真进行，确保材料的真实性、可靠性和完整性。岗位调查是工作岗位研究的重要组成部分，只有做好这项工作，岗位分析和岗位评价才能顺利进行。其目的具体包括以下方面：

1）收集各种与该岗位有关的数据、资料，以便系统、全面、深入地了解该岗位的业务流程，同时对岗位进行描述。

2）便于实行量化管理。现代企业管理实践表明，提高效益要依靠好的政策和技术进步，更要依靠严格和科学的管理。实行严格和科学的管理需要一系列的科学标准与量化方法。岗位调查通过对岗位的客观数据和主观数据的收集，并对其进行分析，充分揭示了整个劳动过程的现象与本质的关系，有助于整个企业管理逐步走向标准化和科学化。

3）为制定岗位规范、工作说明书等人事文件及进行岗位分析提供资料。岗位调查是人力资源开发与管理中起核心作用的要素，是人力资源开发与管理工作的基础。只有做好岗位调查，才能做好人力资源开发与管理的其他工作。

4）为岗位评价与岗位分类提供必要的依据。岗位评价必须建立在岗位调查的基础之上，岗位评价的一切根据都来自岗位调查；同时，岗位分类也是以岗位调查的结果为基础的。一个岗位分为几类，不能凭主观想象确定，也不能凭感觉去制定，应该深入工作现场进行调查，只有这样才能做到科学分类。

3. 岗位调查的内容

岗位调查的内容主要包括：岗位的目的、地位和作用，岗位的职责和权限，岗位的工作关系、任职资格和条件，岗位的工作环境等。[一]

（1）岗位的目的、地位和作用　基于企业整个业务流程和组织架构对岗位进行分析，主要包括岗位在组织结构中处于什么样的地位，设置该岗位的具体目的是什么，岗位在整个业务流程中发挥什么样的作用等。

（2）岗位的职责和权限　这是工作分析的重点，也是岗位调查的重要内容。一个岗位只要存在，就一定会有相应的职责和权限与之相匹配。岗位的主要职责，具体任务的性质、内容、形式，操作步骤和方法，完成岗位任务所使用的设备、工具和操作对象，以及岗位任务在数量、质量和效率等方面的规定，就是岗位工作标准。

[一] 李中斌．工作分析理论与实务［M］．大连：东北财经大学出版社，2017．

（3）岗位的工作关系　工作关系是指为保证岗位工作正常进行而必须与其他岗位发生的联系，包括与岗位的直接上级、企业内部同级部门的相关人员、岗位的直接下属或需要对其提供指导或帮助的对象，以及企业外部的相关合作部门或岗位等之间建立的工作关系。

（4）任职资格和条件　任职资格和条件是员工从事岗位工作的基本素质要求，包括从事岗位工作所需要的学历和知识、受教育程度、工作经验、个人能力（如环境适应能力、判断能力、语言表达能力、综合分析能力等）、专业技能及其他一些个人因素（如性格要求）等。

（5）岗位的工作环境　岗位的工作环境是岗位主持人在从事岗位工作时所处的环境的总称。岗位工作环境调查一般包括岗位工作的温度、湿度、噪声、粉尘、危险性等基本内容，如有特殊需要，还可以增加其他内容。

岗位调查所要获取的信息可以分为以下七种类型：
1）什么人可担任这一职位（资格、身体、年龄、性别等）。
2）这一职位的工作性质、种类、数量。
3）设立这一职位的目的，以及职位的待遇、物质和精神的报酬等。
4）工作技术程序及使用工具等。
5）工作地区、地点、范围、环境等。
6）工作时间、工作稳定性（时间长短）等。
7）该职位的隶属和协作关系，及其在组织中的地位和责任。

4. 岗位调查需要解决的基本问题
1）组织中哪些岗位是本次调查的对象？
2）通过岗位调查要获得哪些岗位信息？
3）采用什么样的方式方法采集岗位信息？
4）如何保证岗位调查所获取信息的可靠性和准确性？

5.1.2　岗位调查信息的来源

1. 来源于产业和行业的标杆

岗位调查信息可以来源于产业或者行业的标杆。例如，其他企业的岗位说明书、职业数据、职业名称大词典、职业信息网、企业组织内部文献、企业组织现有的政策、制度文献、组织结构图、工艺流程图、企业以前的职位说明书或者岗位职责描述等。[○]

2. 来源于职位相关的组织人员

岗位调查信息可以来源于与职位相关的组织人员。例如，该职位的任职者、该职位的同事、该职位的上级、该职位的下级、对该职位产生影响或者受到该职位影响的其他人员等。

3. 来源于外部组织或人员

岗位调查信息可以来源于外部组织或人员。例如，组织的客户、组织的战略联盟者、组织的上游供应商、组织的销售渠道等。

○ 葛玉辉. 工作分析与设计 [M]. 北京：清华大学出版社，2014.

4. 来源于工作相关的信息

工作分析调查信息可以来源于与工作相关的信息,主要包括以下四个方面:

1)工作内容和工作情景因素,包括工作职责、工作任务、工作活动、绩效标准、关键事件、沟通网络、工作成果(如报告、产品等)。

2)工作特征,包括职位对企业的贡献与过失损害、管理幅度、所需承担的风险、工作的独立性、工作的创新性、工作中的矛盾与冲突、人际互动的难度与频繁性、与任职者相关的信息。

3)任职资格要求,包括受教育程度、专业知识、工作经验(一般经验、专业经验、管理经验)、各种技能、各种能力倾向、各种胜任素质要求(如个性特征与职业倾向、动机、内驱力等)。

4)人际关系,包括内部人际关系(与直接上司、其他上级、下属、其他下级、同事之间的关系)、外部人际关系(与供应商、客户、政府机构、行业组织、社区之间的关系)。

5.1.3 岗位调查的组织实施

1. 编制调查提纲

调查提纲实际上就是调查报告的梗概,通过列明调查主题、调查方法、调查目的、调查时间等一系列事项,对工作分析调查活动的基本情况进行一定的介绍。

一般的调查提纲写作要经历五个步骤:确定主题、取舍材料、在现有的调查提纲材料中选取合适的并加以改编利用、起草提纲、修改提纲。有时在调查过程中要不断地修改提纲,有时要增添原先没有的项目,或者进行必要的删减和修改。编写好提纲之后,要根据提纲要求,设计必要的调查表和问卷。一般而言,调查表侧重于对事实及数字材料的收集。[⊖]

2. 编制调查表

调查表是记录调查内容的原始表格,是工作分析调查研究中收集可靠的信息、资料以便进行统计分析的重要工具。调查表的质量直接关系到工作分析调查的成败。

(1)调查表的种类

1)根据调查内容和具体需要,调查表可分为一览表和单一表。一览表是将许多调查单位(如一户、一个班级等)同时列在一个表上,这种表适用于项目较少的调查;单一表是将每一调查单位填写一份调查表,这种表可容纳较多信息,且便于整理,不易出错,是专题调查研究最常用的一种表格。目前,常将单一表设计为编码式调查表,以便于计算机输入与分析。

2)根据填写方式不同,调查表可分为访问调查表和自填调查表。前者是调查者按照表上所列内容询问被调查者并逐项填写;后者是将表格直接发给(或邮寄给)被调查者,让其填写完整后交给(或邮寄给)调查者。两者各有优缺点,应根据实际需要加以选择。

(2)调查表的结构

1)说明部分,包括可在表首或附加另页以简洁的文字说明调查的目的、有关事项以及为被调查者保密的许诺等。

2)填写说明,包括可在表首或表尾用简短明了的文字列出令调查者和被调查者能正确理解、回答或填写的问题与解释。

⊖ 葛玉辉. 工作分析与设计 [M]. 北京:清华大学出版社,2014.

3）调查项目，是调查表的核心部分，同时也是研究及资料信息来源的主要内容，通常由分析项目和核查项目两部分组成。前者是与研究目的直接相关的用于分析的项目，是调查表的核心内容；后者主要用于资料的核查，如姓名、住址、工作单位、电话号码等。

（3）调查表的设计原则

1）工作分析调查表的设计者应具有较扎实的工作分析知识以及相关人力资源管理专业的知识水平，应充分了解所调查问题的性质和关键所在。换言之，设计者应十分清楚和明确需要解决的问题有哪些，这些问题通过哪些调查项目可以解决。

2）调查表中所列项目内容的多少应以达到调查目的所需信息资料的最低限度为宜。原则上讲，所必需的项目一项都不应遗漏，不必要项目一项都不应列出。

3）调查表中所列项目的含义、定义、标准必须明确，以保证结果的统一。

第一，调查表中所列项目的内容在统计分析时要求既能定性，又能定量；第二，调查表中所列项目的用词应简明扼要，易于被调查者理解和回答，避免使用专业术，应注意适合不同文化层次的被调查者使用。

4）调查表中所列的项目应避免带有诱导性或强制性的提问，以免所获的资料、信息出现偏倚。

（4）调查表编制的注意事项　编制调查表时注意：标题应简明醒目；调查表中必须能容纳所有的调查项目；复杂的调查表应有填表说明；有的调查表末端应注明填表单位和填表日期，以备查用，以示负责。

3. 岗位调查表示例

岗位调查表示例见表 5-1。

表 5-1　岗位调查表[一]

	1. 岗位基本信息及岗位描述调查						
姓名		所在部门		现任岗位名称		直接上级	
性别		学历		所学专业		职称/技能资格	
年龄		工龄		本单位工作时间（年）		从事本岗位时间（年）	
岗位目的		用一句简洁的话来表达该岗位存在的主要目的和价值（主要回答：为何设置这一岗位？从公司角度来看，该岗位具有什么重要意义？这个岗位最终要取得怎样的结果？） 主要目的： 岗位价值：						
工作关系		您在从事本职工作时，与其他哪些部门、哪些职位发生哪些联系？请列举关联内容。频率高低：1—偶尔；2—一般；3—经常；4—频率高						
	公司内部部门	岗位名称	发生频率	公司内部部门	岗位名称	发生频率
	企业外部组织、机构名称		发生频率	企业外部组织、机构名称		发生频率

[一] 资料来源：https://eduai.baidu.com/view/f52639da54270722192e453610661ed9ad5155a1。

(续)

1. 岗位基本信息及岗位描述调查

工作目标	您认为本职位的主要目标（注意：由本人填写，按重要性先后排序）

工作活动内容

本部分要求概述该职位应做些什么和产出结果是什么。请尽量明确列出本职位所发生的工作活动内容，根据您自己的认识对其重要程度排序，并标明在各项职责上所耗费时间的百分比及权限（如内容较多，可以附纸填写）

名称（按重要性和发生频率高低列出）	结果	占总工作时间（%）	权限（在相应栏打"√"）		
			承办	需报审	全权负责

工作可能产生的差错分析

请指出您认为最容易出现工作失误的环节有哪些，并简要说明产生原因及后果（如内容较多，可以附纸填写）

工作环节	原因	后果

请简要说明防止或纠正这些失误需要什么条件，存在哪些障碍，以及如何解决

考核评价

从事本职工作，您认为应该从哪些角度进行考核，标准是什么（如内容较多，可以附纸填写）

本人填写		您的直接上级填写	
考核项目	考核标准	考核项目	考核标准

工作权限

为顺利开展工作，您需要哪些权限？其中包括目前已具备的权限，以及目前还没有具备，但是您认为工作职责需要具备的权限

行政权限	
财务权限	
人事权限	
其他权限	

（续）

1. 岗位基本信息及岗位描述调查

主要指工作的物理环境、心理环境、安全状况、职业危害性等。填写者可根据工作现状，填写目前存在的或潜在存在的。请在"□"内画"√"或在空白处填写

<table>
<tr><td rowspan="5">工作条件</td><td>工作场所</td><td>□办公室　□工地现场　其他（　　）</td><td>环境状况</td><td>□舒适　□基本舒适（如有无少许辐射、噪声、气味、尘埃等）</td></tr>
<tr><td>危险性</td><td>□基本无危险　□职业病
□心理压力　□视力衰弱
□听力失真　□过度刺激
其他（　　）</td><td>工作中要用到的工具与仪器（含办公设备）</td><td>□计算机　□打印机　□计算器
□凭证装订机　其他（　　）</td></tr>
<tr><td>是否需要出差</td><td>□是　□否　如果需要，平均一个月出差（　）次，每次（　）天，外出时间约占总工作时间的比重（　）</td><td>是否需要加班</td><td>□是　□否　如果需要，平均一星期的加班时间为___h</td></tr>
<tr><td>工作是否忙闲不均</td><td>□是　□否　如果是，则最忙时常发生在哪段时间___</td><td>工作任务量</td><td>□较轻　□适度　□较重　□不均衡，有时较闲，有时特别忙</td></tr>
</table>

<table>
<tr><td>工作特征</td><td>在您的工作中是否需要运用不同方面的专业知识和技能？□没有　□很少　□有一些　□较多　□非常多
在您的工作中是否存在一些令人不愉快、不舒服的感觉（非人为的）？□没有　□有一点　□能明显感觉到　□较多　□非常多
在您的工作中是否需要灵活地处理问题？□不需要　□很少　□有时　□较需要　□很需要
您的工作是否需要创造性？□不需要　□很少　□有时　□较需要　□很需要</td></tr>
</table>

2. 岗位任职资格调查信息

注意：任职资格是指任职者履行该职位的职责所应具备的最低资格条件，而不是填写该职位现在工作人员的情况，即应当从职位的角度而非自身的角度，来考虑担任这一职位的人所应具备的最低资格条件。请在对应处按要求填写有关内容

<table>
<tr><td rowspan="10">写作能力及要求</td><td>项目名称（请在右边相应项目的适用等级栏处画"√"）</td><td>从不</td><td>偶尔</td><td>有时</td><td>经常</td><td>总是</td></tr>
<tr><td>1. 通知、便条、备忘录</td><td></td><td></td><td></td><td></td><td></td></tr>
<tr><td>2. 简报、信函</td><td></td><td></td><td></td><td></td><td></td></tr>
<tr><td>4. 汇报文件或报告</td><td></td><td></td><td></td><td></td><td></td></tr>
<tr><td>5. 总结</td><td></td><td></td><td></td><td></td><td></td></tr>
<tr><td>6. 企业文件</td><td></td><td></td><td></td><td></td><td></td></tr>
<tr><td>7. 研究报告或方案</td><td></td><td></td><td></td><td></td><td></td></tr>
<tr><td>8. 合同或法律文件</td><td></td><td></td><td></td><td></td><td></td></tr>
<tr><td>9. 其他（自行填写）</td><td></td><td></td><td></td><td></td><td></td></tr>
</table>

<table>
<tr><td>岗位基本情况要求</td><td>1. 您所从事的岗位是否有性别要求，何种群体从事该岗位工作较好？　□男　□女　□性别不限
2. 您所在岗位是否有身高要求？　□无　□150cm 以上　□160cm 以上　□170cm 以上
3. 您所从事的工作有何体力方面的要求？　□轻　□较轻　□一般　□较重　□重</td></tr>
</table>

(续)

	2. 岗位任职资格调查信息		
教育背景要求	1. 您认为胜任这个岗位需要什么样的文化程度？　基本要求（　）　理想要求（　） A. 初中　　B. 高中　　C. 大专　　D. 本科　　E. 硕士及以上　　F. 不好估计		
	2. 您认为胜任这个岗位需要哪些方面的专业知识背景？请按照理想程度依次列举（填写可满足本岗位工作要求所需学习的专业，如平面设计、绘图、经济、财务、营销、无特别要求等）（　　） A. 财务　　B. 税法　　C. 经济法　　D. 战略　　E. 计算机		
	3. 您认为一位没有相关工作经验的大专学历的人员，需要多长时间的培训可以胜任工作？有专业知识背景的（　）没有专业知识背景的（　） A. 不需要培训　　B. 3 天以内　　C. 15 天以内　　D. 1 个月以内 E. 3 个月以内　　F. 半年以内　　G. 半年以上　　H. 不好估计		
工作经验及培训要求	为顺利履行工作职责，应该或需要进行哪些培训？大约需要培训多长时间？		
	培训科目名称（内、外部）	培训内容	培训时间（天）
	您认为胜任这个岗位的工作需要哪些方面的工作经验和时间要求？请列出		
	工作经验要求（专业工作经验、管理工作经验、其他经验）		时间要求（年或月）

知识与技能要求	1. 您认为胜任这个岗位需要什么样的专业技能？请按照理想程度依次列举											
	2. 岗位所要求的英语（或日语及其他外语）水平如何？ □英语四级或日语 N3　　□英语六级或日语 N1　　□其他语种（　　　）											
	3. 胜任这个岗位需要什么样的计算机水平？ □不需要　　□简单应用 Office 软件　　□熟练应用 Office 软件　　□会计算机语言编程，语言类别名称为（　　　）											
	4. 胜任这个岗位需要具备怎样的工作态度？ □具备完全的执行力和服从力，无须具备独立分析和解决问题的能力 □大部分的工作需要具备完全的执行力和服从力，以及些许的独立分析解决问题的能力 □较少部分工作需要具备完全的执行力和服从力，以及较强的独立分析和解决问题的能力 □必须具备完全的独立分析和解决问题的能力											
其他能力要求	在相应栏后的高低程度分级适用的格子内打"√"（注意：本人填写前一列，直接上级填写后一列）											
	能力项目	低	较低	中	较高	高	能力项目	低	较低	中	较高	高
	领导能力						应变能力					
	指导能力						谈判能力					
	激励能力						冲突管理					
	创新能力						说服能力					

(续)

	2. 岗位任职资格调查信息										
	能力项目	低	较低	中	较高	高	能力项目	低	较低	中	较高	高
其他能力要求	计划能力						公关能力					
	资源分配						公文写作					
	管理技能						语言表达					
	团队建设						倾听能力					
	时间管理						信息管理					
	人际关系						判断决策					
	沟通能力						情绪管理					
	其他方面:										

	在工作中您觉得困难的事情有什么？您通常是怎样处理的？请列举 2～3 项	
	困难的事情	处理方法和措施
其他方面	您认为您从事的工作有哪些不合理的地方？应如何改善？	
	不合理的地方	建议
	关于工作，您还有哪些需要特殊说明的问题？	

谢谢您的合作与支持，请再次检查确认表格所有信息是否填写完整无误！

填表人签字：

5.2 岗位调查的基本方法

5.2.1 观察分析法

1. 观察分析法简介

所谓观察分析法，一般是由有经验的人通过直接观察的方法，记录某一时期工作的内容、形式和方法，并在此基础上分析有关的工作要素，达到分析目的的一种活动。[一]工作分析人员通过对员工的正常状态进行直接观察而获取在某一时期内功能工作的内容、形式和方

[一] 萧鸣政. 工作分析的方法与技术 [M]. 4 版. 北京：中国人民大学出版社，2014.

法,并在此基础上通过比较、分析、汇总等方式来提取有效的工作信息。该方法比较实用短时期的外显行为特征的分析,常用于相对简单、重复性高且容易观察的工作分析。○

2. 观察分析法的应用

下面从观察分析法的使用条件和使用原则两个方面展开讨论。

(1) 观察分析法的使用条件○

在对主要由身体活动构成的工作进行工作分析时,直接观察是一种特别有用的方法。像流水线上的操作工人和会计所做的工作,就是一些可以运用观察法的很好的例子。然而,如果工作中包含了许多难以测量的活动(如律师、研发工程师等的工作),观察法就可能不太准确。

此外,如果雇员从事一些只是偶然发生,但是非常重要的工作活动(如偶尔从事急救工作的护士),观察法也会失效。直接观察法通常与访谈法结合使用。两者结合的一种方式是:首先对观察对象在一个完整工作周期中所完成的工作进行观察,并把所观察到的工作活动都记录下来;然后在积累了足够多的信息后,再同观察对象进行面谈。观察对象在被观察的过程中往往会受到鼓舞,因而此时会很愿意对一些工作分析人员所不懂的要点进行解释,并向工作分析人员说明一些他们还没有观察到的工作活动情况。

(2) 观察分析法的使用原则○

1) 在实施观察之前要有详细的观察提纲和行为标准。

2) 被观察的工作相对稳定,即在一定的时间内,工作内容、程序及对观察对象的要求不会发生明显的变化。

3) 适用于大量标准化的、周期较短、以体力活动为主的工作,不适用于以脑力活动为主的工作。

4) 要注意工作行为样本的代表性,有时有些行为在观察过程中可能未表现出来。

5) 工作分析人员尽可能不引起观察对象的注意,不应干扰观察对象的工作。

3. 观察分析法的基本流程

结合观察分析法实施的经验,其基本流程大体分为五个步骤(见图5-1),即提前准备、制订观察计划、实施观察、整理与分析数据、评估成效。○○

图5-1 观察分析法的基本流程

(1) 提前准备

1) 首先应明确观察对象。一般来说,观察对象主要有个体、部门和组织三个层面,应针对不同的目的,确定观察对象、观察视角和内容。

2) 掌握现有信息。根据现有的资料形成工作的总体概念,同时准备一个初步的观察任务清单,对现有资料和数据不清楚的项目做一个注释。

○ 葛玉辉. 工作分析与设计 [M]. 北京:清华大学出版社,2014.
○ 陈庆. 岗位分析与岗位评价 [M]. 北京:机械工业出版社,2011.

(2) 制订观察计划

1) 对工作分析人员进行选拔和培训。工作分析人员的选拔和培训是观察分析法操作过程中最重要的环节，培训质量的高低直接关系到岗位分析的有效性。对工作分析人员进行培训的目的是增强观察过程的可信度和收集信息的准确性。

2) 设计观察提纲。明确观察的具体内容，设计便于记录和分析信息的表格，记录的问题应结构简单，并反映工作有关内容，避免机械记录。

(3) 实施观察　工作分析人员观察工作时，必须注意观察对象在做什么，如何做，为何要做，以及其技能如何。而对可以改进、简化的工作事项，也应予以记录说明。当观察完某工作场所的观察对象如何执行这一工作后，最好再观察其他两三处工作场所，进行对比分析，以证实其工作内容，避免因所观察对象的个人习惯所产生的偏差。工作分析人员应注意的是，研究的目的是工作而不是个人的特性。

(4) 整理与分析数据　在结束观察后，应对收集的信息数据进行汇总归类整理，形成观察记录报告。在汇总信息前，要检查最初的任务或问题清单，确保每一项都已经被回答或确认。之后，可以进行信息的汇总和整理。在此阶段，工作分析人员应随时获得补充材料，在遗漏或含糊的地方做标记，最终形成完整、准确的工作描述。

(5) 评估成效　在此阶段要召集所有工作分析人员和观察对象参与，分析并评估岗位描述信息的完整性和准确性。

4. 观察分析法的优缺点

(1) 优点　工作分析人员能够比较全面和深入地了解工作要求，对被调查岗位的工作内容、特征及要求能够有比较直观和深入的了解。它适用于标准化、周期较短、以体力活动为主的工作。

(2) 缺点

1) 它不适用于脑力劳动比例比较高的工作，以及处理紧急情况的间歇性工作，如律师、教师、设计研发人员等。

2) 对于一些员工可能难以接受，他们会觉得自己受到监视和威胁，从而对工作分析人员产生反感心理，同时也可能造成操作动作变形。

3) 不能得到有关任职资格要求的信息。

4) 对观察对象有一定的要求。观察对象应经过一定的培训，了解工作性质，明确观察和记录的内容，才能确保基本信息不被遗漏，适用范围较小，局限性强。[一]

5.2.2 访谈法

访谈法是指访谈者与被访者进行面对面的交流，加深对员工工作的了解，以获取工作信息的一种工作分析方法。访谈法适用于各类工作分析，既适用于短时间可以把握生理特征的分析，也适用于长时间才能把握的心理特征的分析，尤其是对高层管理工作进行深度分析的一种极佳方法。

[一] 葛玉辉. 工作分析与设计 [M]. 北京：清华大学出版社，2014.

1. 访谈法的类型

访谈法主要依据以下几种情况划分类型：

（1）根据访谈者对访谈的控制程度划分

1）结构性访谈。结构性访谈也称标准式访谈，是由访谈者按照事先准备好的访谈提纲依次向被访者提问，并要求被访者按规定标准进行回答。它有利于对不同被访者的相同访谈之间进行分析、比较。

2）非结构性访谈。非结构性访谈也称自由式访谈，它不指定完整的调查问卷和详细的访谈提纲，也不规定标准的访谈程序，所谈内容因人而异，而且可以对一些问题进行深入讨论。

3）半结构性访谈。半结构性访谈是一种介于结构性访谈和非结构性访谈之间的访谈形式，有调查表或访谈问卷，它有结构性访谈的严谨和标准化的题目，访谈者虽然对访谈结构有一定的控制，但给被访者留有表达自己观点和意见的较大空间。访谈者事先拟定的访谈提纲可以根据访谈的进程随时调整。⊖

（2）根据访谈对象划分

1）个别员工访谈法。个别员工访谈法是指对每一个被访者逐一进行单独访谈的方式。它主要适用于员工之间工作差异比较大、工作分析时间相对充裕的情况。这种访谈有利于被访者详细、真实地表达其看法，访谈内容更易深入、针对性更强，但相对来说比较耗时。

2）群体访谈法。群体访谈法是指由一名或数名访谈者亲自召集一些调查对象，就访谈者需要调查的内容征求意见的调查方式。它通常用于大量员工做相同或相近工作的情况，可以用一种迅速而且代价相对较小的方式了解工作内容和职责等方面的情况。

（3）根据访谈形式划分

1）面对面访谈。面对面访谈也称直接访谈，它是指访谈双方进行面对面的直接沟通来获取信息资料的访谈方式。在这种访谈中，访谈者可以观察到被访者的表情、神态和动作，有助于了解更深层次的问题。

2）电话访谈。电话访谈是访谈者借助某种工具（电话）向被访者收集有关资料。电话访谈可以减少人员来往的时间和费用，提高了访谈的效率，但不易获得更加详尽的细节，难以控制访问环境等。

3）线上访谈。随着互联网信息技术的普及以及在日常工作中的应用，线上访谈出现并得以推广。相比电话访谈和面对面交流，它打破了时间和空间的束缚，便于节约人力和时间成本，同时也更加节省费用。

2. 访谈法的基本流程

为了避免访谈结果的误差，访谈的过程应该遵循一定的基本流程（见图5-2），即访谈准备阶段、实施阶段、整理阶段。

图 5-2 访谈法的基本流程

⊖ 资料来源：https://wiki.mbalib.com/wiki/%E8%AE%BF%E8%B0%88%E6%B3%95。

（1）访谈准备阶段

为了保证访谈的顺利进行，需要做好以下准备工作：

1）制订访谈计划。这主要是为了明确访谈目标、确定访谈对象、访谈时间、地点，准备访谈所需要的材料和设备等。

2）培训访谈者。这主要是为了让访谈者清楚此次访谈的目的和意义，传达访谈计划，明确分工，传授访谈知识和技巧，力求使访谈者在访谈时对工作有大致的了解和认识。

3）编制访谈提纲。访谈者根据现有资料及信息，编制访谈提纲。访谈提纲的主要作用是为访谈者提供信息补充，防止访谈过程中出现严重的信息缺失，确保访谈过程的连贯性。

（2）实施阶段　在访谈准备阶段结束后，经过培训的访谈者就要根据访谈计划，利用编制好的访谈提纲进入访谈的实施阶段。实施阶段是访谈者和被访者之间面对面交流获取信息的整个过程。在实施的过程中应采用标准形式记录，这样便于记录、归纳与比较，并有助于将访谈内容限制在与工作有关的范围内。[1]

（3）整理阶段　整理阶段是访谈过程的最后一个阶段，在此阶段要将所收集到的有关岗位的信息进行分类整理，并进行有效的提炼，从而形成初步的岗位分析结果。[2]

3. 访谈法的注意事项

（1）问题的设计

1）尽可能详尽地罗列问题。

2）检测所设计的问题。根据有关的资料和先前的经验进行设计，资料主要包括现有的问卷和调查表、先前的工作分析计划以及发表的统计资料等。

3）试验访谈。在正式开始访谈前，应先对少数被访者进行一次先导性的访谈。

4）检查实验结果与整理问题。根据试验访谈的结果对问题进行修改和删除，包括删除重复的问题和超出被访者能力之外的问题。根据重新整理的问题在此进行实验访谈，根据最终确定的问题确定访谈提纲。[2]

（2）访谈技术的运用　为保证获取信息的真实性和有效性，运用好访谈技术是必要的保证。

1）自我介绍。这是访谈的第一步。通过自我介绍，让被访者了解访谈者，了解调查的目的，并建立起彼此间平等、和谐和默契的关系，成功的自我介绍有利于缩短访谈双方因背景差异而形成的磨合过程。

2）提问。这是访谈成功的关键。在提问前，要及时给予保密性承诺；在访谈时，应该给予对方自我介绍的机会，提问要清楚明确，不要带有过多诱导性、暗示性的话语，交谈时注视被访者的眼睛。

3）倾听。这是重要的访谈技巧。倾听就是了解被访者的心声，了解其看问题的方法和语言表达方式。在访谈过程中，访谈者要适时点头给予被访者回应，表示自己在认真地听，并给予被访者赞同和鼓励。[1]

4）控制个人举止、行为等其他会影响结果的因素。

---

[1] 葛玉辉. 工作分析与设计［M］. 北京：清华大学出版社，2014.
[2] 陈庆. 岗位分析与岗位评价［M］. 北京：机械工业出版社，2011.

4. 访谈法的优缺点

（1）访谈法的优点　通过直接的沟通，访谈者能深入、广泛地探讨与工作相关的信息；在访谈过程中，访谈者能对所提问题进行及时解释和引导，避免因双方的语言理解差异而导致的信息不准确；同时，访谈法也为组织提供了一次与员工直接交流的机会。

（2）访谈法的缺点　访谈者在访谈过程中容易受到被访者个人因素的影响，导致所收集信息的扭曲，因此对访谈者的专业技巧要求较高；同时，访谈法耗时较长，成本较高；另外，被访者对访谈方式的理解不同，可能导致人为地夸大或弱化承担的责任和工作的难度，引起分析资料的失真和扭曲。⊖

5. 访谈法的常用问题

1）您所在职位的主要职责是什么？
2）对于每一工作职责，您需要做什么？为什么？
3）您对业务目标的哪些指标负责？
4）您的工作环境与其他人的工作环境有什么不同？
5）您有几个直接下属？谈一谈他们的主要职责。
6）您认为本职位最基本的任职资格是什么？
7）请用一句话概括您的职责。

5.2.3　问卷调查法

1. 问卷调查法简介

问卷调查法是工作分析中广泛运用的方法之一。它是以书面形式，通过被调查者或其他相关人员单方面的信息传递来实现的工作信息收集方式。该方法是进行岗位调查的一种通用方法，使用预先设计好的调查卷来获取工作分析的相关信息，从而实现工作分析的目的。其质量取决于问卷本身设计的质量，同时还受到被调查者文化素质水平及其填写时的态度等因素的影响。⊖

2. 问卷调查法的类型

（1）封闭式问卷　封闭式问卷是指被调查者仅就具体的问卷内容给予有选择的回答，答案必须具有穷尽性和互斥性，使被调查者无法过分地自由发挥，因而便于统计分类整理，适于科学化操作的一种方式。

（2）开放式问卷　开放式问卷与封闭式问卷相对，又称无结构型问卷，是指调查者提供问题，而不给选择答案，由被调查者自行构思、自由发挥，按照自己的意愿，可深可浅作答的一种方式。

3. 问卷调查法的实施步骤

（1）问卷设计

1）调查问卷的一般结构。调查问卷一般由卷首语、问题与回答方式、编码和其他资料四个部分的内容组成。其中，卷首语一般是问卷调查的自我介绍信，表明调查的目的、意义

⊖ 陈庆. 岗位分析与岗位评价 [M]. 北京：机械工业出版社, 2011.
⊖ 葛玉辉. 工作分析与设计 [M]. 北京：清华大学出版社, 2014.

和主要内容，选择被调查者的途径和方法，以及填写问卷的说明。问题是问卷调查的主要内容。设计调查问卷，必须根据调查目的和内容设计问题。回答方式有三种基本类型，即开放型回答、封闭型回答和混合型回答。在问卷中可能涉及不同类型的问题，所以有必要对回答问题的方式进行说明。编码就是对每一份问卷中的每一个问题、每一个答案编订一个唯一的代码，并以此为依据对问卷进行数据处理。

2）设计问题的原则。要想提高问卷的回复率、有效性和回答质量，设计问卷时应遵循以下原则：客观性原则，即设计的问题必须符合客观实际；必要性原则，即必须围绕调查课题和研究假设来设计必要的问题；可能性原则是指设计问卷必须符合被调查者回答问题的能力，也就是说，问题不能太复杂、太专业，或超过被调查者的理解、计算、记忆和回答能力，这样可以提高问卷的可答性和有效性。

（2）问卷测试　对设计的问卷初稿，在正式调查前应选取局部岗位进行测试，针对猜测过程中可能出现的问题及时加以修订和完善，避免正式调查时出现严重的错误。⊖

（3）问卷发放及回收　在对选取的样本进行必要的职位分析辅导培训后，岗位调查人员通过企业内部通信渠道（OA 系统、内部网络等）发放职位分析调查问卷。在问卷填写过程中，岗位调查人员应及时跟踪相关人员的填写情况，解答在填写过程中出现的疑难问题，并在问卷截止日期前统一回收问卷。

（4）问卷处理及运用　对于回收的问卷，岗位调查人员应进行分析整理，剔除不合格问卷或重新进行调查，然后将相同职位的调查问卷进行比较分析，提炼正确信息，编制职位说明书。

4. 问卷调查法的优缺点

（1）问卷调查法的优点

1）速度快，节省时间，可以在工作之余填写，不影响正常工作。

2）调查范围广，可用于多种目的、多样用途的职位分析。

3）调查样本量大，适用于需要对很多员工进行调查的情况。

4）调查的资源可以量化，由计算机进行数据处理。

5）可以同时在大范围展开调查，能在相对较短的时间内从大量的员工处获得较为准确的信息。

（2）问卷调查法的缺点

1）它仅适用于了解被调查者工作的外在特征，而不易了解被调查者的工作态度与动机心理等较深层次的内容。

2）被调查者和岗位调查人员都有可能曲解文字所反馈的信息。

3）设计理想的调查问卷需要花费较多的时间、人力、物力、费用成本。

4）在问卷正式使用前应进行预测试，以了解被调查者对问卷中所提问题的理解程度，为了避免误解，还需要岗位调查人员亲自解释和说明，大大降低了工作效率。

5）填写调查问卷是由被调查者单独进行的，缺少交流和沟通，因此，被调查者可能不积极配合、不认真填写，从而影响调查的质量。

⊖ 葛玉辉. 工作分析与设计 [M]. 北京：清华大学出版社, 2014.

5.2.4 文献资料分析法

1. 文献资料分析法简介

文献资料分析法是一项经济且有效的信息收集方法，它是指通过对与工作相关的现有文献资料进行系统性的分析来获取工作信息。由于它是对现有资料的分析提炼、总结加工，通过文献资料分析法无法弥补原有资料的空缺，也无法验证原因描述的真伪，因此文献资料分析法一般用于收集工作的原始信息，编制任务清单初稿。㊀

2. 文献资料分析法的实施步骤

（1）确定工作分析对象　确定工作分析对象，就是要明确对哪些职位进行分析。

（2）确定信息来源　确定信息来源，就是选择获得资料的渠道，可以来自组织，也可以来自个人。

（3）收集能从各方面得到的可利用的原始资料　可利用的原始资料分为内部信息和外部信息。内部信息指来自以下信息载体的信息：员工手册、公司组织管理制度、岗位职责说明、公司会议记录、作业流程说明、ISO 质量文件、工作环境描述、员工生产记录、工作计划、设备材料使用与管理制度、行政主管及行业主管部门文件、作业指导书等。外部信息是指对外部类似企业相关职位分析结果或原始信息的分析和提炼。

（4）筛选整理相关信息　注意筛选和整理的与职位相关的信息有以下方面：

1）各项工作活动与任务。

2）各项工作与任务的细节，重点是各项活动、任务的顺序，对于动作的先后可用数字加以区分。

3）文献分析中遇到的问题。

4）引用的其他需要查阅的文献。

3. 文献资料分析法的注意事项

（1）甄别信息　对企业现有文献的分析，要坚持所收集信息的"参考"地位，采取批判吸收的态度，切忌先入为主，让其中错误、多余的信息影响工作分析乃至其他管理活动的最终结果。

（2）做好阅读标记　研究文献时，要按照既定标准记录信息，切忌走马观花，流于形式。

（3）适度运用文献　注意对从文献中获得信息的适度运用。不能使编制的工作分析工具流于表面、缺乏弹性，也不能因旧信息的大量堆积而影响判断。㊀

4. 文献资料分析法的优缺点

（1）文献资料分析法的优点

1）分析成本低，工作效率高。

2）能够为进一步工作分析提供基础资料、信息。

（2）文献资料分析法的缺点

1）收集到的信息不够全面，尤其是小型企业或管理落后的企业，往往无法收集到有效、即时的信息。

㊀ 潘泰萍. 工作分析：基本原理、方法与实践 [M]. 上海：复旦大学出版社，2018.

2) 需要与其他工作分析方法结合起来使用。

5.2.5 岗位写实法

1. 岗位写实法简介

岗位写实法是指在岗位生产劳动现场，对整个岗位内的各种活动及其时间消耗，按时间先后的顺序连续观察、如实记录，并进行整理、分析、统计和研究的时间测定方法。它是最基本、最精细的时间研究方法之一，也是考量工作饱和度重要方法之一。不过，工作饱和度必须依据个人自身情况而定，无固定的标准。

2. 岗位写实法的特点

（1）岗位写实法的功能　它对作业者整个工作日的工时利用情况，按时间消耗的顺序进行观察、记录和分析。岗位写实法的具体功能有以下几个方面：

1) 全面了解被观察者在一个工作日内工作活动的情况，掌握其具体的工作内容、程序、步骤和方法。

2) 通过必要的提问，深入了解事件的背景及其产生的原因。

3) 全面分析、研究工时利用情况，找出工时损失的原因，拟定改进工时利用的措施。

4) 通过对若干岗位的写实，可以发现生产、技术、财务、人事等方面管理工作的薄弱环节。

5) 为最大限度地增加产量，规定工人与设备在工作日内合理的负荷量，确定劳动者体力劳动强度的级别等提供依据。

6) 可以采集到更加具体、翔实的数据资料。

（2）岗位写实法的种类

1) 个人工作日写实（个人岗位写实），即以某一作业者为对象，由写实人员实施的工作日写实。它是工作日写实的一种基本形式。

2) 工组工作日写实，即以工组为对象，由写实人员实施的工作日写实。它又可细分为两类：

① 同工种工组工作日写实，即被观察的工组由相同工种的作业者构成的工作日写实。

② 异工种工组工作日写实，即被观察的工组为不同工种的作业者构成（如兼有基本工人和辅助工人的工组、兼有多种技术工种的工组）的工作日写实。

3) 多机床看管工作日写实，即以多机床看管工人为对象，由写实人员实施的工作日写实。

4) 特殊工作日写实，即以研究特定现象为目的，以个人或工组为对象，由写实人员实施的工作日写实。

5) 自我工作日写实（自我岗位写实），即以作业者本人为对象，由作业者自己实施的工作日写实。

3. 岗位写实法的实施步骤

（1）写实前的准备工作

1) 应根据写实的目的选择对象（被观察者）。

2) 事先调查被观察者及工作地的情况。

3）制订写实工作计划，明确划分事项和各类工时消耗的代号，以便记录。

4）对写实人员进行必要的培训。

5）写实人员要把写实的意图和目的向被观察者讲清楚，以便被观察者积极配合，协助做好这项工作。

（2）实地观察记录　工作日写实应从上班开始，一直到下班结束，将整个工作日的工时消耗毫无遗漏地记录下来，以保证写实资料的完整性。

（3）写实材料的总结分析　完成写实记录后，应立即自我检查写实记录表，纠正漏记和错记；对上交的写实资料，应有专人负责审查，保证写实资料的质量；根据写实结果，写出分析报告。

4. 岗位写实法的注意事项

1）首先应根据被观察者的数量，确定写实记录的时间间隔。

2）按事先规定好的时间间隔，有次序地观察每个被观察者的工作情况，并将观察到的情况用专门的代号记录下来。

3）在观察中如发生设备停机、停电、作业中断，应记录事项发生的原因。

4）岗位写实存在一定的误差。

5. 岗位写实调查表示例

岗位写实调查表示例见表 5-2。

表 5-2　岗位写实调查表

岗位名称_____　　　　　　　　　　　　　　　_____年___月___日

姓名		在本岗位工作年限		年龄	
学历				职称	
直接上级岗位（正职/副职均需填写）：					
直接下级岗位（仅管理者填写）名称、编制人数及岗位现有人数				工作地点	
在本单位从共事过的其他岗位有					
主要工作内容	N1 数量	N2 数量	N3 时间	N4 每月累计时间	N5 评定时间	备注事项

调查人_____　陪同人_____　审核人_____

6. 岗位写实法的应用

在岗位写实法的实施过程中，写实人员应当遵守四项要求：

1）为了保证岗位写实的顺利进行，必须注意遵守三个基本原则：

① 要做好与被观察者的沟通。
② 与被观察者建立良好工作关系。
③ 排除干扰，保证写实的顺利进行。
2）在写实过程中，写实人员应当做到以下几个方面：
① 做好宣传鼓舞工作。
② 选择合适的观察地点。
③ 要与被观察者平起平坐。
④ 要破除岗位写实的神秘感和消除被观察者的紧张情绪。
⑤ 应主动与被观察者建立和谐的关系。
⑥ 要把岗位写实与工作目标有机地结合在一起。
3）写实人员在听取被观察者意见的同时，应做到以下几个方面：
① 记录完整。
② 记录应按照工作任务的先后顺序和信息分类的要求进行排列。
③ 只记录关键工作事项。
④ 应在最后进行询问。
4）在写实完成后，可使用岗位调查表进一步采集相关信息应注意的要求，具体如下：
① 帮助被观察者按照从事工作的逻辑顺序思考问题。
② 注意谈话的技巧，活跃气氛。
③ 给被观察者足够的时间去思考。
④ 提问要巧妙。
⑤ 提问应使用简明、易懂的语言。
⑥ 不应冷淡地对待被观察者，也不应显示自己的优越感。
⑦ 保持观察的稳定性和完整性。
⑧ 有效利用时间，保持观察的连贯性。
⑨ 保持中立的立场，不要发表自己的观点。
⑩ 要在友好的气氛中结束写实。

5.2.6 作业测时法

1. 作业测时法简介

（1）作业测时法的概念　作业测时法是以工序或某一作业为对象，按照操作顺序进行实地观察、记录、测量和研究工时消耗的一种方法。作业测时法与岗位写实法一样，也是进行工时研究的一种有效方法，但又与其有许多不同之处：

1）两者的范围不同。
2）两者观测的精细程度不同。
3）两者的具体作用不同。

（2）作业测时法的基本功能

1）以工序作业时间为消耗对象，进行深入系统的分析研究，为制定工时定额提供数据资料。

2）通过测时，总结和推广先进工人的操作方法和先进经验，帮助后进工人改善操作方法，使操作方法合理化、科学化；不断减轻工人的体力消耗和劳动强度。

3）用于分析和研究多机台看管和生产流水线的节拍，合理确定各岗位的劳动负荷量，以便改善劳动组织，提高劳动生产率。

4）以弥补岗位写实无法获得的工时数据资料。

(3) 作业测时法的目的　主要用于研究、总结和推广先进工人的操作经验，同时为寻求合理的操作方法，确定合理的工序结构，测定工人完成工序中各个组成部分的时间消耗量，为制定作业时间定额提供资料。

(4) 测时的类型　测时按观察对象的不同，可分为个人测时和工组测时；按观察记录方式和范围的不同，可分为连续测时和反复测时。其中，对个人的连续测时使用最为广泛，也最具有代表性。

连续测时是指由观察人员以秒表为工具，按工序操作单元顺序逐一观察，记录时间和发生事实的测时。

反复测时是指由观察人员用秒表对一个个操作单元独立进行观察，直接记录操作延续时间和事实的测时。

2. 作业测时法的实施步骤

(1) 准备工作

1）根据测时的目的选择观察对象。

2）了解观察对象和加工作业方面的情况。

3）根据实际操作步骤，将工序划分为操作或操作组。

4）测时最好在上班后 1~2h，待生产稳定后进行。

(2) 实地测时观察　通常采用连续测时法，按操作顺序连续记录每个操作的起止时间；也可以采用反复测时法，反复记录一个操作的延续时间。

(3) 测时资料的整理、分析

1）根据测时记录，计算出每一操作的延续时间。

2）检查核实全部测时记录，删去不正常的数值，求出在正常条件下操作的延续时间。

3）计算有效观察次数，求出每一操作的平均延续时间。

4）计算稳定系数。

5）根据每一操作的平均延续时间，计算出工序的作业时间，再经过工时评定，达到符合定额水平要求的，可作为制定作业时间定额依据的时间值。

5.2.7　其他岗位调查方法

(1) 技术会议法　又称专家讨论法，是一种工作分析的方法。它是指召集管理人员和技术人员举行会议，讨论工作的特征和要求。这种方法的优势是可以利用管理人员和技术人员对工作的了解，获取有效的工作分析资料。

(2) 结构调查表　根据岗位调查的具体内容和要求，预先设计出结构完整、项目齐全的岗位调查表，由被调查岗位的员工及相关人员填写调查表，通过对调查表的整理汇总采集岗位信息的方法。

(3) 日志法 由操作者对其一天或连续几天内工作活动的情况进行登记记录的信息采集方法。

(4) 关键事件法 关键事件法是由美国学者弗莱内根和巴拉斯（Baras）于1954年共同创立的。它是由岗位调查人员对承担本岗位工作的操作者的劳动行为进行观察，对其最好或最差的行为进行登记记录的方法。

对每一事件的描述内容包括导致事件发生的原因和背景、员工的特别有效或多余的行为、关键行为的后果、员工自己能否支配或控制上述后果。

(5) 设计信息法 根据岗位原有的设计文件等资料，对总体系统进行全面深入的调查分析，掌握劳动者与劳动资料、劳动对象之间的配置关系，采集其有关信息的方法。

(6) 活动记录法 采用现代数字技术设备装置记录岗位有关信息的方法。

(7) 档案资料法 现存的各种有关岗位活动的档案资料为岗位调查的信息采集提供了重要的依据。

5.2.8 调查表的设计与应用

调查表的内容包括访谈法中的问题提纲、问卷调查法中的问卷、观察分析法中的观察列表、岗位写实法中的写实表、日志法中的日志格式等。

1. 设计调查表的一般要求

调查表所编列的调查项目和提出的问题，应当为调查研究的目的和任务服务，并且与被调查岗位相关。

（1）调查表中问题的注意事项 对于调查表中所列出的每个问题，要注意以下几点：

1）需要针对每个工作岗位。

2）在一个问题中不要包含两个或两个以上的问题。

3）提问的措辞要认真推敲，避免使用含糊不清的、自己编造的、人们生疏的名词术语。

4）提问要防止诱导，以免造成被调查人回答问题时投其所好。出现这种倾向的原因大致有两种：一是提问带有倾向性；二是在提问中引用了权威人士（或部门）的话。

（2）调查表中回答问题的方式 主要有以下两种方式：

1）封闭式。在问题的后边，调查者给出两个或更多的答案，供回答者选择，这种回答问题的方式属于封闭式。

采用这种方式回答问题有以下优点：

① 答案标准化，便于统计分析和比较研究。

② 能使回答者较为准确地回答问题，提高了回收率和答案的准确性。

③ 便于计算机进行数据处理。

采用这种方式回答问题有以下缺点：

① 容易使回答者对提问不清楚而盲目选择答案。

② 问题和答案写得不详细、不全面，使回答者无法阐明自己的观点。

③ 供选择的答案如果太多，不仅增加印制的费用，也会给回答者带来不便。

2）开放式。在问题后边，调查者不给任何答案，由回答者自行回答，这种回答问题的方式属于开放式。

采用开放式回答问题有以下优点：
① 可获得难以预料的某些信息。
② 回答者可以畅所欲言。
③ 可解决封闭式答案过多无法编排的问题。
它的主要缺点是：
① 可能搜集到一些无价值的信息。
② 难以进行对比或统计分析。
③ 对回答者来说，开放式答题需要较高的文化素养，需要具有较好的文字（语言）表达能力，而一般职工很难达到这一要求。
④ 可能使回答者花费较多的时间、精力，而最终无法利用这些调查资料。
（3）调查表中问题的次序　调查表中问题次序的安排应遵守以下规则：
1）易于回答的问题放在前面，而难于回答的、采用开放式答题的放在后面。
2）按逻辑次序排列问题，如按时间先后、按从外部到内部、按从上级到下级等顺序排列。
3）采用不同长度的提问，有助于引起回答者的兴趣。
4）针对具体调查对象和调查内容，可考虑采用"漏斗性技术"提问，即先问范围广泛的、一般的，甚至是开放性的问题，后问与岗位相关性很强的问题。

2. 使用调查表的一般要求

1）按时间先后顺序，列出本岗位的全部工作任务。
2）对每一事项加以详细说明。
3）尽量避免使用含混不清的语句。
4）指出完成各项工作责任的大小。
5）指出完成各项工作事项所需要的时间，或完成各事项占总工作时间的百分比。
6）指出最困难、最重要的工作，并说明原因。
7）指出是否有监督、指挥、领导的责任。
8）指出本岗位与其他岗位的关系。

5.2.9 岗位抽样

1. 岗位抽样概述

岗位抽样是统计抽样法在岗位调查中的具体运用，它是根据概率论和数理统计学的原理，对岗位随机地进行抽样调查，利用抽样调查得到的数据资料对总体状况做出推断的一种方法。

（1）岗位抽样的作用　用于调查各类职工在工作班内的工作活动情况，掌握其内容、程序、步骤等各种相关的数据和资料；掌握岗位各类工时消耗的情况，为制定和修订劳动定员定额标准、衡量评价定员定额水平提供依据；用于研究机械设备的运转情况，调查设备的利用率、故障率；用于改进工作程序和操作方法。

（2）岗位抽样的特点
1）使用范围广。
2）节省时间和费用。

3）取得的数据真实可靠，能消除被观察者在生理和心理上的影响。
4）减少工作量。

2. 岗位抽样的步骤

1）明确调查目的。
2）对被观察者的作业活动适当分类，以便正确地观察、记录和事后分析。
3）确定观测次数，即抽取的样本数。计算公式为

$$N = \frac{4(1-P)}{S^2 P}$$

式中　P——工作比率；
　　　S——相对精度。

举例如下：

设某作业组，有 10 名工人，规定可靠度为 95%，相对精度为 5%。根据原有资料，他们的工作比率为 70%，准备每日观察 20 次，则

$$N = \frac{4(1-P)}{S^2 P} = \frac{4 \times (1-0.7)}{(0.05)^2 \times 0.7} = 686$$

实际观测次数 $K = 686/10 = 68.6 \approx 69$（次）

观测日数 $= 68.6/20 = 3.43 \approx 4$（日）

4）确定观测时刻。

例如，每月 20 个工作日中，每月月底有 5 个工作日出现例外工作事项，假定观测次数为 400 次，则各层抽样次数应分别为

平时观测次数 $= 400 \times 15/20 = 300$（次）

例外观测次数 $= 400 \times 5/20 = 100$（次）

5）现场观测。

6）检验抽样数据。计算公式为

$$上控制界限 = P + 3\sqrt{P(1-P)/n}$$

$$下控制界限 = P - 3\sqrt{P(1-P)/n}$$

另外，尚需计算工作抽样的相对误差 S，看其是否达到预定要求。计算公式为

$$S = 2\sqrt{(1-P)/N \times P}$$

7）计算和评价观测结果。下面再来看一个应用举例：

例如，某电器销售公司营运部库管员需要经常填写入库单据，现要对其填写单据的情况进行抽样调查，并提出处理单据的时间定额标准。

首先，应当选择好观测对象，并将其工作分解为几个具体的工作事项，采用不等间隔随机地进行瞬间观测。结果发现在 100h 内处理了 500 份单据，总观察次数为 1000 次，并对工作活动进行必要的评定，其结果见表 5-3。

表 5-3　工作活动评定结果

观察次数（次）	工 作 内 容	评 定 系 数	折合次数（次）
300	填写单据	0.7	300×0.7

(续)

观察次数（次）	工作内容	评定系数	折合次数（次）
200	查询	1.15	200×1.15
100	削铅笔	0.65	100×0.65
200	分类存档入账	1.05	200×1.05
200	无事闲谈	0	0
合计			715

由于该项工作为手工操作，因此作业宽放率可设定为 20%。请计算出处理每份单据的标准作业时间。

1）求出填单据实际耗用的时间。计算公式为

$$T_g = T_c * n/N$$

式中　T_g——实际耗用工时；

T_c——总的工作时间；

n——观测中与填写单据有关的观测次数；

N——总观测次数。

代入数值得　　$T_g = 100 \times (300 + 200 + 100 + 200)/1000 = 80$（h）

2）计算总平均的工作效率。计算公式为

$$P_x = H/n$$

式中　P_x——总平均的工作效率；

H——评定后折合的工作次数；

n——评定前观察的工作时间。

代入数值得　　$P_x = 715/(300 + 200 + 100 + 200) \approx 0.89$ 或 89%

3）计算出总的正常工作时间。计算公式为

$$T_{zh} = T_g P_x$$

式中　T_{zh}——总的正常工作时间。

代入数值得　　$T_{zh} = 80 \times 0.89 = 71.2$（h）

4）计算出处理每份单据的正常工作时间。计算公式为

$$T_d = T_{zh}/D_c$$

式中　T_d——处理每份单据的正常时间；

D_c——已处理完毕的单据总数。

代入数值得　　$T_d = 71.2/500 = 0.1424$（h/份）

5）赋予宽放时间，最后求出标准时间。计算公式为

$$T_b = T_d/(1 - K)$$

式中　T_b——处理每份单据的标准时间；

K——时间宽放率。

由于本项工作完全是手工操作，故时间宽放率为 20%（$K = 0.2$），代入数值得

$T_b = 0.1424/(1 - 0.2) = 0.178$（h/份）或者 10.68（工分/份）

最后，根据岗位抽样的结果，可制定出处理单据的标准时间为 10.68 工分/份。

案例库

> **案例分析：STAR 法在实际中的运用**
>
> STAR 法则是一种人力资源管理技巧，它是指用情境（Situation）、任务（Task）、行动（Action）和结果（Result）四个要素来描述事情的经历，这样可以更清楚地了解工作进展和表现。它在人力资源管理中和企业管理中发挥着重要作用。
>
> 安妮是某公司的物流主管。物流主管负责将客户从海外运过来的货清关、报关，并把货提出来，然后按照客户的需求运到客户那里，负责整个物流的顺利进行。
>
> 这家公司很小，共有20名员工，只有安妮一人负责这项工作。物流工作除了她再没人懂了。在刚进行完1月份考评后，安妮在2月份就遇到一件事情：她80多岁的祖母在半夜病逝了。她从小由祖母养大，祖母的病逝使她很悲伤。她为料理后事，人很憔悴，也生病了。碰巧第二天，客户有一批货从美国进来，并要求清关后在当天下午6点之前准时运到。而且，这是一个很重要的客户。安妮要怎么做呢？她把家里的丧事放在一边，第二天早上9点准时出现在办公室，她的经理和同事都发现，她的脸色铁青，精神也不好，一问才知道家里出了事。但是，她什么话也没说，一直做着进出口报关、清关的手续，把货从海关提出来，并且在下午5点就把这批货发出去了，及时运到了客户那里。然后，5点她就下班走了，可公司是6点下班。安妮提前走了，回去处理祖母的丧事去了。这是一个关键性事件。如果这件事情她的部门经理没有发现，不记下来，或者人力资源部也没有发现，那在其他员工的眼里，6点下班，她5点就走了，会认为她是早退。但是，如果部门经理善于观察，发现了这件事情，问清楚是怎么回事，会发现这是一件很光彩的事情。这一天，安妮置个人的事情于不顾，首先考虑公司的利益，为了不让客户受损失，克服了种种困难出现在办公室里，并提前完成了任务。这是一件要加分的事情，应当把它记录下来。
>
> 当时的情景（S）是安妮的祖母头一天晚上病逝了；当时的目标（T）是第二天把一批货完整、准时地运到客户那里；当时的行动（A）是她置家里的事于不顾，准时出现在办公室，提前一个小时把货发出去了；当时的结果（R）是客户及时收到了货，没有损害公司的信誉。
>
> 如此，STAR 的四个角就记录全了。这个例子可以帮助大家理解什么是 STAR 法。

5.3 岗位调查的结果及应用

5.3.1 岗位调查结果的产生

1. 岗位规格分析

岗位规格分析是紧紧围绕工作本身的特点而展开的研究，即研究处于不同管理层次、拥有不同职权的人员的工作内容、职责权限、工作时间安排、工作环境与工作条件、所受监督和所施监督、体力消耗和工作姿势等特性，从而确定每一职务的工作性质，以及不同职务的工作性质差异，为明确各级管理人员的职责权限、消除职务间的空白与重复、防止相互推诿或"多头领导"提供依据。

具体而言，岗位规格分析包括两方面内容：一是工作分析，二是工作分级。工作分析是对职务所承担工作的各个构成因素进行分析研究，判明工作的性质、内容、任务和不良环境条件。工作分级是将企业中所有职务所承担的工作，按其劳动的技术繁简、责任大小、强度高低、条件好坏等因素，划分为若干相对等级。

2. 员工规格分析

员工规格分析是围绕每一职务的任职者所应具备的基本条件进行的研究。这种研究根据工作定向分析所提供的信息来预测任职者的工作行为；根据工作行为与工作成绩的关系来确定合格任职者的基本条件，即研究、确定担任该职务的员工所应具备的政治素质、工作能力、知识结构、基本经历，以及个人气质、身体状况等方面的基本条件。具体而言，员工规格分析包括应知应会、工作实例和人员体格、特性等方面的内容。

（1）应知（必备知识）分析　这是指对执行各项工作的员工所应具备的基本知识的分析，包括接受教育的最低程度要求、应具备哪些方面的专业知识以及所应达到的水平；对管理人员来说，还应分析对该职务的相关法令、政策、工作细则及有关规定和文件等的通晓程度，并提出基本要求。

（2）应会（必备经验）分析　这是指对执行各项工作的员工为完成工作任务所必须具备的操作能力和实际工作经验的分析，包括担任此项工作的人过去从事同样工作或相关工作的年限及成绩、确定他们必须经过什么样的专门训练等。

（3）工作实例（必备能力）分析　这是根据应知、应会的要求，通过某项典型工作，来分析判断从事该项工作所需的决策能力、创造能力、适应能力、注意力、智力及操作的熟练程度。

上述三个方面的分析，应注意相同工作不同等级之间的衔接问题，以便各岗位员工都能有一个循序渐进的方向。

（4）员工的体格及特性分析　体格分析包括工作岗位对行走、跑步、爬高，以及听力、视力等运动能力和感官能力各方面的要求，这些都要用"量"的概念来分析说明；特性分析包括对各职位所需人员的素质（如手、腿的力量及灵巧程度、感觉辨识能力、记忆和表达能力等）、性别、年龄等的具体要求。

案例库

案例分析：大数据时代人员素质测评及对策（节选）[一]

随着时代的快速发展，我国大数据技术得到十分迅猛的发展，大数据在为我国各个传统领域带来巨大改变的同时，也为企业人力资源管理提供了更加科学、准确、全面的方法。本文首先对大数据时代背景下企业人力资源管理现状进行了一定阐述，其次分析了大数据时代人员素质测评的重要意义，最后提出了人员素质测评应用的具体对策，旨在促进企业提高人才评价的准确性、时效性和全面性，通过优化企业人力资源配置、绩效管理、人才培养等提高企业核心竞争力，仅供参考。

在传统的企业管理过程中，人力资源管理更多的是借助主观臆断和工作经验进行人才评价。由于个体行为的复杂性，评价主体很难对评价客体做出全面、客观、公正的评价，

[一] 贺业红. 大数据时代人员素质测评及对象 [J]. 现代商业，2019（16）：49-50.

这极大地增加了企业的用人风险。随着信息技术的快速发展，大数据技术为个体评价提供了全面、可靠、有效的数据信息，基于大数据信息进行人员素质测评，能够真实、客观、科学地完成人才素质评价。所以，在大数据时代背景下通过人员素质测评提高人才利用科学性与匹配度是当前企业发展的关键所在。

大数据时代，人员素质测评应用具有以下重要意义：

（1）优化人力资源配置，避免人才浪费　在大数据时代背景下，企业经营和管理过程中会产生大量的人力资源数据，其中包括基础数据、能力与成就数据、工作效率数据以及潜力数据等。在人员素质测评中通过对这些数据进行收集和分析，能够帮助测评主体更加全面、客观、理性地了解从业人员的综合素养、技能水平及爱好性格等。测评主体在此基础上再进行深度人力资源解析、效率评估等工作，能够最大限度地挖掘从业人员的潜力，降低用人风险。在以往的人力资源配置过程中，如高层领导选拔，企业往往是对相关人员的特征进行主观经验判断，这很容易导致人才误用而给企业带来重大损失。企业通过人员素质测评，可以对从业人员各种行为数据进行真实、细致入微的了解，能够确保企业人力资源配置更加全面、系统、合理、准确，这有利于企业的各项生产经营环节快速步入正轨，进而促进企业的长远和健康发展。

（2）完善绩效评价，提高企业竞争力　绩效评价在企业管理中扮演着十分关键的角色，绩效评价的目的并不在于淘汰员工，而是为了帮助企业员工更好地了解自己在日常工作中存在的问题，以及如何改进这些问题。通过绩效评价，员工的潜力可以得到充分挖掘，工作积极性也会大幅度提高。不过，绩效评价历来对企业而言都是一个巨大挑战，这主要是因为人才评价标准难以制定。具体而言，完善的绩效管理体系应该包含绩效计划、绩效监控、绩效评价及绩效反馈，无论哪一个环节，都应结合相应的标准进行确定，而这个标准就是通过人员素质测评技术得以确定的。企业通过对绩效评级数据、目标完成数据、项目数据等各种数据信息进行收集及充分掌握进而制定评价标准，对不同的从业人员建立不同的标准，能够确保绩效评价结果更加准确、科学、客观、真实。

（3）强化人才培训，提高员工综合素养　对于企业而言，培训是提高企业员工综合素养的重要手段，所以，人才培训应该是一项长期、有计划的人力资源管理活动。企业通过人员素质测评全面了解企业员工的综合素养现状，发现企业员工"能够做什么""还能做什么"，并结合岗位特色与企业长远发展计划进行人才培训，能够确保人才培训更加具有针对性，有利于更好地提高员工的综合素养，进而实现人才培训的高效率和高质量。通过人员素质测评确定人才培训的具体内容，也有利于实现培训资源的最大化利用，进而节省培训成本。另外，通过人员素质测评，企业能够及时监测和评价人才培训效果，为以后的人才培训活动提供相关经验。

大数据时代，要强化机制研究，将人员素质测评体系充分运用到企业管理中。在大数据时代背景下，海量的数据信息使人员素质测评体系更加准确、高效。企业在人才管理中，不必非要"路遥知马力，日久见人心"，通过基于海量数据信息的人员素质测评，企业能够快速、全面、客观、科学地了解人员的综合素养。随着科技的快速发展，企业人力资源管理必须转变观念，充分结合强大而科学的大数据及人力资源测评进行企业管理，尤其是应用到企业的人才选拔、人才培养、人才评价等过程中。结合大数据和人员素质测评实施的价值而言，其可以帮助企业通过客观、全面、科学的方式进行人力资源配置和优化。

当然，也应该认识到当前人员素质测评体系所存在的漏洞，以及其包含诸多类型的人员素质评价体系方案。因此，企业在实际应用过程中应结合自身特点，制定满足自身需求的人员素质测评方案及体系。

5.3.2 岗位调查的结果及应用反馈

1. 岗位调查的结果

岗位调查的直接成果就是岗位描述和岗位规范，在此基础上，根据岗位分析的目的，经过调整、编写，可得到岗位说明书。本节仅对岗位描述、岗位规范和岗位说明书进行简要的介绍，后文将对其做详细阐述。

（1）岗位描述　岗位描述又称职务描述、工作说明，是指用书面形式对组织中各类岗位或职位的工作性质、工作任务工作职责与工作环境所做的统一规范和要求。岗位描述包括工作识别、工作概述、工作关系、工作职责（工作任务）、工作权限、工作设备和工作环境等方面的内容。它的显著特征就是以一种概括而简明的形式向人们直接描述工作是什么（What）、为什么做（Why）、怎样做（How）以及在哪里做（Where）等基本信息。

（2）岗位规范　岗位规范也称任职资格，它是岗位调查结果的另一种表达形式，主要说明任职者需要具备什么样的资格条件及相关素质才能胜任某一岗位的工作。这些资格条件及相关素质要求是最低限制，主要包括任职者胜任工作所必需的最低智力、知识、学历、经验、能力和素质等。

（3）岗位说明书　岗位调查的结果最终表现为岗位说明书。在结果形成阶段，主要是对收集的工作信息进行审查和确认，进而形成岗位说明书。通过各种途径收集的工作信息，必须与岗位任职者和任职者的上级见面，不仅因为他们对工作信息熟悉和了解，可以修正信息中的不实之处，还可以帮助他们正确理解和认可岗位分析结果，为今后岗位分析的使用奠定基础。

在审查、确认工作信息的基础上，编写岗位说明书，按照统一的格式、使用规范、简单明了的措辞、对岗不对人等要求，明确岗位的职责、任务、权限及任职者的基本条件等。岗位说明书是对岗位描述、岗位规范等岗位分析的结果加以整合而形成的具有企业法规效果的正式文本。它是企业中各项人力资源管理活动的依据。完整的岗位说明包括职务概况、职务说明、任职资格等。职务概况主要有职务名称编号、职务所属部门、岗位说明书的编写日期等内容；职务说明有职务概要、职责范围及工作要求、职务目标、设备及工具、工作条件与环境等内容；任职资格则包含任职者的受教育水平、经验、培训、性别、年龄相关工作经验、身体状况、个性、能力、知识要求、基本技能等内容。

2. 应用反馈

岗位说明书是由岗位分析专业人员编制的，但使用岗位说明书的人是实际从事工作的员工。因此，使用前有必要对员进行岗位说明书的使用培训。这样做既可以使使用者了解岗位说明书的意义、内容及各个部分的含义，也可以使使用者了解如何正确使用岗位说明书。

特别需要说明的是，由于企业与环境的发展和变化，直接影响企业的岗位、岗位的职责和任务等，所以企业应根据实际情况，适时调整岗位说明书。同时，岗位说明书是否适合实际工作的需要，也需要在使用过程中进行反馈和调整。㊀

㊀ 陈庆. 岗位分析与岗位评价［M］. 北京：机械工业出版社，2011.

案例库

案例分析：美国联合包裹运送服务公司的数字化管理

1. 公司简介

UPS（United Parcel Service, Inc. 美国联合包裹运送服务公司）成立于1907年，总部设于美国佐治亚州亚特兰大市，是全球领先的物流企业，提供包裹和货物运输、国际贸易便利化、先进技术部署等多种旨在提高全球业务管理效率的解决方案。UPS的业务网点遍布全球220多个国家和地区，拥有49.5万名员工。2019年UPS营业额达到740亿美元。

2018年12月18日，世界品牌实验室编制的《2018世界品牌500强》揭晓，UPS排名第50位。2019年7月，UPS名列《财富》"世界500强"第132名。2019年10月，Interbrand发布的"全球品牌百强"排名中UPS位列第27位。UPS还荣获2019年《新闻周刊》杂志评选的运输及递送服务的美国最佳客户服务公司，被《福布斯》评为"交通运输领域最具价值品牌"，并且在2020 JUST 100社会责任名单、道琼斯可持续发展世界指数和HarrisPoll声誉商数等多项知名的排行榜中名列前茅。2020年5月18日，UPS位列2020年《财富》"美国500强"排行榜第43位。2020年7月，《福布斯》2020年"全球品牌价值百强"发布，UPS排名第48位。[一]

2. UPS投送业务的数字化管理模式

UPS雇用了15万名员工，平均每天将900万个包裹发送到美国各地和其他180个国家和地区。为了实现他们的宗旨"在邮运业中办理最快捷的运送"，UPS管理当局系统地培训他们的员工，使他们以尽可能高的效率从事工作。UPS的工业工程师们对每一位驾驶员的行驶路线都进行了时间研究，并对每种运货、暂停和取货活动都设立了标准。这些工程师记录了红灯、通行、按门铃、穿过院子、上楼梯、中间休息喝咖啡的时间，甚至上厕所的时间，将这些数据输入计算机中，从而给出每一位驾驶员每天中工作的详细时间标准。为了完成每天取送130个包裹的目标，驾驶员必须严格遵循工程师设计的程序。当他们接近发送站时，他们松开安全带，按喇叭，关发动机，拉起紧急制动，把变速器推到1档上，为送货完毕的起动离开做好准备，这一系列动作严丝合缝。然后，驾驶员从驾驶室走出，右臂夹着文件夹，左手拿着包裹，右手拿着车钥匙。他们看一眼包裹上的地址把它记在脑中，然后以3ft/s[二]的速度快步走到顾客的门前，先敲一下门，以免浪费时间找门铃。送货完毕后，他们在回到货车上的路途中完成登记工作。[三]

3. UPS投送业务采用的管理方法

UPS的投送业务采用的是以泰勒为代表人物的科学管理理论的管理方法。科学管理方法的核心问题是提高劳动生产率，科学管理的手段是用科学的管理方式代替旧的经验管

[一] 资料来源：https://baike.baidu.com/item/UPS%E5%BF%AB%E9%80%92/33768?fr=aladdin。

[二] 1ft/s = 0.3048m/s。

[三] 资料来源：https://www.shangxueba.cn/4810797.html。

理，而提高劳动生产率的前提是提高工作效率。该公司为员工制定了详细的时间标准，从而有效地提高了工作效率，采用了科学的管理方法，实现了各方面的标准化。主要有以下方法：

(1) 制定工作定额　只要合理地确定工资率，进行适当的激励，便能减少工人们消极怠工的现象。但这要求首先确定一个企业和员工都能接受的、有科学依据的"合理的日工作量"，即工作定额。UPS 的投递员们必须严格遵循工作程序和时间标准，每天完成取送 130 个包裹的目标。

(2) 实施标准化管理　为使每个作业人员都能确保达到一定的作业标准，就要从操作方法到材料、工具、设备和作业环境都实施标准化管理。工程师们通过数学模拟和优化模型，给出了每个投递员每天工作的详细时间标准。

(3) 实行差别计件工资制　通过工时分析和研究，制定出一个有科学依据的定额标准；进行动作研究，确定操作规程和动作规范，确定劳动时间定额，完善科学的操作方法，以提高工效。

(4) 强调工人与雇主合作的"精神革命"　工人和雇主必须都认识到提高劳动生产率对双方都有利，因而要相互协作，共同为提高劳动生产率而努力。

(5) 选择"第一流的工人"　为了提高劳动生产率，必须为工作选择"第一流的工人"，科学地挑选工人，并进行培训和教育以提高其素质与技能，促进其进取心。⊖

4. UPS 成功的启示

1) 首先需要有一整套完整的、科学的管理方法和健全的企业文化作为企业发展的内部支柱。

2) 企业市场和企业这两者的规模不断扩大，业务量增多。

3) 必须严格选定合格的、熟练的员工和适合完成任务的工具、设备，并确定合理化、标准化的作业程序，用标准化的作业对企业的员工进行系统的、科学的培训，因人制宜，人尽其才，激励员工。

4) 商务同步。在技术领域上做适当的改进和投入，从提高整个企业的生产效率。今天的 UPS 正在演绎着一种全新商业战略－商务同步协调，以核心是创造精确统一的供应链，以使物流、信息流以及资金流能更快、更高效地运转，从而保持整个商业活动的顺畅进行。过去 10 年时间，UPS 平均每年投资 10 亿美元，建设技术基础设施。例如，超过 500000mile⊜ 的 UPSnet 全球电子数据通信网络。这个网络覆盖 150 多个国家和地区、130000 多个车载的速递资料收集器（DIAD）。借助这套系统，客户可以在任何时间、任何地点用手机或者上网查询到自己的包裹当前处于世界何处，并可以在包裹送达的几分钟内得到签收的数字化收据。这一系统可以大大缩短票据循环周期，简化客户供应链的管理。客户可以通过两种方式获知货物已经送达：一是通过 UPS 在互联网主页上的包裹追

⊖ 资料来源：https://wenku.baidu.com/view/514ba491a31614791711cc7931b765ce05087aa9.html。

⊜ 1mile = 1609.344m。

踪系统；二是 UPS 的电话客户服务中心，并可索取传真版的数字化签名，它取代了传统的纸上递送记录，能够给 UPS 的客户带来更多保障与便捷。

5）领导者的正确领导。UPS 董事长兼首席执行官迈克·埃斯丘（Mike Eskew）所言："今天的 UPS 已截然不同于大多数人想象中的形象，我们要采用新的形象标志来体现我们所拥有的实际能力。"UPS 管理当局运用了泰勒科学管理原理的工时研究，对送货驾驶员的送货路线和动作都进行了时间研究，设计出精确的工作程序。这种刻板的时间表虽然看起来相当烦琐，但产生了理想的效果，带来了高效率。这种标准化、计量化作业管理方法，是企业今天所追求的管理现代化的内在要素。㊀

本章总结

本章主要介绍了工作分析中的岗位调查，岗位调查是工作分析的基础，对此项工作的展开起着决定性的作用。岗位调查的方法多种多样，主要介绍了观察分析法、访谈法、问卷调查法、文献资料分析法和岗位写实法。岗位调查的结果主要产生于岗位规格分析和员工规格分析。随着时代不断发展，数字化的普及影响着各行各业，在此背景下的岗位调查也越来越高效、精准、人性化。

本章习题

1. 岗位调查的目的是什么？
2. 简述问卷调查法的类型。
3. 岗位写实法的特点是什么？
4. 岗位写实法的步骤有哪些？
5. 访谈法的优点是什么？

㊀ 资料来源：https://wenku.baidu.com/view/514ba491a31614791711cc7931b765ce05087aa.html。

第 6 章 数字化岗位设计

学习目标和知识点

1. 了解岗位设计的定义和原则。
2. 掌握岗位设计的方法和基本程序。
3. 了解企业定岗定编的概念和实施原则。
4. 熟悉企业定岗定编的基本方法与流程。

导言

岗位设计是将组织的任务组合起来构成一项完整工作的方式,它确定了关于一项工作的具体内容和职责,并对该项工作的任职者所必备的工作能力、所从事的日常工作活动,以及该项工作与其他工作之间的关系进行设计。岗位设计既是人力资源管理工作的基本框架,也是组织设计与发展的核心之一,因为一个组织是由成千上万的任务组成的,而这些任务组合起来就是工作。在数字化背景下,企业所面临的复杂经营环境改变了工作性质,同时也为了成功地完成工作,对员工提出了更高的要求。通过本章的学习,应能够了解岗位设计的基本概念和原则,熟悉企业定岗定编的基本方法和流程。

案例库

案例分析:人力资源共享服务中心的人员配置[一]

人力资源管理三支柱理论引入我国后,一些大型企业结合着自身的需要,开始探索对人力资源管理组织结构进行转型,构建人力资源共享服务中心(HRSSC)和人力资源业

[一] 刁婧文,张正堂. 企业构建人力资源共享服务中心的关键要素:COST 模型 [J]. 中国人力资源开发, 2016 (12):26-33;39.

务伙伴（HRBP）的组织体系。已经有大量实证研究和案例表明，人力资源共享服务中心具有效降低成本、提高服务质量、流程简化、知识转移、共享最佳实践等优势。但是，构建 HRSSC 不可避免地会带来如裁员、重组工作、变更工作场所等变化，它们可能会造成员工（短暂的）职责归属的困惑，并带来对直线经理和员工新的技能需求，从而引发服务质量低于预期、客户满意度降低等问题。这些将会对员工感知的人力资源职能角色和人力资源战略角色可信度产生负面影响。

合理的人员配置是 HRSSC 运行的重要保障。这个环节，一方面要考虑负责构建 HRSSC 的项目团队，另一方面要考虑 HRSSC 正式运行所需的人员配置，包括不同类型员工的来源与管理，以及员工上岗前的培训。

1. HRSSC 项目团队的确定

HRSSC 项目团队是本项变革的具体推动者和实施者，是变革成功的关键因素之一。通常项目团队的成员应该包括企业高层管理者、各个业务单元管理者、HRSSC 经理候选人及人力资源专家。

高层管理者对企业整体的运作有更全面的了解，他们将指导构建过程中的关键决策：一方面，与企业内部正在进行的其他变革相协调；另一方面，保证变革的方向与"一个公司"战略一致。将各个业务单元的管理者纳入项目团队中，有助于更好地理解每个业务单元人力资源的相关需求，提高 HRSSC 设计的有效性。

HRSSC 经理候选人必须提前选定，并确保其参与构建 HRSSC 的过程。这样既能够激发经理人的变革积极性，更有助于 HRSSC 经理对共享组织有更全面、更深刻的认识，从而在日后开展共享服务中心工作时能够准确地把握大体方向。HRSSC 经理作为项目团队最核心的人员，将带领团队共同设计、搭建共享中心，协调业务单元需求。在这个过程中，人力资源专家们将运用专业的知识和丰富的经验为 HRSSC 经理提供如流程设计、服务交付模型设计等专业设计方面的建议。共享中心正式运行后，HRSSC 经理主要负责中心的日常运营，把控中心战略方向，对中心的整体服务水平和质量负责，与业务单元直接对接。一个优秀的 HRSSC 经理应该具备以下特质：企业家精神；了解如何管理企业愿景和目标；能够应对不断变化的环境；优秀的人际交往能力、良好的判断力和强有力的领导能力；管理冲突的能力。

2. 两类人员的配置

根据前文提到的共享服务交付模型，HRSSC 内部员工主要分为两大类岗位：一类是前台提供基础事务性服务的普通员工；另一类则是负责特殊案例处理的后台人力资源咨询师。在配置这两类员工时，要注意他们在来源及管理上的差别。

第一类员工与内部客户通过人力资源信息技术平台、电话，甚至面对面接触。他们应对的客户需求大多比较基础，但涉及人力资源管理的各个模块且数量非常庞大，这决定了他们的日常工作以机械的流程化工作为主，而工作强度比较大。这类员工只需要具备基本的沟通技能、计算机操作技能和基础的人力资源专业知识，就能完成工作。因此，在配置这类员工时可以选择企业内部现有的低层级 HR 工作人员，或从外部招聘初级人力资源工作者。

然而，前台员工重复枯燥的工作性质不可避免地将导致员工满意度下降，进而导致这类员工的高流失率。为了缓解日后出现这个问题，企业通常可以采取下列几种方法：①在招聘阶段进行有效筛选，除了考察候选人是否具备岗位说明书所规定的特定技能外，还要考察候选人的性格特质，可选用那些性格保守、喜欢从事程序化工作的人，做到人岗匹配；②采取定期的工作轮换制管理，将员工按流程、业务单元、区域等分组进行轮换，既在一定程度上丰富了工作内容，又能扩大工作人员的专业知识面，有助于培养人力资源通才；③建立前台工作人员的职业晋升通道。不仅要建立前台到后台的职业通道，还要把握 HRSSC 与三支柱中的另外两个支柱——人力资源业务伙伴（HRBP）、人力资源专家中心（HRCOE）之间的联系，建立前台—后台—业务伙伴—专家中心之间的晋升通道，丰富前台员工的职业生涯。

第二类员工的任职要求明显要比第一类员工高得多：他们必须对人力资源某一领域的专业知识有深入的理解，并对企业各个业务单元有一定的了解，才有能力处理前台员工无法解决的特殊案例，以及向专家中心提出新的政策需求。因此，企业最好以内部竞聘的方式挑选这类员工，可在现有的各个人力资源模块里挑选那些进入企业时间相对较长、经验较为丰富的从业者。

3. 上岗培训

不管是第一类员工还是第二类员工，在正式上岗前都要接受必要的培训。一方面是文化理念的培训。HRSSC 想要在全公司营造共享氛围来推动"一个公司"战略的实施，其员工就必须树立全新的共享服务理念：通过向内部客户提供有偿优质服务来管理自己；强调团队合作；向业务单元提供有关最佳实践的建议，并让他们自己决定哪些对他们有利；如果不能向客户提供他们所需的全部服务，就应该与他们一起寻找最佳供应商；不断降低成本，提高服务水平和能力；通过客户满意度和业务单元的成功来衡量自己的成功；定期、公开地与客户进行沟通。另一方面是专业知识的培训。除了新流程的培训，还要考虑如何将地方人力资源团队多年积累的经验和知识转移到共享中心内的问题。工作观察（Job-shadowing）是解决这一问题的一种有效培训方式，通常在 HRSSC 正式运行的前几个月，将新员工安排到地区人力资源团队中进行为期两周左右的跟踪学习，共享中心员工观察老员工如何操作日常活动，从而习得流程操作、处理异常状况的经验，以及与其他部门、供应商的互动方法。

任何一家大型企业，尤其是跨国公司想要促进全球化管理、实现"一个公司"，就必须改革传统的人力资源管理模式。因此，成功构建 HRSSC 的意义非常重大。而企业只有在构建过程中抓住关键要素，才能明确方向，提高成功的可能性。

6.1 岗位设计概述

岗位设计既是人力资源管理工作的基本框架，也是组织设计与发展的核心之一，因为一个组织是由成千上万的任务组成的，而这些任务组合起来就是工作。

在数字化背景下，企业所面临的复杂经营环境改变了工作性质，同时也为了成功地完成工作，对员工提出了更高的要求。工作要求的迅速变化使得岗位分析的信息很快失去准确性，而过时的岗位分析信息又会影响企业的应变能力。工作分析这种静态和稳定的对工作进行管理的方式，从某种意义上约束了员工的行为特质和潜在能力的发挥。因此，企业需要通过为员工设置更加合理的工作内容来留住优秀的人才。这里主要是通过岗位设计使人与工作更好地结合在一起，发挥更大的功效，从而实现企业目标。⊖

从企业整个生产过程来看，工作岗位的设计应当满足：①企业劳动分工与协作的需要；②企业不断提高生产效率、增加产出的需要；③劳动者在安全、健康、舒适的条件下从事生产劳动的生理和心理上的需要。

岗位分析的中心任务是为企业人力资源管理提供依据，保证事（岗位）得其人、人（员工）尽其才、人事相宜。

岗位分析的结果——工作说明书、岗位规范以及职务晋升图必须以良好的设计为基础，才能发挥其应有的作用，实现上述目标。

因此，从岗位分析的全过程来看，在岗位调查以后，如果发现岗位设计不合理，甚至存在严重缺陷，应采取有效措施，改进岗位设计，使工作说明书、岗位规范等文件建立在科学的岗位设计的基础上。

6.1.1 岗位设计的定义

岗位设计起源于泰勒的"工作和任务的合理化改革"。泰勒在时间与动作研究分析中提出的17个因素，至今仍是很多企业进行动作划分和动作分析的标准。此后，随着岗位设计中一系列重大的研究发现和理论飞跃，岗位设计的方法日益丰富，岗位设计也成为人力资源管理领域一个重要课题。

有人把岗位设计看作一种艺术，因为它让人与工作相匹配，从而使人们的终生兴趣得以实现。岗位设计是指为了有效达到组织目标，通过对工作内容、工作职责、工作关系等有关方面进行变革和设计，满足员工与工作有关的要求，最终提高工作绩效的一种管理方法。⊖

岗位设计是将组织的任务组合起来构成一项完整工作的方式。它确定了关于一项工作的具体内容和职责，并对该项工作的任职者所必备的工作能力、所从事的日常工作活动，以及该项工作与其他工作之间的关系进行设计。为了有效实现组织目标并满足个人需要，不断提高工作绩效，需要对工作内容、职责、权限和工作关系等各方面进行分析和整合。这个过程就是岗位设计。岗位设计所要解决的主要问题是组织向其成员分配任务和职责的方式。从激励理论的角度来看，岗位设计是对组织内在奖酬的设计。激励理论认为，在员工需求达到马斯洛需求的较高层次时，他们的工作积极性主要来自与工作本身相关的因素。因此，岗位设计是否得当，对激发员工的工作动机、增强员工的工作满意度以及提高生产率都有重大影响。

岗位设计一般可以分为两类：一类是对企业中新设置的工作或者新企业建立所需要的岗

⊖ 葛玉辉．工作分析与设计［M］．北京：清华大学出版社，2014．
⊖ 潘泰萍．工作分析：基本原理、方法与实践［M］．上海：复旦大学出版社，2018．

位进行设计;另一类是对已经存在但缺乏激励效应或者工作任务发生变化的工作进行重新设计。例如,一个现存的企业可能由于员工价值在工作中得不到体现、影响士气而需要工作再设计,或者由于工作负担增加但工作小组中的人员数量减少而需要重新对工作进行设计。

6.1.2 岗位设计的内容

1. 基于工作内容的岗位设计

岗位设计要调整的第一项内容就是工作内容。工作内容的设计是岗位设计的重点,一般包括工作的广度、深度、完整性、自主性及反馈五个方面。

(1) 工作的广度　工作的广度即工作的多样性。如果岗位设计得过于单一,员工容易感到枯燥和厌烦,因此,设计工作时,尽量使工作多样化,使员工在完成任务的过程中能进行其他的工作活动,保持工作的兴趣。

(2) 工作的深度　工作的深度是指工作从易到难的层次。在设计工作时应具有从易到难的一定层次,对员工的工作技能提出不同程度的要求,从而增强工作的挑战性,激发员工的创造力和克服困难的能力。

(3) 工作的完整性　工作的完整性要求设计工作时,员工从事的每项工作都能见到工作效果,以满足员工的成就需求。保证工作的完整性能使员工有成就感,即使是流水作业中的一个简单程序,也要进行全过程设计,让员工见到自己的工作成果,感受到自己工作的意义。

(4) 工作的自主性　工作的自主性设计要求员工对自己所从事的工作有适当的自主权。适当的自主权能增加员工的工作责任感,使员工感到自己受到了信任和重视。认识到自己工作的重要,能使员工工作的责任心增强、工作的热情提高。

(5) 工作的反馈　工作的反馈包括两方面的信息:一是同事及上级对自己工作意见的反馈,如对自己工作能力、工作态度的评价等;二是工作本身的反馈,如工作的质量、数量、效率等。工作反馈信息使员工对自己的工作效果有个全面的认识,能正确引导和激励员工,有利于工作精益求精。[一]

2. 基于工作职责的岗位设计

基于工作职责的岗位设计是将明确的工作目标按照工作流程的特点分解到具体岗位,但它与基于工作内容的岗位设计的区别在于,岗位的工作内容种类是复合型的,职责也比较宽泛,相应地对员工的工作能力要求也更多一些。这种设计形式的好处是岗位的工作目标和职责边界比较模糊,使员工不会拘泥于某个岗位设定的职责范围,从而有更大的发挥个人能动性的空间。在这种岗位设计形式下,企业内部的岗位管理常常采用的是"宽带"管理,即各岗位之间的等级越来越宽泛。目前国际上很多企业内部只有6个等级,各等级内各岗位的职责分工没有明确的界限,可以根据市场的变化来灵活调整企业内部各岗位所承担的具体任务。由于员工个人的工作内容不像基于任务的岗位设计那样简单明了,所以这种岗位设计形式赋予直接管理者更大的责任,由直接管理者对下属进行指导、监督和考评。这种设计形式的缺点是会因为员工的灵活性加大而造成工作成果的不确定性上升。同时,由于对员工的能

[一] 葛玉辉. 工作分析与设计 [M]. 北京:清华大学出版社,2014.

力要求高，劳动力工资成本和培训费用也会相应增加。这种岗位设计形式广泛存在于第三产业比较发达的国家，因为服务业中的许多行业高度依赖于人的能力。在这些行业中，员工的能力和工作积极性对工作任务的完成有着很大的影响，如金融、保险、证券、咨询服务等。在这些行业中，具体岗位所承担的任务在许多情况下是不确定的，所以这种岗位设计形式往往不规定一个具体的编制数，而是用一定的人力成本预算来进行控制。

3. 基于团队的岗位设计

基于团队的岗位设计是一种更加市场化、客户化的设计形式。它以为客户提供服务为中心，把企业内部相关的各个岗位组合起来形成团队进行工作。它的最大特点是能迅速回应客户，满足客户多方面的要求，同时又能克服企业内部各部门、各岗位自我封闭、各自为政的弊端。对员工来说，一个由各种技能、各个层次的人组合起来的团队，不仅可以利用集体的力量比较容易地完成任务，而且员工可以从中相互学到许多新的知识和技能，还能在企业内形成良好的团队协作氛围。显然，基于团队的岗位设计是一种比较理想的岗位设计形式。但是，这种形式对企业内部的管理协调能力要求很高，否则容易出现管理混乱的局面。目前它在国内的应用还不够普遍，更多的是在那些"项目型"公司中应用，如软件设计、咨询服务、中介服务、工程施工等。这种岗位设计形式的人员确定往往是根据客户要求的特点采取组合的方式，在人力成本方面也往往采用预算控制法。[○]

有时也存在工作满负荷的情况，每个岗位的工作量应当饱满，使有效劳动时间得到充分利用。这是改进岗位设计的一项基本任务。低负荷，必然影响成本的降低，造成人力、物力和财力的浪费；超负荷，虽有高效率，但这种效率不能长久维持，否则既影响员工的心理健康，又会加快设备的磨损。总之，在岗位分析中，应当重视对岗位工作量的分析，设计出先进合理的劳动定额和岗位定员。

此外，劳动环境也影响劳动者的工作效率，所以还要进行劳动环境的优化。劳动环境即劳动场所、工作地。劳动环境优化是指利用现代科学技术，改善劳动环境中的各种因素，使之适合劳动者的生理和心理，建立起人—机—环境的最优系统。

劳动环境优化应考虑以下因素：

（1）影响劳动环境的物质因素

1）工作地的组织。工作地的组织是要根据生产工艺要求和人体活动规律，使工作地上的劳动者、劳动工具和劳动对象的关系达到最优结合，既能方便员工操作，提高工效，又能保证环境安全卫生，使员工心情舒畅。

2）照明与色彩。适宜的照明和适度的色彩环境能给予人舒适感，有利于稳定员工的心理状态，促进工作效率的提高。

3）设备、仪表和操纵器的配置。例如，设备等的配置可以影响工作环境的舒适度、安全性和效率，可以使操作者更容易地观察、控制和调节设备，减少操作者的疲劳操作、误操作，降低事故风险。

（2）影响劳动环境的自然因素　具体包括空气、温度、湿度、噪声以及厂区绿化等因素。

○ 潘泰萍. 工作分析：基本原理、方法与实践 [M]. 上海：复旦大学出版社，2018.

由于劳动环境优化涉及的范围很广、因素很多，需要综合利用多种学科，如生理学、地理学、人体工程学、工效学、环境学等知识，才能完成优化企业劳动环境的艰巨任务。

6.2 岗位设计的原则和方法

6.2.1 岗位设计的原则

在进行岗位设计时，要遵循以下五项原则：

1. 分工与协作原则

在现代化大生产条件下，分工协作是社会发展的客观要求。因此，在岗位设计中要坚持分工与协作的原则，就是要做到分工合理、协作明确。对于每个部门和每个员工的工作内容、工作范围、相互关系协作方法等都应有明确规定。根据这一原则，首先要做好分工，解决干什么的问题，同时应注意分工的粗细要适当。另外，在分工中要强调必须尽可能按专业化的要求来设置组织结构，同时工作要有严格分工，每个员工在从事专业化工作时，应力争达到熟练的要求，并且注意分工基础上的协调配合。

2. 因事设岗原则

一般来说，某一组织设置什么岗位、设置多少岗位是由该组织的工作职能划分形式和总的工作任务量决定的。组织在设计某一工作岗位时，应尽可能使工作量达到饱和，使有限的劳动时间得到充分利用。

组织中的任何岗位都是依赖于具体的工作职能和工作量而存在的，没有具体工作内容的岗位是空洞的岗位，也是没有意义的岗位。因此，在设置工作岗位时，应以"事"（工作职能和工作任务量）为基础进行设计。因人设岗、不考虑工作负荷量的设岗，是岗位设计的最大误区。

3. 以人为本的原则

在知识经济时代，企业的竞争力越来越取决于企业所拥有的人才，即人力资源。以人为本、尊重人性，已成为企业界经营和管理的核心理念。传统的组织是一种正规化、高度集权的科层制职能化组织，组织中的人被视为机器的零部件，管理者忽视了组织人员的心理和生理的需求，从而使整个组织显得非常臃肿、沉闷。现代岗位设计要求在组织结构和运营体系中充分尊重和发挥人性，倡导人本管理，满足员工在生理、物质、精神等多方面的合理化需求。

企业实行以人为本的管理是符合时代发展和企业管理实践需要的。人本管理是以人的全面的、自在的发展为核心，创造相应的环境、条件和工作任务，以个人的自我管理为基础，以企业的共同愿景为引导的一套管理模式。它对企业的生存和发展起着决定作用。首先，对人的管理是最根本的企业管理。管理大师亨利·法约尔（Henri Fayol）认为，任何企业都存在着六种基本活动，其中对人的管理活动处于核心地位。其次，人的主动性、积极性和创造性的发挥是企业活力的源泉。由于人的聪明才智是潜藏在内部的，如果不从根本上解决人才的思想动机问题，再优秀的人才也会消极怠工、不思进取，甚至破坏工作。由此企业缺乏竞争力、丧失活力，并不是没有人才，而是没有把人的主动性、积极性和创造性调动起来。因此，只有重视对人的管理，将人置于管理过程的中心，才能为企业的发展注入生机和活力。最后，不重视以人为本是当前企业许多问题的症结所在。很多企业过分追求物质激励的作用，出现了"一切向钱看"的倾向。在企业内部，从高层主管到普通员工，大多缺乏责任感和紧迫感，成员之间相互推诿，组织内派系林立、关系疏离，甚至在工作中故意不合作或采取敌对破坏行动。这一系列问题的根本原因就主要在于企业对"以人为本"不够重视。

4. 工作环境优化原则

工作环境状况直接影响工作的效率和结果。良好的环境是保证工作顺利完成的必备条件。优化企业工作环境，为劳动者提供良好的劳动氛围，这是企业重视员工感受、关注员工需求的具体体现，同时也是企业能够实现战略目标与经营目标的前提和基础。在进行岗位设计的时候，尽量消灭工作场所的危险性，降低因从事本工作可能患职业病的概率，尽量避免让员工在高温、高湿、寒冷、粉尘、有异味或噪声等环境中工作。

优化工作环境，一方面要改善影响工作环境的物质因素，主要包括工作场所的安排，照明与色彩，以及设备、仪器和操作工具的配置等。工作场所的安排要符合生产工艺要求和人体活动规律，确保工作场所中的劳动者、劳动工具和劳动对象的关系达到最优结合。另一方面要改善影响工作环境的自然因素，如工作场所的空气、温度、湿度、噪声及绿化等。同时改进上述两方面的环境条件，既能方便员工的操作，提高工效，又能保证环境安全和卫生，使员工心情舒畅、工作状态良好。

5. 规范化与系统化原则

企业典型岗位名称的设置应与国际通行的表述方式相一致，遵循规范化原则，以加强国际交流，减少不必要的误解。虽然岗位名称只是岗位的一个代码，似乎给岗位定义为什么样的名称都无所谓，其实不然。一个好的岗位名称势必给人一种理念上的认识，同时它还能增加人们对该岗位感性上的认识。

尽管由于企业的经营性质多种多样、规模大小不一，不同企业的岗位名称自然也就千差万别，但根本不变的一条便是名称与岗位的任务、职责、职能等相匹配，名称能够基本反映一个岗位的性质。

岗位是组织系统的基本单元。虽然每个岗位都有独特的功能，但组织中任何一个岗位都不是孤立存在的，每个岗位间都存在着密不可分的联系。它们之间的相互配合度、支持度和协作关系直接影响着组织系统功能的发挥。进行岗位设计时，要满足系统化的原则。必须清楚回答以下四个问题：

1）一个岗位与其他哪些岗位之间是承接关系？怎样进行相互衔接和配合？
2）一个岗位受谁领导、监督、指挥？对谁负责？它又去监督谁？
3）一个岗位的横向与纵向工作联系网络如何？
4）一个岗位的晋升通道、职业发展路径如何？

6.2.2 岗位设计的方法

1. 激励型岗位设计法

激励型岗位设计法是一种以人际关系为主导的方法，强调的是可能会对工作承担者的心理价值及激励潜力产生影响的那些工作特征，并且它把态度变量（如工作满意度、内在激励、工作参与,以及像出勤、绩效这样的行为变量)看成是岗位设计的最重要的结果。它的理论基础是赫茨伯格的双因素理论,赫茨伯格认为,激励员工的关键并不在于金钱刺激,而在于通对工作进行重新设计来使工作变得更有意义。这一方法主要通过以下方式来实现:

(1) 工作轮换　工作轮换是指员工定期在技术水平要求相近的工作岗位上进行轮换,以减少持续在一个岗位上的枯燥感,同时也能提升员工的技能,有利于员工在此过程中找出自己的真正兴趣。这些工作一般来说是与原工作的要求差不多、技能水平差不多的工作,但也有存在一定差异的工作岗位,目的是使员工的能力得到更大的锻炼和提升。一般来说工作轮换有两种形式:一种是受训者到不同部门考察工作,但不会介入所考察部门的工作;另一种是受训者介入不同部门的工作中。

(2) 工作扩大化　工作扩大化是指通过增加工作内容,使工作本身变得更加多样化,以提高员工的工作热情。工作扩大化分为纵向工作扩大化和横向工作扩大化。纵向工作扩大化是指增加岗位的工作内容,以及增加其工作职责、权利、裁量权和自主性;横向工作扩大化是指增加属于同阶层责任的工作内容,以及增加目前包含在工作岗位中的权利。由于工作扩大化增加了员工工作的多样性和挑战性,同时免去了将产品从一个人手中交付给另一个人的程序,从而节约了时间,使员工感到工作更有意义,员工的积极性得到了一定程度的提高,从而提高了工作的效率,同时,员工的工作满意度也相应得到提高。但是,这种方法的不足主要体现在,它并没有从根本上消除造成员工不满意的缘由,而只是增加了工作的种类。

(3) 工作丰富化　工作丰富化是以员工为中心的岗位设计,其设计思路是将组织的使命与组织成员对工作的满意程度联系起来,通过对工作责任的垂直深化,增加工作任务,使得员工对计划、组织、控制及个体评价承担更多的责任,从而提高员工对工作的认同感、责任感和成就感。它不是横向地增加员工的工作内容,而是纵向垂直地增加工作内容。

通过工作丰富化的设计方法,员工可以拥有更多的工作自主权和独立性,其意识到工作的成败更多地需要依靠自己的努力和控制,因此,对于员工而言,工作具有了更重要的意义和挑战性。这也是工作丰富化的显著优势,即它改变了工作本身的内在特质,与其他常规的单一生岗位设计方法相比,能够产生更高的工作满意度,从而能够提高工作效率、降低员工的缺勤率和离职率。工作丰富化存在的不足是,在采用该方法时,需要员工掌握更多的技能,企业因此必须增加培训成本,增加整修和扩充工作的设备费,以及支付给员工更多的薪酬。[一]

2. 机械型岗位设计法

机械型岗位设计法源于古典工业工程学。与激励方法最大的不同在于,它强调要找到一种能够使效率最大化的最简单的方式来构建工作。在大多数情况下,这通常需要降低工作的复杂程度,从而提高人的效率。也就是说,让工作变得尽量简单,从而使任何人只要经过快速培训就能够很容易地完成。任务专门化、技能简单化及重复性是采用这种方法进行岗位设计的基本思路。

这种方法比较关注工作本身,而很少关心从事这项工作的人。它试图使一项工作更加便捷、容易操作,以获得更高的效率和稳定性,更容易找到从事这项工作的人,使上岗前的培训更加简单。该方法对提高工作效率做出了巨大贡献。科学管理思想是一种出现最早同时也

[一] 葛玉辉. 工作分析与设计 [M]. 北京:清华大学出版社,2014.

最为有名的应用机械型岗位设计方法的典型。科学管理首先要做的是找出完成工作的一种"最优方法"。这要进行时间-动作研究，从而找到工人在工作时可以采用的最有效的运动方式。一旦找到了完成工作的最有效方式，就根据潜在工人完成工作的能力来对他们进行甄选，同时按照完成工作的这种"最优方法"的标准来对工人进行培训。科学管理思想在随后的若干年在西方国家得到了广泛认可，这使得机械型岗位设计法一度盛行。

3. 生物型岗位设计法

生物型岗位设计法主要来源于人类工程学。人类工程学所关注的是个体心理特征与物理工作环境之间的交互界面。这种方法尽量使设施生产工具、环境等与人的工作相协调，以减少员工的生理压力和紧张感，提高员工的工作舒适度。其关注的重点是人身体的舒服和健康程度，以及工作环境的物理特性。

生物型岗位设计法如今已经被运用到对体力要求比较高的工作当中，其目的是降低某些工作的体力要求，使得每个身体状况正常的人都能够完成。此外，生物型岗位设计法还注重对机器和技术的设计。例如，通过调整计算机键盘的高度，最大限度地减少如腕部血管综合征这样的职业病。对于许多办公室工作来说，座椅和桌子的设计符合人体工作姿势，也是生物型方法运用于岗位设计时所应考虑的问题。一项研究表明，让员工参与一项生物型岗位设计计划的结果，使得累积性精神紊乱发生的次数和严重程度，损失的生产时间，以及受到限制的工作日数量，都出现了下降。尽管该类方法体现了"以人为本"的管理思想，提高了员工工作的舒适度、积极性和满意度，但是有时候不可避免地降低了生产标准，从而影响了产量的增加。

4. 直觉运动型岗位设计法

生物型岗位设计法注重的是人的身体健康环境等因素，而直觉运动型岗位设计法关注的则是人类的心理承受能力和心理局限。这种岗位设计法的目标是，在设计工作的时候，通过采取一定的方法来确保工作的要求不会超过人的心理界限。这种方法通常通过降低工作对信息加工的要求来提高工作的可靠性、安全性。在进行岗位设计的时候，设计者首先要看能力最差的员工所能够达到的能力水平，然后再按照使具有这种能力水平的人也能够完成的方式来确定工作的要求。这种方法一般也能起到降低工作认知要求的效果。该岗位设计法的优点是使出现差错发生事故、出现精神负担与压力的可能性降低，使员工在一种愉悦的心态下工作，但是容易导致较低的工作满意度和较低的激励性。[一]

阅读材料

> **编辑岗位特征及工作再设计**（节选）[二]
>
> **1. 工作扩大化设计：横向加宽，纵向加深**
>
> 这是致力于匹配岗位技能多样性的工作设计，即对工作内容进行扩展，扩大完成工作需要使用的知识范围和技能数量，从而使员工体验到更丰富的工作意义，触发有益的工作结果。其实现路径有两种：横向加宽和纵向加深。

[一] 潘泰萍. 工作分析：基本原理、方法与实践 [M]. 上海：复旦大学出版社，2018.
[二] 叶萍，张爱卿. 自我一致性视角下编辑人才与出版企业匹配策略分析 [J]. 中国出版. 2020，(19)：37-42.

（1）横向加宽　轮岗是典型的横向加宽工作扩大化设计，它让员工在相同的组织层次上，以类似的技能从一项任务周期性地转移到另一项任务，增加技能多性。编辑岗位设计应有助于轮岗或类似功能的实现，创造更多让编辑接触上下游业务和不同出版环节的机会。具体可参考以下方式：不同出版内容编辑轮岗，如娱乐类图书编辑与体育类图书编辑轮岗；不同出版平台编辑轮岗，如传统媒体编辑与新媒体编辑轮岗；不同出版环节编辑轮岗，如营销编辑与策划编辑轮岗。

（2）纵向加深　主要通过升职体现，通常表现为在业务或管理岗位职务上的提升，通过拓宽岗位职责所涉领域，扩大员工的技能范围。因此，出版企业应畅通员工晋升通道，为编辑创造有利于接触更广泛类型和更高级层次业务的机会，使其具备更加全面的专业知识和技能背景。

2. 工作丰富化设计：组合细分任务，构建工作单元

这是致力于提高任务一致性、使岗位向整体性发展的工作设计，可通过以下方式进行：组合细分任务——组合细分任务，整合岗位和环节，形成一项新的、内容更广泛的工作；构建工作单元——按照工作类型、地理位置、用户类型等划分独立的工作单元，让员工负责一个有机单元而不是某个环节。

其中，组合细分任务的典型做法是项目管理法，即通过具体项目，把系统、方法和人员结合在一起，在规定的时间、预算、目标范围内完成工作。传统媒体时期，出版是线型生产模式，各个生产环节封闭，项目管理法无法发挥优势。当前出版业态下，编辑岗位具备任务一致性特征，工作设计应能够将策划、编校、发行、营销等任务组合起来，形成具有统一目标的项目单位，同时使编辑全面负责项目计划、组织、实施、考核，构建工作单元。近年来，一些出版企业设立了新媒体产品生产研发和网络营销部门。这些部门在组织关系上与其他部门平行，但因为生产过程、出版周期、用户对象、传播规律均与传统媒体有较大差别，在实际运行中更多地被视为独立生产部门，编辑也有更多机会全面统筹，使工作朝着整体化方向发展。

3. 工作关系化设计：精准用户画像，丰富服务内容

这是致力于提高任务重要性的工作设计，即通过更好地连接员工和工作活动的受益人，使其看到他们的工作行为影响了真实的人，并产生了有形的结果，丰富了工作意义。它可经由两个路径实现：一是为用户精准画像，通过提高编辑活动受益人的清晰度、可感度，提高编辑贡献的易辨识度；二是在满足用户基本信息需求的基础上，培养、引领用户新需求，丰富服务内容。

（1）精准用户画像　大数据技术提供了使传统媒体时期高度抽象、模糊的用户群像转变为清晰个体的技术路径，帮助编辑完成了从用户群像到个体的描摹。通过分析用户的自然身份信息、社交信息、地理信息数据，用户变得"清晰可见"，编辑岗位对其影响力也就更容易识别，编辑能够体验到的工作意义更丰富。

（2）丰富服务内容　满足用户信息消费和参与信息生产的需求，是编辑岗位服务用户的基本方式。互联网技术环境下，编辑岗位工作设计一方面应有助于启发编辑从更新的角度、更深的程度、更大的范围挖掘用户信息需求；另一方面更应该着力满足用户新需求,甚至培养、引领新需求,从而深化编辑参与、影响用户的力度,增加对用户的贡献度。

4. 工作自主性设计:组织结构扁平化,开辟员工管理通道

这是致力于提高任务自主性的工作设计。任务自主性与组织结构密切相关,所以,一个实现路径是组织结构扁平化,通过减少领导层级增加自主性;另一个路径是开辟员工参与管理的绿色通道,把部分责任、权力下放给编辑,提高其责任意识,激发工作动力。

(1) 组织结构扁平化 扁平化组织结构的特点是纵向领导层级减少、管理幅度加宽、组织灵活性增强,编辑可以自主统筹出版过程,在编辑活动的时间、空间、内容上获得更大的自由度。不同媒体可采取不同路径,如报业组织强调"中央厨房"编辑架构,出版企业探索"主管社长—分社长—编辑"三级架构。

(2) 开辟员工管理通道。可探索项目制、分社制等,将部分的市场营销权、选人用人权、员工奖惩权等赋予编辑,使其有机会在不同生产环节、多个业务领域实现自主决策、自主生产、自主营销、自主评价,从而激发其工作责任感,增强工作动力,进而提高组织绩效。

5. 工作反馈性设计:外部激励公平灵活,内部激励增加内涵

这是致力于提高任务反馈性的工作设计,即通过科学、合理的反馈体系,使员工看到岗位的回馈,及时了解工作进程与工作结果。这里主要讨论以外部激励和内部激励体现的反馈,前者应提高公平性、灵活性,后者则要增加内涵和实施力度。

(1) 外部激励公平灵活 非绩效因素更容易引起员工的低薪酬满意度,因此当前应努力突出绩效,降低资历、职称等非绩效因素的比重,尤其要关注如何制定传统媒体和新媒体采编人员混编使用方案,实现"同岗同工同待遇"。另外,积极探索实施协议薪酬、专项薪酬、智力入股等浮动薪酬方案,增加薪酬的灵活性。

(2) 内部激励增加内涵 编辑岗位的内在激励主要体现在编辑荣誉上。作为编辑岗位内部激励体系的组成部分,可适当扩大荣誉奖励范围。另一个较有意义的讨论是,可在经营和技术领域申请试点编辑职业经理人制度,通过与市场通行的人才激励机制接轨,以制度形式肯定编辑岗位的市场价值,赋予编辑岗位新内涵,最大限度地激发编辑的工作动力。

6.2.3 岗位设计的程序

对于新组织来说,岗位设计是一个从无到有的过程,它是建立在企业战略定位、企业文化、组织结构等问题的基础之上的。新组织的岗位设计一般要经过三个步骤:确定所属部门的工作任务,任务的分解和细化,确定岗位及其职责,如图6-1所示。

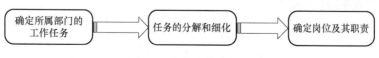

图6-1 岗位设计的程序

1. 确定所属部门的工作任务

在明确了组织系统结构、组织任务及组织机构框架的前提下，把组织的工作任务按照具体的业务流程进行分解，就确立了部门的内部结构、部门职责和部门的工作任务。一般来说，工作任务的确立是在部门职责确定的基础上进行的，但部门的划分与工作任务的确立并非有严格的先后次序。在某些情况下，甚至是先分析工作任务，再根据工作组合为各个部门。企业在具体的设计过程中不必拘泥于严格的程序，可以从企业的总体目标出发进行多方面分析，最终形成一个密切相连的有机组成部分。

2. 任务的分解和细化

确立了组织和部门的工作任务后，就要将工作任务继续分解为具体的工作。工作任务分解就是将企业的基本职能细化为独立的、可操作的、具体的、明确的业务活动的过程。在分解过程中要考虑到工作的相关性和丰富化。企业的各项职能，如生产营销、财务等，都有许多具体的工作内容需要多个员工甚至几个部门共同协作才能完成。因此，要通过工作任务进行分解，列出各项基本职能的具体工作内容，作为分派工作的依据，指定专人或某个团队、部门负责执行，其他相关部门予以协助和配合，以保证组织工作任务的顺利完成和组织目标的实现。

3. 确定岗位及其职责

有工作就有相应的岗位与之对应，部门总是要设置相应的岗位才能完成工作任务。部门需要什么样的岗位、岗位的数量、每个岗位需要多少员工来完成、岗位的体系结构等，都需要由专门设计人员加以确定。对每项工作，企业都要从性质、职责、职权、任职资格等多个方面进行综合考察和设计。[一]

6.3 企业的定岗定编

6.3.1 定岗定编概述

企业的定岗定编是指企业在既定发展战略的指导下，通过组织结构设计和职能的分解，在设置岗位的基础上确定企业的编制，进而确定执行岗位工作的具体工作人员的管理活动。企业通过定岗定编，实现各个部门事事有人做、人人有事做、岗位不重复、工作无遗漏。[二]

1. 定岗定编的特征

定岗定编与岗位设计是密切相关的，岗位确定过程本身就包括工作量的确定，也就包括了对基本的上岗人员数量和素质要求的确定。具体包括以下特征：

1）必须在企业有一定业务规模的基础上进行。
2）必须在企业业务发展方向已定的基础上进行。
3）具有一定的时效性，即有一个发生、发展的过程。
4）不仅要从数量上做好人力资源配置，而且要从质量上确定使用人员的标准，从素质结构上实现人力资源的合理配备。

[一] 潘泰萍. 工作分析：基本原理、方法与实践 [M]. 上海：复旦大学出版社，2018.
[二] 陈庆. 岗位分析与岗位评价 [M]. 北京：机械工业出版社，2011.

2. 定岗定编的实施原则

（1）以战略为导向　强调岗位与组织和流程的有机衔接，以企业的战略为导向、与提升流程的速度与效率相配合，并有明确的岗位和编制体制。

（2）以现状为基础　强调岗位对未来的适应。一方面，必须以岗位的现实状况为基础，充分考虑岗位价值发挥的基础条件；另一方面，要充分考虑组织的内外部环境的变化、组织变革与流程再造、工作方式转变等一系列变化对职位的影响和要求。

（3）以工作为中心　强调人与工作的有机融合。充分考虑任职者的职业素质与个人特点；体现职位对人的适应，处理好岗位与人之间的矛盾，实现人与职位的动态协调与有机融合。

（4）以分析为手段　强调对岗位价值链的系统思考。不是对职责、任务、业绩标准、任职资格等要素的简单罗列，而是要在分析的基础上，对岗位价值链上每个环节应发挥作用的系统思考，包括该岗位对组织的贡献、与其他岗位之间的内在关系、在流程中的位置与角色、其内在各要素之间的互动与制约关系等。

案例库

案例分析1：要强调分析各环节的紧密衔接

某企业的市场信息与价格管理岗位，其主要职责是汇总分析各业务部门、客户、竞争厂家、经销商等市场信息，进行产品定价分析并提出价格建议。岗位对人员的价格信息的分析与趋势预测以及价格制定的能力素质要求较高，在进行编制设置时，首先需要考虑配置具有相应能力素质的人，而不是配置较多偏重于信息整理与加工而缺乏分析预测能力的人。

在设计编制与设计岗位任职资格时，对企业里某类人员具有素质要求，即需要一定素质的人员才能担当的岗位，需要重点识别与分析，避免因为人员素质达不到要求而影响工作，也避免因人员素质达不到要求而通过配置更多的人员来承担工作，导致编制增加。因此，要更加强调职责分析——任职资格分析——编制分析这些分析环节的紧密衔接。

案例分析2：如何对人员进行有效的合理调配？

一家度假村式的酒店，风景宜人，服务至上，以接待具有一定社会背景的人物为主，并不以盈利作为企业的第一目标，而是以安全和高质量的服务为重。

由于其接待对象的特殊性，在接待标准上就存在不同的要求，而接待标准不同，所需要服务人员的数量也会有所不同，所需要的服务技能也会有所差别；再加上酒店有四个区域进行分区管理，而四个区域具有不同的等级标准，当接待量不同的时候，各区的忙闲程度也有所不同，对人员的技能要求也会存在一定的差别。如何将各区人员进行有效的合理调配，使得彼此忙闲程度相对差距不是太大，是餐饮部管理人员非常头疼的事情。具体问题如下：

1）接待量不均衡，人员配置存在忙时人员不足、闲时人员闲置的现象。

2）员工工作饱和度不足，但是又没有合理的数据予以体现。

3）各区工作忙闲不均，相互之间产生不公平感。

6.3.2 定岗定编的影响因素

定岗定编的影响因素可以归纳为以下四大类：

1. 战略目标

（1）发展战略目标　发展战略主要是指组织为了形成和维持竞争优势，谋求长期生存与发展，在综合分析外部环境和内部影响因素的基础上，以正确的指导思想对组织的主要发展目标、途径，以及实施的具体程序进行全面谋划。当组织选择发展战略目标时，需要选用和培养适合组织战略发展的人力资源，为变革提供保障，从而直接对定岗定编产生影响。

（2）竞争战略目标　组织的竞争战略如何确定，要根据组织所处环境与组织本身的具体情况而定，选择相应的竞争战略，提供更好的服务，获取高于平均水平的收益。与此同时，与之相对应的定岗定编数量就会受到影响。

一方面，发展战略目标与编制岗位需求成正比，当组织发展战略目标确定时，其所要求及对应的编制岗位会发生正向变化；另一方面，竞争战略目标与编制岗位需求成反比，当组织竞争战略目标确定时，其所要求及对应的编制岗位可能会发生负向变化。

2. 组织特征

组织特征主要从以下几方面进行分析：组织结构特征、人员素质特征、领导管理风格和信息共享机制。

（1）组织结构特征（扁平化程度）　扁平化管理是指通过减少管理层次、压缩职能部门和机构、裁减人员，使组织的决策层和操作层之间的层级减少，以便快速地将决策权延至操作层，从而建立起来的新型管理模式。通过扁平化组织的方式减少管理层次、减少工作人员，以最少的层级结构完成工作目标，从而对组织的定岗定编产生影响。

（2）人员素质特征　人员素质特征是指个体所应具备的一系列不同素质要素的组合，包括内在动机、知识技能、自我形象与社会角色等，可分为三个模块：自我管理模块、人际关系模块和组织管理技能模块。当个体具有较强的自我管理能力、良好的人际关系、较完善的组织管理技能时，就会对组织的定岗定编产生影响。

（3）领导管理风格　领导管理风格是指领导者的行为模式。领导者在影响他人时，会采用不同的行为模式达到目的，有时偏重于监督和控制，有时偏重于表现信任和放权，有时偏重于劝服和解释，有时偏重于鼓励和建立亲和关系。领导管理风格由两种领导行为构成：工作行为和关系行为。

（4）信息共享机制　信息共享是指不同层次、不同部门的信息系统之间，信息和信息产品的交流与共用，以便更加合理地配置资源、节约成本。那些不能获得充分信息的组织成员会对项目的设立、任务分配、自身的角色以及完成后的成就感产生怀疑，认为组织没有给予其足够的重视，从而把个人与组织分割开来，在组织中形成不良氛围。一般而言，信息共享越充分，该机制对定岗定编的影响越大。

由此，可以得出以下结论：一方面，权力差距大与编制岗位需求成正比，权力差距越大，组织层级越多，在组织管理中就需要越多的岗位与编制；另一方面，员工素质层次与编制岗位需求成反比，员工素质层次越高，其从事某项事情所需具备的知识、技巧、品质及工作能力就越强，所需的岗位与编制就越少。

3. 市场化程度

市场化程度主要从以下几个方面进行界定，并且本书认为市场化程度与岗位需求不成正比。

（1）社会化财务能力　社会化财务能力是指市场化或非市场化组织自身"造血"的机制，或者由过去单一靠国家财政拨款逐步转向多元化、多渠道筹集经费的能力。组织的社会化财务能力越强，在筹资、投资和分配上就越有自主权，会影响组织的定岗定编。

（2）人力资源市场化运作能力　人力资源市场化运作是指人力资源按照市场经济规律，在各地区、部门、单位或岗位之间合理流动，最终实现优化配置的过程。当组织能够从市场中获取所需要的人力储备时，其定岗定编的协调空间相对较大。例如，高校等事业单位的人力资源在不能突破编制总额的限制下，可以运用市场化机制或能力加以拓展，发挥市场配置的基础性作用。

（3）业务外包能力　通过实施业务外包，组织不仅可以降低经营成本，集中资源发挥自己的核心优势，更好地满足客户需求，增强市场竞争力，而且可以充分利用外部资源，弥补自身能力的不足。例如，高校或科研组织通过业务外包，可以借助外部的人力资源来弥补自身智力资源的不足，克服缺乏专业技术人员的困难。此外，组织可以精简机构，避免过度膨胀，集中人力资源，节约成本，从而直接影响定岗定编。

（4）信息化办公系统水平　信息化办公系统能提供集成处理及发布信息的工作平台，解决以往信息收集、处理和发布过程相割的问题，还能提供具有工作流程性质的处理过程和监督功能，推动部门间的高效率协作，从而直接影响组织的定岗定编。

综上，本书认为市场化程度与岗位编制需求成反比。

4. 管理（服务）对象（客户）状况

进行定编工作时，组织对总体人力资源在数量、结构及素质上的规划，使定编工作达成岗位与服务对象数量、结构及层次等方面的匹配。

（1）服务对象数量　随着组织的发展，当其服务的区域增大、项目增多时，其职能范围也会产生相应的扩展，服务的专业化、规范化要求相应提高，与之相配套的、具备现代管理与服务理念的管理人员也会随之变动，从而直接影响组织的定岗定编。当服务对象数量增加时，其编制岗位需求相应增加，即服务对象数量与编制岗位需求成正比。

（2）服务对象结构　服务对象结构的复杂化同样会影响定岗定编。以高校为例，原来高校面对的只是学生、教研人员，现在则多了一个具有博弈和合作双重属性的伙伴——与学校合作的相关社会机构。这就要求高校的服务体系做出变革，进而管理体系都需要做出相应调整，从而直接影响定岗定编。服务对象结构越复杂，其编制岗位需求则相应增加，即服务对象结构的复杂程度与编制岗位需求成正比。

（3）服务对象层次（客户质量）　服务对象层次（客户质量）也会对定岗定编产生影响。当服务对象层次较高时，要求组织中提供相应服务岗位的人员也应具备一定层次的能力素质。如果素质不匹配，仅靠增加编制数量，不能很好地完成岗位职责要求。⊖

⊖ 林新奇. 定岗定编影响因素及其作用机理 [J]. 企业管理, 2017（8）：116-118.

6.3.3 定岗定编的方法与流程

1. 定岗定编的方法

企业根据总的业务目标，确定单位时间流程中的总工作量，从而确定各岗位的人员编制。

（1）劳动效率定编法　劳动效率定编法是指根据生产任务和员工的劳动效率及出勤等因素来计算岗位人数的方法。它有利于保证企业的劳动效率，避免人浮于事的现象。这种定编方法主要适用于有劳动定额的岗位，特别是以手工操作为主的工种，因为其所需人数不受机器设备数量等因素的影响。劳动定额的基本形式有产量定额和时间定额两种。

产量定额下的计算公式为

$$\text{定编人数} = \text{计划期生产任务总量}/（\text{员工劳动定额} \times \text{出勤率}）$$

举例来说，假如企业每年需要生产零件3680000个，如果每个车工每天的产量定额为16个，年平均出勤率为92%，则车工定编人数 = 3680000/［16×（365－2×52－11）×92%］人 = 1000人。

时间定额下的计算公式为

$$\text{定编人数} = \text{计划期生产任务总量}/（\text{员工劳动定额} \times \text{出勤率}）$$

同样举例说明，如果单位产品的时间定额为0.5h，每个工作日为8h，则定编人数 = 3680000×0.5/［8×（365－2×52－11）×0.92］人 = 1000人。

（2）工作量分析法　通过工作量分析来确定岗位编制的关键在于如何准确地获取岗位的工作量。在具体实践中，可以通过工作写实来获取岗位工作量。但这种方法往往要求长时间的观察和高效率的记录，在很多企业的实践中往往难以实现，适用于岗位较少的企业。具体计算如下：

$$M = \frac{\sum(tn) + t'}{T}$$

式中　M——岗位人员数量；

　　　t——单位工作所需时间；

　　　n——工作数量；

　　　t'——休息（生理）时间；

　　　T——个体劳动时间。

还可以通过关键数据获得岗位工作量。所谓关键数据，就是目标岗位容易量化的一项或几核心工作。以其为基数进行工作量的核算，既减少了数据处理，又能确保核算工作量的相对准确性。这种方法在很多管理岗位可以应用，实现了管理岗位的工作量化。

（3）预算控制法　预算控制法是西方流行的一种定岗定编方法，它通过人工成本预算来控制在岗人数，而不是对某一部门某一岗位的具体人数做硬性规定。部门负责人对本部门的业务目标、岗位设计和员工人数负责，在获得批准的预算范围内，自行决定个岗位的具体人数。由于企业的资源总是有限的，并且是与产出密切相关的，因此，预算控制对企业各部门人数的扩充有着严格约束。

（4）业务流程分析法　首先，根据岗位工作量，确定每个岗位单个员工单位时间工作量（如单位时间产品、单位时间处理业务等）；然后，根据业务流程衔接，结合上一步骤的分析结果，确定各岗位编制人员比例。

（5）岗位定员法　岗位定员法是一种根据岗位数量和岗位工作量计算定员人数的方法，是依据总工作量和个人劳动效率计算定员人数的一种表现形式。岗位定员法有工作岗位定员和设备岗位定员两种。

1）工作岗位定员法。该方法是用于在设备开动时间内，不论生产任务是否饱满，都必须对其进行看管的情况下所采用的计算方法。看管这些设备，有的是多岗位工人共同操作，有的是单人操作。其计算公式为

$$N = \frac{\sum(\text{作业时间} + \text{布置工作地时间} + \text{准备时间} + \text{结束时间})}{\text{工作班时间} - \text{休息} - \text{生理需要时间}}$$

其中，生产工作时间是指作业时间、布置工作地时间和准备与结束时间之和；工作班时间（每班工作的正常时间）减去休息与生理需要时间，为一个工人每班应有的生产工作时间，即工作负荷量。

2）设备岗位定员。该方法是在有一定工作岗位，但没有设备或没有重要设备，又不能实行劳动定额的情况下所采用的计算方法。

设备岗位定员方法得出的都是单台设备（岗位）的班定员人数。在计算全部定员时，对于有同类设备（岗位）的，要乘以同类设备（岗位）数；对于实行多班制生产的，需要按生产班次，计算多班生产的定员；对于轮班连续生产的，还需按轮休的组织方法计算替休人员的定员；对于因缺勤所需的预备人员的定员，一般可在一个车间或工段的定员确定后统一计算，以免造成人员不定或浪费。

按设备定员：

定员人数 =（需要开动设备台数 × 每台设备开动班次）/（工人看管定额 × 出勤率）

$$M = \frac{\sum(nms)E}{K}$$

式中　M——岗位定员人数；
　　　m——岗位定员标准；
　　　n——同类岗位数；
　　　s——班次；
　　　E——轮休系数；
　　　K——出勤率。

其中，轮休系数 = 365 天 /（365 天 - 52 周 × 2 天双休 - 11 天节假日 - 年休）。

岗位定员法的适用范围为装置性生产中以看管设备为主的工种及其他看管性岗位。因为这些岗位的劳动消耗量和产品数量没有直接关系，不能实行劳动定额，人员数量不与生产任务相联系，而与看管范围、岗位责任和安全因素等密切相关。

下面来看一个例子。Column 工作班制度如下：

1）单班制：每天只组织一班生产。它有利于职工的身体健康，便于管理，但是会造成设备、厂房闲置，不能充分利用。

2）多班制：两班制、三班两运转制度、四班三运转制度、四班两运转制度。

① 两班制：机器一天运转 12h。

② 三班两运转制度：3 个班组倒班，每个班次 8 天一个循环，其中包括 2 个早班、2 个中班、2 个夜班、2 个休息，见表 6-1。具体时间为：早班 8：00—16：00；中班 16：00—24：00；夜班 24：00—8：00。第二个夜班结束后休班 2 天，然后进入下一个循环。每周工作 48h，平均一个月上班 192h（需要支付加班费）。

表 6-1 三班两运转制度

班组	第一天	第二天	第三天	第四天	第五天	第六天	第七天	第八天
1	早	早	中	中	夜	夜	休	休
2	中	中	夜	夜	休	休	早	早
3	夜	夜	休	休	早	早	中	中

③ 四班三运转制度：把全部生产运行工人分为 4 个运行班组，按照编排的顺序，3 个班组轮流一个休班，依次轮流上班，进而保证生产岗位 24h 有人值守，同时运行工人可以得到适当的休息。

具体做法为：将人员分 4 个班，每个班工作 8h，具体包括 0 点班、白班、4 点班，余下一个班休息。排班顺序为：1 班上 2 个白班、2 个 4 点班、2 个 0 点班，休息 2 天，8 天一个循环；对应 2 班上 2 个 4 点班、2 个 0 点班，休息 2 天，再上 2 个白班、2 个 4 点班、2 个 0 点班，再休息 2 天，依此类推，见表 6-2。

表 6-2 四班三运转制度

班组	第一天	第二天	第三天	第四天	第五天	第六天	第七天	第八天
1	白	白	4	4	0	0	休	休
2	4	4	0	0	休	休	白	白
3	0	0	休	休	白	白	4	4
4	休	休	白	白	4	4	0	0

具体方式有以下几种：一种方式是每班只连续上 2 天，8 天中休息 2 天，即上 2 个早班、2 个中班、2 个夜班，然后休息两天；另一种方式是每班上 1 天，即上 1 个早班，休息 24h，第二天上中班，下了中班，24h 后再上夜班；还有一种方式是每班连续上 3 天，即白班、中班和夜班各上 3 天，然后休息 3 天。

④ 四班两运转制度：每个班次 4 天一个循环，其中包括 1 个白班、1 个夜班、2 个休班，见表 6-3。具体时间为：白班早 8：00—20：00，夜班 20：00—次日 8：00。白班结束后休班 24h，夜班结束后休班 48h，然后进入下一个循环。每周工作 42h，平均一个月上班 180h，符合国家法律法规（不需要支付加班费）。

（6）比例定员法　这是一种依据相关人员之间的比例关系来计算确定员额的方法。如果某类人员的数量是随着职工总数或另一类人员总数的增减而增减的，就可找出他们之间的变化规律，确定他们之间的比例关系，则这种比例关系便具有标准的性质，可以作为计算定员的依据。

表 6-3 四班两运转制度

班组	第一天	第二天	第三天	第四天	第五天	第六天	第七天	第八天
1	白	夜	休	休	白	夜	休	休
2	夜	休	休	白	夜	休	休	白
3	休	休	白	夜	休	休	白	夜
4	休	白	夜	休	休	白	夜	休

计算方法：按职工总数或某一类人员总数和比例定员标准来计算定员人数。其计算公式为

$$定员人数 = a\, 职工总数（或某一类人员总数）$$

式中　a——比例定员标准。

适用条件：必须确定所要定员的这类人员同职工总数或另一类人员总数之间是否切实具有客观的比例关系。

比例定员法的使用范围：主要适用于确定定员人数随职工总数或某一类人员总数成比例增减变化的工作岗位的定员，如某些管理人员的定员或服务性单位的定员。某些生产工人的定员也可使用此方法。其中，业务数据包括销售收入、利润、市场占有率、人力成本。根据企业的历史数据（业务数据/人）和战略目标，确定企业在未来一定时期内的岗位人数；根据企业的历史数据及企业发展目标，确定企业短期、中期、长期的员工编制；根据企业的历史数据，将员工数量与业务数据进行回归分析，得到回归分析方程；根据企业短期、中期、长期的业务发展目标数据，确定人员编制。

2. 定岗定编的流程

企业在进行定岗定编时，可以按照如图 6-2 所示的操作流程。

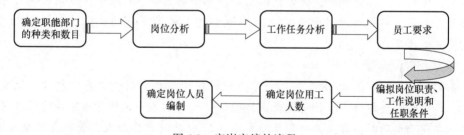

图 6-2　定岗定编的流程

（1）确定职能部门的种类和数目　根据企业规模目标市场定位，与企业决策层共同设计并确定企业职能部门的种类和数目。

（2）岗位分析

1）将每个职能部门的工作划分为几种工作性质不同的岗位。

2）确定每个职能部门中的岗位种类。

（3）工作任务分析

1）将每个工作任务进一步细分为不可再分的工作元素。

2）描述每个工作任务。

(4) 员工要求

1) 根据工作任务和工作元素确定每个岗位的工作负荷量。

2) 根据工作任务和工作元素分析确定每个岗位对员工各方面的要求。

(5) 编拟岗位职责、工作说明和任职条件 根据岗位分析、工作任务分析和员工要求，编拟每个岗位的职责、工作说明和任职条件。

(6) 确定岗位用工人数

1) 确定每个岗位在同一个工作时间段中需要的员工数目。

2) 确定每个岗位每天平均所需员工总数。

(7) 确定岗位人员编制

1) 由各部门经理拟定所在部门各岗位所需人员编制，上报部门总监或分管副总批准。

2) 各部门岗位人员编制报人力资源部审核后，由企业执行总经理批准。

3) 营运部门如需增加部门经理及以上岗位编制，最终需报企业管理层批准。

案例库

案例分析：A 公司定岗定编方案[一]

1. 案例背景

A 公司是我国电力机车的主要研制生产基地之一，主要产品为电力机车、城轨车辆、轨道工程车辆、制动系统等。公司现有员工万余名，资产总额几十亿元，先后通过了 ISO 9001 质量管理体系、ISO 14001 环境管理体系和 OSHMS 职业安全健康管理体系认证。随着国家经济体制和企业管理体制改革的不断深入，企业面临日趋激烈的市场竞争，A 公司认为定岗定编是为进一步规范职位及人员配置标准、提升组织和个人工作效率、有效降低运行成本、防范企业经营风险、提升精细化管理水平的重要手段之一，是适应新形势下的必要选择。于是，A 公司聘请专业的北京华恒智信人力资源顾问公司（简称华恒智信）实施定岗定编项目。

2. 现状问题及分析

华恒智信专家组深入现场调研，对 A 公司的组织结构、岗位职责、制度、流程、信息数据、各层级人员访谈、工作量模板设计验证、工作写实、工作量核定等方面进行了分析研究。在现场调研时，各生产部门需要加人、职能部门需要加人、管理部门需要加人，几乎所有部门都觉得人员紧缺，按原管理模式和人岗量，该公司需要大幅增人，而随之可能带来的是增人、增量、不增效益的局面。华恒智信专家组经过分析研究认为，A 公司现在存在以下问题：

1) 人均饱和度普遍不高。经分析，人均饱和度平均在 70%~80%，是有一个合并减编、调整编制的基础的。

2) 实际生产过程中，忙闲严重不均衡，有的部门极忙，有的部门极闲。

[一] 资料来源：https://eduai.baidu.com/view/26dd379376eeaeaad1f33064。

3) 影响人员编制的因素中除了饱和度以外，还有就是生产不均衡下，一些配套设施不到位，如管理不配套、技术不配套、供应不配套等。

因此，华恒智信专家组针对 A 公司的实际，采取分层分类的定岗定编方式，而不是采用单一的方法。例如，对有的单位侧重编制调整，有的是定岗优化，有的是合理组织合并，有的是改变工作方式（用人方式），有的是调整工作频次，有的是加强工作力度，有的增加相应职能等。职能部门重点在定岗，生产部门重点在定编，这是管理特点所在。

3. 定岗定编方案

华恒智信专家组在定岗定编过程中对岗位进行分类：第一类为直接生产类；第二类为职能保障类；第三类为工程技术类；第四类为辅助生产类；第五类为经营管理类，共五大类，每类都有突出特点。每类人员的定岗定编的方案如下：

(1) 直接生产类　根据 A 公司的实际，分析研究影响生产人员定岗定编的主要因素，包括产量（含返工、更改生产量）、单件工件生产工作量、等待时间、人员技能、工装设备等配套措施。

根据机械制造生产量，分别得出各工序工件、组合件的生产量，由单个工件生产时间，加准备时间、作业宽放时间、休息宽放时间及等待时间，得出员工工作饱和度而进行人员编制的确定。

某阶段机械设备生产量×单台机械设备各工序工件量×单件工件生产工作量＋
该工序返工量＝各工序某阶段生产工作量

各工序某阶段工件生产时间＋准备时间＋各类等待时间＝该工序某阶段工作时间总和
由此得出各工序人员编制。

华恒智信专家组还建议该公司，引入定额制模拟考核、人均劳产率、人均劳动定额对生产部门进行管理。生产部门是动态定编，人员编制数量是生产部门的初步约定，不是结果定编，在生产任务变化时可以加编或减编。通过这次进行的工作量梳理、人员分工方式调整、一专多能使用等，有的部门产量已有较大提升，做到人员编制科学、合理。

(2) 职能保障类　通过分析 A 公司职能保障人员定岗定编因素，发现以下问题：领导干部对下级人员的分工不清晰；管理不够精细化，缺少具体关键时间的约定，该检查的没检查，该监督的没监督；人员技能不能胜任新的发展需要；高效工具方法没有引入，ERP 系统没有充分利用；重复打电话和召开会议，采用大量电话、会议沟通，浪费时间。

职能保障类人员定编的影响因素有很多方面，但如何进行职能保障类人员工作量量化分析，华恒智信专家组自主研发了职能保障类人员工作量量化评估工具，以时间和频次为要点，对日常工作量和阶段性工作量分别核算，从而最终确定出该岗位的工作饱和度情况，并结合其他因素核定人员编制。量化工具科学合理、公平公正，各部门在人员使用和调剂上已得到充分利用，得到该公司的高度评价。

(3) 工程技术类　华恒智信专家组根据 A 公司工程技术部门的特点，设计了新型的技术人员量化评价方法。研发设计项目分为前期调研及投标前技术交流、投标、合同谈判、方案设计、技术设计、施工设计、生产配合、用户培训、技术支持等阶段，对每个阶段花费的时间进行约定，作为基本工作量。当多个项目并行时，分别处于项目的不同阶段，得出当时那个阶段多少人，引入量化评价工具，科学地对技术人员进行定编。

华恒智信专家组根据 A 公司研发部门的实际情况建议如下：

1) 实行项目管理制。明确项目权利，包括项目策划、组织实施、团队协调、资源安排、团队辅导、团队考核、项目控制、成果验收、定期汇报及反馈等；设定指标，包括项目进度、项目成本控制、项目质量控制、客户满意度、项目技术文件资料、项目知识产权、项目安全管理等。丰富项目管理的评价和方式，将评价人和评价事两者相结合。

2) 引入优秀的任职资格制度。对技术人员的能力等级进行合理划分，让"能人"干"能人"的事情，"辅助"干"辅助"的事，提高工作效率，建立分享平台。

(4) 辅助生产类　华恒智信专家组根据现场调研发现，A 公司的辅助生产类人员的定编影响因素主要有生产任务量，排班方式和工作分工，工作地理位置，特殊工作时间，设备、工装、工具的使用，员工技能和一专多能的实现等。辅助生产类不同的岗位采用不同定编方式。

华恒智信专家组对该公司的辅助生产类人员建议如下：

1) 加强一专多能培养。一方面，辅助岗位一专多能，岗位职能合并、兼并，相应提高工作饱和度；另一方面，一专多能，实现由辅助服务的对象兼职，减少等待时间，提高工作效率，减少用工成本。例如，天车工在高空操作时间利用效率较低，但又必须配置相应人员。如由天车起吊改为地面起吊，对生产一线人员进行天车操作培训，取得"天车操作证"，这样可大幅减少天车工，同时提高生产一线人员的工作效率。

2) 尽量采用外包制，如对非技术性岗位、值守类岗位、纯体力岗位等实行外包制。

3) 采用辅助设备、工具、工装取代人工方式，大幅减少用工。

(5) 经营管理类　影响经营管理人员定岗定编的主要因素有企业战略、组织结构、管理幅度、信息化程度、信息传递速度、决策速度、各类人员数量等。

华恒智信家组针对现场情况提出了一系列建议：

1) 丰富管理者职能，明确上下级的各种责任关系。在调查研究中，特别是在生产、相关单位职能人员中，部门壁垒较严重，有很多工作在重复做，在资源整合、信息共享方面亟待提高。

2) 经营管理类人员定岗定编过程中，不是简单地依据工作饱和度，而是用工作组织结构调节，在组织结构上进行完善。经营管理类人员应在工作规范和工作标准上进行梳理，促进绩效的提升。

3) 整体来讲，管理责任不够清晰，日常、月度责任不够清晰，责权利不对等，对管理人员的考核和约束不足。

4) 管理人员的各项职能中，检查、督查、抽查职能欠缺，平常做的多是应急性工作，前置性分析和决策工作较少，推脱工作事情较多，事后等待救火性的居多，不是预案型解决问题方式。要建立真正的职业化管理平台，管理人员应通过业绩考核、管理考核、能力考核三个方面考核提高管理岗位的整体素质，为管理产生绩效奠定良好的管理基础。

5) 精细化、标准化不够，组织分工精细化、岗位规范精细化、制度流程精细化需要进一步加强。例如监督检查工作，有的部门虽有规定职能人员监督检查，但哪项工作由谁查、检查什么、检查方法标准是什么、什么时间查、在什么地方查、检查频次、检查出的问题纠正预防措施是什么，以及由谁整改等均不够精细，有待进一步完善。

4. 总结

华恒智信专家团队在几个月深入现场访谈、培训、写实、考察、分析等工作的基础上，系统地对各类岗位进行梳理，科学地进行定岗定编工作。根据公司发展战略、公司发展现状、组织结构、部门职能与岗位、人员素质状况、人员编制现状、编制调整目标、部门管理规范等，以及各岗位、部门、单位特点进行分层分类定岗定编，为 A 公司进一步规范职位及人员配置标准，提升组织和个人工作效率，降低人工成本，防范企业经营风险，提升企业竞争力，实施基础管理提升奠定了坚实基础。定岗定编方案在企业实现了顺利有效的落地，得到了该公司管理者的高度认同和肯定。由此可见，科学合理的定岗定编是企业实现基业长青的必要基础。

本章总结

本章主要介绍了岗位设计方面的内容。受数字化迅猛发展的影响，企业的转型对员工的工作完成度有了更高的要求，只采用静态稳定的管理方式会约束员工的潜在能力，并且无法更大限度地激发员工的工作积极性。所以，岗位设计的存在一定程度上使员工能够更完美地匹配工作、提高工作效率。本章介绍了定岗定编的定义、流程等内容，帮助企业设计流程确定企业岗位用工人数，使企业的岗位设计更加完善。

本章习题

1. 岗位设计的定义及主要内容是什么？
2. 岗位设计的原则和方法有哪些？
3. 定岗定编的特征是什么？
4. 定岗定编的影响因素有什么？
5. 已知某医院检验科的工作内容、检测项目和所需时间见表 6-4 和表 6-5。

表 6-4　工作内容和所需时间

项　目	时间/min	每日次数（次）
定标	30	1
质控	45	2
取血	3	428
分血、分单子	10	428
离心	10	8.56
上机、扫条码	10	428
维护机器（倒水、上杯子、倒废物）	5	10
审核结果	2	428
清洗机械	60	1

表 6-5 检测项目和所需时间

检测项目	机器检验得出结果所需时间/min	年完成次数（次）
CA199	60	592
CA125	60	676
LCG	45	1012

请计算：

（1）该检验科需要多少人员？

（2）该检验科需要多少岗位？

（3）各岗位各需要多少人？

6. 某生产现场有 3 台生产机器，根据行业测定，该生产机器每台平均需要 5 个人，该车间实行三班倒（三班轮休制 7/6[①]），替班人员为每 5 人一个替班。已知该车间的平均月出勤率是 98%，请计算该车间的人员数量和月均工作量。

7. 某车间某工种计划明年生产甲产品 100 台、乙产品 500 台、丙产品 250 台，其单台工时定额分别为 20h、30h、40h。计划期内定额完成率为 105%，出勤率为 90%，废品率为 8%，则该车间该工种的总定员数为多少？

---

① 这是一种轮班制，是指每个班组在 7 天内上 6 天班，然后休息 1 天，再换下一个班组。

第 7 章 数字化岗位评价

学习目标和知识点

1. 了解岗位评价的基本概念和价值。
2. 熟悉岗位评价的方法和适用条件。
3. 了解岗位评价的指标的定义与要素。
4. 掌握岗位评价的操作流程。

导言

岗位分析是企业开展人力资源管理工作的基础。在进行岗位分析之后,企业通常需要确定一个岗位的价值,这不仅是管理者掌握各个岗位在企业中重要程度的要求,也是员工了解自己在企业中位置的客观需求。那么,究竟如何确定一个岗位在企业中的价值?对不同岗位之间的贡献价值如何进行比较?如果一个财务主管与一个市场主管相比,谁在企业中的地位更高呢?相应地,谁应该获得更高的报酬呢?对这些问题的回答都依赖于岗位评价。通过岗位评价可以确定各个岗位的级别,从而确定工资级别、福利标准、决策权限等,它使每位员工相信,不同岗位的价值反映了其对企业的贡献。

案例库

案例分析:A 公司的价值评价体系,我们应该这样学(节选)[一]

许多企业都在对标 A 公司,但其中鲜有学到精髓、学到点子上的。在讨论怎么学 A 公司之前,我先来谈谈 A 公司人力资源管理的特色,谈谈其做得最出彩的地方。从它的

[一] 彭剑锋,吴青阳. 华为的价值评价体系,我们应该这样学 [J]. 中国人力资源开发,2014(6):14-20.

整个发展史和整个人力资源体系建设来看，我个人认为A公司的人力资源管理有以下显著的特点：

1. 构建了利益分享的机制

A公司董事长是一个人性管理大师。他首先是舍得让利，承认人力资本对剩余价值的索取权，满足了员工对利益的内在需求，让公司86%的员工拥有公司98%的利益分享权，真正把人力资源当成资本。什么是资本？资本就是可以分享利润。A公司承认人力资本对剩余价值的所有权，也创造了一套基于人力资本的利益分享机制，让人才有合伙人的感觉和利益共同体的实惠。当年一批硕士、博士涌到A公司，今天其仍能够吸纳、留住、激励这么多人才，主要就是靠这套利益分享机制。这套机制让这些人先形成利益共同体，再形成事业共同体，随着工作时间的增加，又逐渐形成命运共同体。

2. 明确了价值分配的依据

老板不仅要舍得给钱，更要明确给钱的依据。许多老板舍得让利，但没有明确给钱的依据，所以虽然给钱不少，员工仍会抱怨。因为员工会觉得钱给得不公正，没有客观标准，缺乏依据。A公司董事长第一是真舍得分钱，第二是懂得怎么科学地分钱，分得大家心服口服。

其实在A公司的制度出台之前，我们和当时主管人力资源的副总一起研究利益分享的顶层设计思路，当时就画出了一张表，提出了价值创造、价值评价、价值分配三要素和三者之间的联动关系。其中，价值创造要解决的是"谁是企业价值创造的主导要素"这个问题，即整个人力资源管理和待遇要向哪些人倾斜；价值评价要解决的是分钱的依据问题，即有哪些分配标准和要素；价值分配则是解决"如何依据价值评价来进行分配"，即分配形式与内容的问题。

在这三个要素中，价值评价是最核心的，也是最难的一个要素。价值评价是一个世界级难题，而A公司这些年一直致力于解决这个世界难题。考核一直是其非常重视的一部分，事实上，A公司是先有考评部后有人力资源部的，这也是它的一个特色。后来在讨论过程中，我们明确了A公司价值评价的四要素：岗位价值评估、能力价值评估、绩效价值评估和劳动态度评估。

后来，A公司又请国外咨询公司进入，结合自己的探索，最终形成了四套相应的价值评价的系统方法。其中最先引进的是岗位价值评估。当时采用的是国外的海氏法，然后引进了英国的国家职业资格标准NVQ（National Vocational Qualification，国家职业资格证书），并首先在秘书系统中尝试建立任职资格体系——这也引出了对能力价值评估的探索。绩效价值评估最早采用KPI，后来又引入了IBM的PBC绩效体系，并结合综合平衡计分卡的战略地图，构建战略绩效管理系统。现在发展到今天，A公司还建立了价值观认同评估和劳动态度评估体系。

我认为，其实A公司的人力资源系统中，做得最好的就是评价体系，这是其核心能力之一。给不给钱，给多少钱，标准不是来自领导个人的好恶、由领导说了算，而是把一切工作都拿出来评价，让评价结果说了算。评价标准、评价程序及评价规则是经过公开讨论并达成共识后确定下来的。建立起这种客观公正的评价体系后，价值分配就有了依据：

> 涨工资主要靠岗位价值评价；职务晋升主要依据任职资格评行及劳动态度评价；发奖金主要依据业绩评价；配股权的数量主要综合考虑岗位价值、绩效贡献、发展潜力及价值观认同等评价结果。
>
> 这样一来，价值分配有依据且形式多样，就可以减少员工的抱怨，化解分配上的矛盾，让制度和规则去约束人，让制度和机制去激励人。可以说，A公司评价体系的关键，第一是舍得分钱给大家，第二就是分得有依据，让人感觉公平、公正，从而分得有效。

7.1 岗位评价概述

7.1.1 岗位评价的基本概念

岗位评价是依据工作分析的结果，按照一定标准，对工作的性质、难度、责任、复杂性及所需资格条件等关键因素的程度差异进行综合评价的活动，是对组织各类岗位工作的抽象化、定量化与价值化的过程。岗位评价的主要目标是确定职位等级，建立科学、公平、公正的职位管理机制，一般用于薪酬设计。工作评价、岗位评价和职位评价是人力资源管理实践中意义相近的三个术语，尽管存在一些区别，但在有些情况下，这三个概念是相通的，本章不再做细究与区分。在把握岗位评价概念的过程中，应该注意它的两个基本特征：

1) 岗位评价的核心是"事"而非人。评价虽然也会涉及员工，但它是以岗位为对象，以岗位所担负的工作任务或者职责为对象进行的客观比较和定位，是以工作者的工作技能、工作责任、工作强度和工作条件等关键因素为内容进行的一种评价活动。也就是说，岗位评价是围绕工作本身及工作要求展开的，其内容具有客观性，与工作者的态度、能力等主观因素无关。在实践中，这种特征表现为：一是做同样工作的员工应领取同样的工资；二是岗位评价只与岗位工作有关，与该岗位上员工的业绩无关。

2) 岗位评价所衡量的是组织中各类职位或者岗位的相对价值，而不是绝对价值。也就是说，岗位评价一般是根据各岗位的重要性、困难程度等因素来确定它们之间的相对关系，把价值相似的岗位归为一类，然后确定岗位等级层次，而不是直接用货币进行衡量。岗位评价得出的是该岗位的分数或者等级，而不会直接得出各岗位的货币价值或者薪资。薪资的最后确定以分数或者薪点为基础，再结合组织状况及薪资调查情况。○

7.1.2 岗位评价的特点

1) 岗位评价以企业劳动者的生产岗位为评价对象。岗位评价的中心是客观存在的"事"，而不是现有的人员。以"人"为对象的评比、衡量、估价，属于人事考核或员工素质测评的范畴。岗位评价虽然也会涉及员工，但它是以岗位为对象的，即以岗位所担负的工

○ 萧鸣政. 工作分析的方法与技术 [M]. 4版. 北京：中国人民大学出版社，2014.

作任务为对象所进行的客观评比和估价。岗位的"事"是客观存在的,是企业工作的一个组成部分。

2)岗位评价是对企业各类岗位的相对价值进行衡量的过程。在岗位评价的过程中,根据事先规定的、比较系统的、能够全面反映岗位现象本质的岗位评价指标体系,对岗位的主要影响因素逐一进行评比、估价,由此得出各个岗位的量值。这样,各个岗位之间就有了对比的基础。

3)岗位评价需要运用多种技术和方法。要准确评价企业中每一个岗位的价值并不是一件容易的事情。岗位评价需要综合运用劳动组织、劳动心理、劳动卫生、环境监测、数理统计知识和计算机技术,选用科学的评价方法,才能对多个因素进行准确的评定或测定,最终做出科学评价。[一]

7.1.3 岗位评价的目的

岗位评价有两个基本目的:一是完成对各工作职位的比较,决定这些职位在其职类中的相对价值水平,也就是在相同职类内进行纵向比较,排列出先后顺序。这对于人员晋升、职业生涯规划和人员开发有着重要的意义。二是对隶属不同职类的职位进行比较,即比较职类 1 中 A 职位与职类 2 中 B 职位的相对价值,是一种跨职类的比较。这种比较在组织规模较大且存在不同职类时会应用到。在同一个工作系列和同一个职类内对岗位进行排序相对容易,在不同职类间进行岗位比较则复杂得多。在人力资源管理实践中,岗位评价不仅要找到某一职类内全部工作的排序,还要找到不同职类间不同职位相对价值的差异。岗位评价一般通过将所有职位进行比较与排序来达到这一目的。

在岗位评价基本目的的基础上,可以进一步确定岗位评价的具体目的。

1)为建立内部客观公正、外部公平合理的薪酬结构提供基础。在组织内部应该着眼于维护公平,实现真正的薪酬与贡献挂钩;在组织外部则应该着眼于为员工提供有比较优势的薪酬,吸引优秀人才。

2)为建立和谐的劳资关系提供科学基础。企业要通过岗位评价纠正由于员工压力、人际关系、机会、组织习惯等导致的薪资不公平现象,提供一个基于工作价值创造、贡献与分配的等级框架,并据此建立起一种公平的薪资支付结构。这主要是为了协调组织内部关系,缓和冲突,改善组织薪资支付结构中的不合理因素。

不合理的薪资差异会带来矛盾,岗位评价就是为了解决这些矛盾而产生的。它通过一系列弹性规则和程序来构造适当的工作差异,维持合理的职位等级,使组织的薪资体系既能在内部协调,又具有外部竞争力。

3)为处在不断变化环境中的岗位工作提供客观的评价结果。目前组织中的岗位工作一直处于变化之中,因此,确定岗位等级,保证岗位工作之间的关系公平、有序、合理,取得管理层与员工之间的一致认同,理顺管理关系,改善组织管理,是岗位评价的主要目的之一。

4)为员工关于薪资问题提供诉讼程序和反映意见的渠道。处理员工抱怨,降低员工对

[一] 陈庆. 岗位分析与岗位评价 [M]. 北京: 机械工业出版社, 2011.

报酬的不满意度,是人力资源管理的主要任务之一。岗位评价在客观上应该为员工表达自己对组织的薪酬体制、劳资关系及组织工作环境等的意见提供一个行之有效的途径。要通过岗位评价,把信息从基层向高层反馈和传递,使管理者及时发现薪资管理中的问题并做出相应调整。

5) 为人员晋升、奖励以及薪资决策和薪资谈判等工作提供科学依据。通过岗位评价,应该为部门主管提供不同岗位工作的价值区别与差异情况,拓展组织的管理信息来源,为人员职位晋升、奖金分配及薪资谈判等管理工作提供科学依据。

7.1.4 岗位评价的实施角度

岗位评价可以从内部比较和外部市场两个角度来实施。

1. 内部比较

所谓内部比较,是将岗位评价看作对工作内容和贡献的衡量和比较问题,以找到它们对于组织的相对价值,得到的结果是一个职位价值的排列顺序。它侧重于客观、公正、严格的评价方法和评价程序操作,以员工的心理接受和价值评价为准绳。

2. 外部市场

外部市场则是从经济的角度来看,主要考虑岗位劳动对社会的贡献程度与市场劳动力的价格之间的关系。劳动力的市场价格主要是由供求关系决定的,供过于求则劳动力价格低,供不应求则劳动力价格高。组织只能在有限的范围内进行调整。因此,外部市场侧重于依靠市场薪资调查来决定岗位工作的价值。

任何一个具体的组织,其岗位评价实际上就是在这两者之间寻求一个平衡。[一]

7.1.5 岗位评价的原则

岗位评价是一项技术性强、涉及面广、工作量大的活动。也就是说,这项活动不仅需要大量的人力、物力和财力,而且还要用到许多学科的专业技术知识,牵涉很多部门和单位。为了保证各项工作的顺利开展,提高岗位评价的科学性、合理性和可靠性,在具体应用中应该遵循以下原则:

1. 系统原则

所谓系统,就是由相互作用和相互依赖的若干既有区别又相互依存的因素构成的、具有特定功能的有机整体。其中各个因素也可以构成子系统,而子系统本身又从属于一个更大的系统。系统的基本特征是整体性、目的性、相关性和环境适应性。岗位评价是一个系统工程,由评价指标、评价标准、评价技术方法和数据处理等若干个子系统组成。

2. 实用性原则

岗位评价必须从目前企业生产和管理的实际出发,选择能促进企业生产和管理工作发展的评价因素,尤其要选择目前企业劳动管理基础工作需要的评价因素,使评价结果能直接应用于企业劳动管理实践中,特别是要能直接应用于企业劳动组织、劳动保护等基础管理工作,以及工资奖金、福利等薪酬制度,以提高岗位评价的实用价值。

[一] 萧鸣政. 工作分析的方法与技术 [M]. 4版. 北京:中国人民大学出版社,2014.

3. 标准化原则

标准化是现代科学管理的重要手段，是提高管理规范性的重要途径，也是国家的一项重要技术经济政策。标准化的作用在于能统一技术要求，保证工作质量，提高工作效率，减少劳动成本。为了保证评价工作的规范化和评价结果的可比性，提高评价工作的科学性和工作效率，岗位评价也必须标准化。岗位评价的标准化就是对衡量劳动者所耗费的劳动量大小的依据，以及岗位评价的技术方法，以特定的程序或形式做出统一规定，在规定范围内作为评价工作中共同遵守的准则和依据。岗位评价的标准化具体表现在评价指标的统一性，即各评价指标统一评价标准、评价技术方法统一规定、数据处理统一流程等方面。

4. 能级对应原则

在管理系统中，各种管理功能是不相同的。根据管理的功能把管理系统分成若干级别，把相应的管理内容和管理者分配到相应的级别中各占其位、各显其能，这就是管理的能级对应原则。一个工作能级的大小是由它在组织中的工作性质、难易程度、责任大小、任务轻重、在组织中的重要性以及对组织的贡献大小等因素所决定的。功能大的岗位，能级就高；反之就低。各种工作有不同的能级，人也有各种不同的才能。现代科学化管理必须使具有相应才能的人处于相应的能级岗位，做到人尽其才、各尽所能。一般来说，一个组织中的管理能级层次必须具有稳定的组织形态。稳定的管理结构应是正三角形。对于任何一个完整的管理系统而言，管理三角形一般可分为四个层次，即决策层、管理层、执行层和操作层。这四个层次承担的使命不同，在组织中的地位不同，因而对应的权力、物质利益和精神荣誉不同，且这种对应是一种动态的能级对应。只有这样，企业才能获得最佳管理效率和经济效益。

5. 优化原则

所谓优化，就是按照规定的目的，在一定的约束条件下寻求最佳方案。上至国家、地区，下至组织、企业、个人，都要讲究最优化发展。企业在现有的社会环境中生存，都有自己的发展条件，只要充分利用自身条件，每个工作岗位、每个员工都会得到最快的发展，整个企业也将得到最佳发展。因此，优化原则对于岗位评价来说，不仅要体现在岗位评价因素选择上，还要反映在岗位评价的具体方法和步骤上，甚至落实到具体的每个员工身上[一]。

7.1.6 岗位评价的作用

岗位评价对于一个企业组织来说非常重要。透明化的岗位评价标准便于员工理解企业的价值标准是什么，以及该怎样努力才能达到更高级别的岗位。岗位评价中提供的信息为确定人力资源招聘条件、培训技术标准等各种人力资源管理活动提供了依据；岗位评价的结果为企业薪酬的内部均衡提供了依据。岗位评价的作用具体地讲有以下几个方面：

1. 确定岗位级别的手段

岗位级别常常被企业作为划分工资级别、福利标准、出差待遇、行政权限等标准的依据，甚至被作为内部股权分配的依据。岗位评价是确定岗位价值大小，进而确定岗位级别的最佳手段。

[一] 潘泰萍. 工作分析：基本原理、方法与实践 [M]. 上海：复旦大学出版社，2018.

2. 薪酬分配的基础

在工资结构中，很多公司都有"岗位工资"这个项目。通过岗位评价可以测量出企业各个岗位的相对价值，在此基础上形成企业的薪酬支付体系。这样，企业内部的岗位之间就建立起了一种联系：一方面可以引导员工朝着更高的工作效率努力；另一方面，当企业有新的岗位时，可以为该岗位找到较为恰当的薪酬标准。

岗位评价解决的是薪酬的内部公平性问题。它使员工相信：每一个岗位的价值都反映了其对企业的真实贡献；使员工和员工之间、管理者和员工之间对薪酬的看法趋于一致，并且都满意；使各类工作与其对应的薪酬相适应。

3. 宽带薪酬设计的必要前提

宽带薪酬是目前较为流行的一种薪酬设计方式。宽带薪酬是指对多个薪酬等级及薪酬变动范围进行重新组合，从而变成只有相对较少的薪酬等级及相应的较宽薪酬变动范围。宽带薪酬的"带"如何形成，"带"有多宽，离开岗位的分级列档是难以办到的；而岗位的分级列档，离开岗位评价又是难以保证客观、公平的。因此，岗位评价构成了企业设计宽带薪酬的一个不可或缺的环节与前提。○

4. 人力资源决策的基础

岗位评价可以提供直观的评价结果。岗位评价所使用的职位说明书，对岗位工作的性质、特征，以及担任岗位工作的人员应具备的资格、条件等都做了详细的说明和规定，据此可以通过对工作进行科学的定量评价，以量值表现岗位特征，可以直观地反映岗位价值，为招募甄选、岗位管理、绩效考评等人力资源决策提供参考。○

5. 制订人力资源规划的参考

在制订人力资源规划的过程中，需要获得关于组织内部各个岗位对专业、知识、能力、经验要求等方面的信息，保障在组织内部有足够多的人员满足战略规划的要求，如职位对员工的任职资格要求、职位在组织中的位置、组织有多少职位、这些职位目前的人员配备能否满足职位的要求、今后几年内工作将发生哪些变化、各部门的人员结构应做什么样的调整、今后几年组织人员增长趋势如何等。这些问题的解决均需要从一定程度上依赖职位评价结果。因此，只有职位评价环的节工作做扎实了，才有可能正确制订组织人力资源规划。○

7.2　岗位评价的方法

常用的岗位评价方法包括以下几种：

7.2.1　排序法

1. 排序法的定义

排序法也称序列法或部门重要次序法，是工作评价中使用较早的一种较为简单的评价方

○ 陈庆. 岗位分析与岗位评价 [M]. 北京：机械工业出版社. 2011.
○ 萧鸣政. 工作分析的方法与技术 [M]. 4版. 北京：中国人民大学出版社，2014.
○ 潘泰萍. 工作分析：基本原理、方法与实践 [M]. 上海：复旦大学出版社，2018.

法，同时也是最易于理解的。它是指由经过培训的有经验的评价者，依据对工作所承担的责任、困难程度等基本情况的了解，比较每两个职位之间的级别关系，从而对各职位的重要性做出判断，并根据职位的相对价值大小，按升值或降值顺序排列来确定职位等级的一种工作评价方法。应当注意的是，简单排序法将工作视为一个整体考虑。㊀

2. 排序法的操作步骤

排序法的操作具体可分为五个步骤，如图 7-1 所示。

图 7-1　排序法的操作步骤

（1）准备工作职位资料　对工作进行系统的分级是排序法的主要内容，要以职务说明书、资格说明书和工作说明书及其分析资料为基础。如果没有这些资料，则需要先做好工作分析工作。这是因为排序法的应用是以评价人员对工作职位的熟悉为前提的，他们不可能一开始就熟悉各职位的工作任务或者职责。即使评价人员自认为熟悉职位情况，也需要首先仔细研读工作说明书等相关资料，这样最后才有可能把它们分成相应的等级。

（2）选择评价人员　由于评价人员的决定性作用，其选择十分关键。需要选择一组管理部门和员工双方都能认可的人员组成工作评价委员会，其成员既有管理部门推荐的人员，也有员工代表。他们应该接受有关评价方法的培训，消除个人偏见，同时也要对各职位工作进行一般性的了解。排序法在小型组织中运用比较方便，而在大型组织机构中，要选择符合要求的人员则较困难。同时，在大型机构中，排序法对各部门内部较低层次职位的评价比较容易，一旦涉及部门之间工作职位的比较和评价，就比较困难了。

（3）制定评价标准　在实际运用中，排序法一般依靠内部力量来完成评价，因此评价人员同时也是担任某一职位的人员。应该注意克服因本位主义造成的个人偏见，保证评价人员对全部工作职位评价的公正与公平。这就需要制定评价标准来规范评价行为。主要做法就是选择一组能够客观把握的评价因素，可以包括工作难度、工作责任等，这需要在工作职位资料的基础上进行选择。

（4）实施职位分级　在实践中，可以采用卡片法、纸板法、配对比较排序法、轮流排序法等方法对各个职位进行对比，区分各个职位的等级。

（5）形成职位序列　工作评价的最终结果是形成所有职位的等级顺序，即职位序列。由于分级是由一组评价人员相对独立地完成的，为了确定最终的职位等级顺序，需要把全部评价人员的评价结果按照某种计算方法综合到一起，然后根据综合分数进行比较。

3. 排序法的分类

为了避免单一评价人对岗位认知的局限性，必须加入多组评价人员对岗位进行独立评

㊀　潘泰萍. 工作分析：基本原理、方法与实践［M］. 上海：复旦大学出版社，2018.

价，然后再进行评分汇总。

（1）简单排序法　简单排序法是组织成员依靠在工作中积累的经验，通过主观判断的方法，对工作的相对价值进行排序。简单排序法的操作要点在于不断地进行两两比较，在每一轮比较中，都把好的选出来，然后再与其他的岗位进行比较，直至把最有价值的岗位选出来，然后再在剩下的岗位中重复此操作。

（2）交替排序法　交替排序法是简单排序法的进一步延伸。可以依据以下操作步骤进行：①评价者先在所有职位中判断出价值最高的一个，并将职位名称写在另一页纸的第一行，然后将原来那页纸上的工作名称划掉；②再判断所有职位中价值最低的一个，同样将它的职位名称从原来那页纸上划掉，将职位名称写在另一页纸上的最后一行；③依法效仿，再从剩下的职位中选出价值最高的职位和最低的职位，整个过程一直持续到所有职位都进行了排序为止。

（3）配对比较排序法　相对于简单排序法，配对比较排序法执行效率比较高；相对于交替排序法，配对比较排序法则容易清楚地判断岗位之间的价值次序。配对比较排序法主要通过岗位在表格中的列示，把第一个岗位与其余岗位进行逐一比较，并根据其岗位相对价值进行评分。如果横行岗位上与竖行岗位相比价值高，则给 2 分；如果价值相当，则给 1 分；如果相比价值较低，则给 0 分。表 7-1 给出了配对比较排序法的应用例子。

表 7-1　配对比较排序法示例

岗位名称	人事专员	财务专员	销售专员	秘书	内勤管理员	总分
人事专员	—	0	0	2	2	4
财务专员	2	—	0	2	2	6
销售专员	2	2	—	2	2	8
秘书	0	0	0	—	2	2
内勤管理员	0	0	0	0	—	0

经配对比较后，根据总分进行排序，见表 7-2。

表 7-2　岗位相对价值排序

总分	岗位名称	工作相对价值次序	总分	岗位名称	工作相对价值次序
8	销售专员	1	2	秘书	4
6	财务专员	2	0	内勤管理员	5
4	人事专员	3			

4. 排序法的优缺点

排序法是依据工作复杂程度等总体指标对每个岗位的相对价值予以排序的工作评价方法。其程序是获取岗位信息，选择等级参照物并对岗位分等，选择报酬因素，对岗位进行排序，综合排序结构。

（1）排序法的优点

1) 在理论上与计算上简单易行,因而可以很快地建立起一个新的职位等级。

2) 由于每个职位是作为一个整体进行比较的,不需要对各工作任务加以分解定级,因此操作较为简单,只要是对所评价职位较熟悉的人都可以参加。因此,这种方法容易在职位数量不多的单位中获得相当满意的评价结果。

3) 排序法虽然不是很精确,但操作简单,特别适合小型组织或部门内部的职位评价。一般来讲,如果评价者能够通过日常的工作熟悉他们要评价的工作内容,那么这种方法就可以提供符合实际的职位等级。

(2) 排序法的缺点

1) 只确定职位的序列,而不能确定所排序的职位之间的相对价值。因为排序法基本采用非解析的整体价值比较法,因此,它一般不需要将工作内容划分为若干评价因素进行比较,也就是无法描述被比较的职位之间的差异程度。因此,对于某些相对价值比较接近的职位,虽然可以用排序法进行区分,但可能由于评价者的主观性因素,只能定性地对职位价值进行说明或解释,而不能提供更加量化的指标作为比较依据,因此,评价结果不具有说服力。例如,同一组织中,总监和助理的职位价值可以很容易地进行排序,但总监与助理的价值比率是多少,则难以用排序法做出回答。由于这一缺点,职位等级和薪酬标准不可避免地要受到评价者个人品质的影响。

2) 不易找到熟悉所有职位的评价者,各评价者的评定结果有时差异很大,容易产生误差。

3) 在规模较大的组织中使用很耗时费力,因为所需比较的次数将随着所要评价的职位数的增加而成倍增长。㊀

7.2.2 岗位分类法

1. 岗位分类法的定义

所谓岗位分类法,就是通过制定一套岗位级别标准,将岗位职责与岗位级别标准进行比对,并归到各个级别中去。岗位分类法好像一个多层的书架,每一层都代表着一个等级,而每个岗位则好像是一本书。目标是将这些书按不同的价值分配到书架的各个层次上去,这样就可以看到不同价值的岗位分布情况。因此,需要建立一个很好的书架,也就是一套很好的岗位级别标准。如果这个标准建立得不合理,那么就可能会出现书架中有的层次挤满了很多书,而有的层次则没有书,这样挤在一起的书就很难被区分开来。

岗位分类法的关键是建立一个岗位级别体系。建立岗位级别体系包括确定等级的数量,以及为每一个等级建立定义与描述。等级的数量没有特别的限制,只要按需设定,并且便于操作、能够有效区分岗位即可;为每一个等级建立定义与描述要依据一定的因素进行,这些因素可以根据组织的需要来选定。㊀

岗位分类的基本要求是:根据系统性原则,按照工作岗位的业务性质对岗位进行横向归类;岗位分类的结构要合理;岗位分类的依据是客观存在的"事";岗位分类反映了岗位工作诸因素上的差别;岗位分类一般是静态分类。

㊀ 潘泰萍. 工作分析:基本原理、方法与实践 [M]. 上海:复旦大学出版社,2018.

2. 岗位分类法的操作步骤

岗位分类法具体可分为四个步骤，如图 7-2 所示。

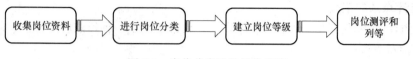

图 7-2　岗位分类法的操作步骤

（1）收集岗位资料　为了划分职位的等级，必须掌握需要评价的每一个职位的详细资料。这些资料需要事先准备好，包括有关职位的工作任务和责任的说明材料。在评价因素确定之后，还要准备有关这些评价因素的说明材料。

（2）进行岗位分类　首先，可以按照生产经营过程中各类岗位的作用和特征，将全部岗位划分为若干个大类，如管理工作类、事务工作类、技术工作类和营销工作类等；其次，在划分大类的基础上，进一步按每一大类中各种岗位的性质和特性，将每一大类岗位划分为若干种类；最后，根据每一种类岗位性质的显著特征，将岗位划分为若干小类。

（3）建立岗位等级　第一，根据岗位工作繁简及难易程度、责任大小、任职资格条件等因素，对同一小类中的工作划分出不同等级，一般最少分为 5~7 级，最多可以分为 11~17 级；第二，对职位等级在职责权限、技术要求、智力要求、脑力和体力耗费程度、需要的培训和经验、工作环境等方面做出明确的界定。

（4）岗位测评和列等　等级标准确定以后，就可以根据这些标准对岗位进行测评和列等。将工作说明书与等级标准逐个进行比较，将工作岗位列入相应级别，从而评定出不同系统、不同岗位之间的相对价值，最终形成企业岗位价值等级结构。

3. 岗位分类法的优缺点

岗位分类是现代人事分类的一种类型，主要是对各种职位进行分类，划分为若干种类和等级，以便对从事不同性质工作的人员用不同的要求和方法管理，对同类同级的人员用统一的标准管理，以实现人事管理的科学化，做到"适才适所"，劳动报酬公平合理。

（1）岗位分类法的优点

1）相对来说比较简单，所需经费、人员和时间也相对较少。在工作内容不太复杂的部门，这种方法能在较短的时间内取得满意的结果。

2）由于等级标准都参照了制定因素，其结果比排列法更准确、更客观。当出现新的工作或工作发生变动时，按照等级标准很容易确定其等级。

3）由于等级的数量以及等级与组织结构之间的相应关系在各个工作列等之前已经确定下来，因此，采用岗位分类法分出的等级结构能如实反映组织结构的情况。

4）应用起来比较灵活，适应性强，为劳资双方通过谈判解决争端留有余地。

（2）岗位分类法的缺点

1）由于确定等级标准存在困难，导致对不同系统的岗位评比存在着相当强的主观性，从而容易产生许多难以定论的争议。

2）由于等级标准常常是知道分类结果之后才能被确定，从而影响了评定结果，使其准确性较差。

7.2.3 因素计点法

1. 因素计点法的定义

因素计点法简称计点法,又称因素评分法、点数法,是一种目前应用广泛、较为精确和复杂的岗位评价方法。

因素计点法就是选取若干关键性的薪酬因素,并对每个因素的不同水平进行界定,同时给各个水平赋予一定的分值,这个分值也称作"点数",然后按照这些关键的薪酬因素对岗位进行评价,得到每个岗位的总点数,以此决定岗位的薪酬水平。

2. 因素计点法的操作步骤

因素计点法的操作步骤如图 7-3 所示。

图 7-3 因素计点法的操作步骤

(1) 确定要评价的职族 因为不同部门的岗位差别很大,通常不会使用一种点值评定方案来评价组织中所有的岗位。因此,第一步通常是划分职族,如行政岗位、销售岗位等,对每个职族,委员会一般要制定一种方案。

(2) 收集岗位信息 包括岗位分析、制定岗位描述和岗位说明书。

(3) 工作因素分类 可以把工作因素分为个人条件、工作类别、工作环境和工作责任;也可以分为智能、责任、体能和工作环境。分类后,根据需要将这些因素随工种进行划分,取出包括高、中、低三个工资层次的 10~15 个工种,求出各类因素比重的平均差。例如,在美国一些行业中,个人条件占 40%,工作类别和工作环境各占 15%,工作责任占 30%,见表 7-3。

表 7-3 工作因素及其分类

工作因素		占比	占比合计
个人条件	专业知识	10%	40%
	工作熟练期	10%	
	技术	10%	
	主动性和灵活性	10%	
工作类别	脑力强度	5%	15%
	体力强度	10%	
工作环境	工作场所	10%	15%
	危险性	5%	
工作责任	材料消耗和产品生产	10%	30%
	设备使用、保养	10%	
	他人安全	5%	
	其他工作	5%	

（4）因素分级与点数配置　将工作因素分为五个等级，将 500 个点置于各等级工作因素中，见表 7-4。在运用点数时，要力求对评价因素的定义清晰、简明，每一等级的分级界限也要清楚划分。

表 7-4　工作因素分级与点数配置

工作因素		5 级	4 级	3 级	2 级	1 级
个人条件	专业知识（10%）	50	40	30	20	10
	工作熟练期（10%）	50	40	30	20	10
	技术（10%）	50	40	30	20	10
	主动性和灵活性（10%）	50	40	30	20	10
工作类别	脑力强度（5%）	25	20	15	10	5
	体力强度（10%）	50	40	30	20	10
工作环境	工作场所（10%）	50	40	30	20	10
	危险性（5%）	25	20	15	10	5
工作责任	材料消耗和产品上产（10%）	50	40	30	20	10
	设备使用、保养（10%）	50	40	30	20	10
	他人安全（5%）	25	20	15	10	5
	其他工作（5%）	25	20	15	10	5

（5）工作定义及分组　企业对每一个工种的工作内容都要有详细具体的规定，并形成文字和说明书，包括应完成的工作操作机器类型、体力及脑力劳动的程度、工作环境、工作潜在危险及劳动保护等。内容越详尽、具体，分级偏差越少，评价越明确。

（6）工作等级与点数配置　根据因素计点法中点数的计算原则，点数相同的工作者工资报酬相同，因此，必须对不同级别的工作值加以区分。例如，将满分定为 500 点，将工作值分为 10 个等份，等份之差均为 25 点，点数越少者，等级越低，第一等为 149 点以下，第十等为 357 点以上，见表 7-5。对工作因素的分类、分级、点数评定的最终目的，是评定出该项工作完成后可以获得多少报酬和工资收入。有两种薪酬收入的分配方式：一种是确定工作等级和点数之后制定相应的工资率，按级别决定每项工作的工资；另一种是经过市场调查以后获得市场工资率，然后决定每项工作的货币工资额。其中，后一种方式比较先进，也比较合理，但实施起来难度较大，成本较高。

表 7-5　工作等级的点数分布

等级	点数	等级	点数
1	149 以下	6	254～279
2	150～175	7	280～305
3	176～201	8	306～331
4	202～227	9	332～357
5	228～253	10	357 以上

(7) 编写岗位评价指导手册　制定岗位点值方案的最后一步是编写"点值指南"或"岗位评价指导手册"。这一步是把各因素及其等级的定义、点值汇编成一本便于使用的指导手册。

7.2.4　多元回归法

1. 多元回归法的定义

20世纪80年代以来，随着计算机的普及和各种应用软件的开发推广，使用计算机进行工作评价更流行、更节约、更简单，采用复杂的方法来设计工作评价模型更加普遍。多元回归法就是用来建立工作评价因素和市场薪资水平之间联系的一种评价技术。

相关回归分析是一种用于分析两个或多个变量的统计技术，通过分析得到的信息可以估算自变量在特定水平上因变量的对应值。这样，通过相关回归就可能估算出在不同工作评价因素水平（自变量）上职位的价值（因变量）。

这种相关回归职位评价的方法之所以产生，是因为人们需要一种能够把市场标志性的薪资与内部的工作价值结合在一起进行综合性评价的方法。这种方法围绕着两个核心过程：一个是以市场为基础、有代表性的标杆职位序列；另一个是能够设计捕捉到多种工作因素信息的封闭性问卷。

2. 多元回归法的操作步骤

（1）建立标杆职位　多元回归法建立的是以市场为基础的标杆职位等级。从相关回归模型中选取一些标杆职位，并根据市场价值对它们进行排序，根据每个职位在等级中的位置，赋予其一个价值（可能是工资数、薪点数或工作等级）。这种价值将作为因变量用于相关回归分析。

（2）设计封闭式问卷　为了使工作信息标准化，易于分析，要采用封闭式的工作信息问卷。问卷必须能捕捉到对职位评价非常重要的工作因素与信息。在大多数情况下，这些因素包含关键因素和核心信息，如决策制定、工作知识和管理责任等。然而，由于数据要用计算机处理，这种方法要使用比其他一般因素系统更多的因素，甚至经常包括一些其他–因素系统中所没有的非典型因素，如顾客服务、团队参与、使用不同的装备等。

（3）开发回归模型　我们可以得到一系列数据，这些数据源于对标杆职位问卷的答案（自变量）及标杆职位价值（因变量）。第一步是要使每个自变量（问卷中每个问题的答案）与因变量（工作价值）的预测关系最大化。问卷数据可以转化，以形成更好的匹配关系。可能的转化包括：①重新确定每个问题之间的尺度，如将尺度由1、2、3、4变为1.5、2、2.5、3；②进行答案的联机存取；③对答案进行平方处理；④结合多个问题的答案，通过加法或乘法进行综合。确切的转化方法应该由每个问题答案的数据模型分析决定。

（4）进行回归分析　通过使用标准的相关回归统计程序，可以得到自变量与因变量的"最佳匹配"，可以用一个方程来描述这个最佳匹配：它能使因变量的实际价值与自变量预测出的价值之间的平均差异最小。方程形式为

$$Y = a + b_1X_1 + b_2X_2 + b_3X_3 + \cdots + b_nX_n$$

式中　Y——职位价值；

X——第 n 个问题的答案；

a——常量；

b——通过回归方程赋予第 *n* 个问题的权重或斜率。

这个方程中数据的匹配程度可以通过以下统计量来衡量：

1）标准差：衡量预测价值与实际价值的偏差，它与因变量的单位一致（即职位等级分数）。

2）相关系数：自变量变化导致因变量的变化程度。

如果一个模型数据足够匹配，那么它的相关系数应大于 0.90，标准差也应该小于一个定值（可根据组织对精确度的要求设定）。

通常，相关回归方程不包括远离线的点，或者说是预测价值与实际价值偏差很大的点。对于这些远离线的点，数据要重新检查，必要时要予以改正，然后重复上述过程，形成一个新的回归方程。

一旦回归分析完成，相关回归方程就可以依据问卷答案的结果估算职位的价值。模型的覆盖范围取决于模型所使用的数据范围，比最高标杆职位更高的价值和比最低标杆职位更低的价值都不在预测的范围之内。

相关回归方程也可以设计为程序，可以很容易地根据问卷答案预测出非标杆工作的价值。[一]

7.2.5 海氏评价系统

1. 海氏评价系统简介

海氏评价系统是点数法和因素比较法的一个很好结合。它是由美国薪酬专家艾德华·海（Edward Hay）于 1951 年开发的一套工作评价体系，特别适合对管理类和专业技术类工作职位进行评价。实际上，海氏工作评价系统也是一种点数方法。它与点数法的主要区别在于，海氏工作评价系统所使用的评价因素是确定的。该系统认为有三种应该给予评价的因素：技能、解决问题的能力和风险责任。其中，技能包括三个子因素，解决问题的能力包括两个子因素，风险责任包括三个子因素。但是，在工作评价过程中只确定技能、解决问题的能力和风险责任的点数，因此，这三种因素也被称为海氏因素。

2. 海氏评价系统的评价因素

（1）技能（KH） 技能水平即要使工作绩效达到可接受的水平所需要的专门业务知识及其相应的实际运作技能的总和。这些知识和技能可能是技术性、专业性或行政管理性的。这一因素包含三个子因素。

1）专业知识技能：有关科学知识、专门技术和实际方法，用来反映对工作承担者的教育背景和工作经验的要求。

2）管理诀窍：为达到要求绩效水平而需要的计划、组织、执行、控制、评估的能力和技巧。

3）人际技巧：该职位所需要的沟通、协调、激励、培训、关系处理等方面的活动技巧。

[一] 萧鸣政. 工作分析的方法与技术 [M]. 4 版. 北京：中国人民大学出版社，2014.

这三个子因素的分级配点见表7-6。

表7-6 技能因素的分级配点

专业知识技能	管理诀窍														
	起码的			有关的			多样的			广博的			全面的		
	人际技巧														
	基本的	重要的	关键的	基本的	重要的	关键的	基本的	重要的	关键的	基本的	重要的	关键的	基本的	重要的	关键的
基本水平	50	57	66	66	76	87	87	100	115	115	132	152	152	175	200
	75	66	76	76	87	100	100	115	132	132	152	175	175	200	230
	66	76	87	87	100	115	115	132	152	152	175	200	200	230	264
初等业务水平	66	76	87	87	100	115	115	132	152	152	175	200	200	230	264
	76	87	100	100	115	132	132	152	175	175	200	230	230	264	304
	87	100	115	115	132	152	152	175	200	200	230	264	264	304	350
中等业务水平	87	100	115	115	132	152	152	175	200	200	230	264	264	304	350
	100	115	132	132	152	175	175	200	230	230	264	304	304	350	400
	115	132	152	152	175	200	200	230	264	264	304	350	350	400	460
高等业务水平	115	132	152	152	175	200	200	230	264	264	304	350	350	400	460
	132	152	175	175	200	230	230	264	304	304	350	400	400	460	528
	152	175	200	200	230	264	264	304	350	350	400	460	460	528	608
基本业务水平	152	175	200	200	230	264	264	304	350	350	400	460	460	528	608
	175	200	230	230	264	304	304	350	400	400	460	528	528	608	700
	200	230	264	264	304	350	350	400	460	460	528	608	608	700	800
熟练专业技术	200	230	264	264	304	350	350	400	460	460	528	608	608	700	800
	230	264	304	304	350	400	400	460	528	528	608	700	700	800	920
	264	304	350	350	400	460	460	528	608	608	700	800	800	920	1056
精通专业技术	264	304	350	350	400	460	460	528	608	608	700	800	800	920	1056
	304	350	400	400	460	528	528	608	700	700	800	920	920	1056	1261
	350	400	460	460	528	608	608	700	800	800	920	1056	1056	1261	1400
权威专业技术	350	400	460	460	528	608	608	700	800	800	920	1056	1056	1261	1400
	400	460	528	528	608	700	700	800	920	920	1056	1261	1261	1400	1600
	460	528	608	608	700	800	800	920	1056	1056	1261	1400	1400	1600	1840

（2）解决问题的能力（PS） 解决问题的能力是指在工作中发现问题、分析诊断问题、提出对策、权衡和评估、做出决策等的能力。它由两个子因素组成：

1）思维环境：任职者在何种思维环境中解决问题。

2）思维难度：解决问题对任职者创造性思维的要求。

由于人的思维不可能凭空产生，而必须以事实、原理和方法作为原材料，即人必须以其已经知道的一切进行思考，即使是最具创造性的工作也是如此。因此，解决问题的能力是用人对技能技巧的利用率来衡量的，用一个百分数来表示。解决问题的能力因素的分级配点见表7-7。

表 7-7　解决问题的能力因素的分级配点

思维环境	思维难度				
	重复性的	模式化的	中间型的	适应型的	无先例的
高度常规性的	10~12	14~16	19~22	25~29	33~38
常规性的	12~14	16~19	22~25	29~33	38~43
半常规性的	14~16	19~22	25~29	33~38	43~50
标准化的	16~19	22~25	29~33	38~43	50~57
明确规定的	19~22	25~29	33~38	43~50	57~66
广泛规定的	22~25	29~33	38~43	50~57	66~76
一般规定的	25~29	33~38	43~50	57~66	76~87
抽象规定的	29~33	38~43	50~57	66~76	87~100

（3）风险责任（AC）　职位的风险责任主要是指任职者的行动对最终结果可能造成的影响及其承担责任的大小。该因素共由三个子因素构成：

1）行动的自由度：任职者自主地采取行动的程度。
2）对工作结果的影响：任职者的行动对工作结果的影响是直接的还是间接的。
3）财务责任：财务上能决定对多大金额的运用。

风险责任因素的分级配点见表 7-8。

表 7-8　风险责任因素的分级配点

财务责任	大小等级	微小				少量				中量				大量			
	金额范围	2万（含）元以下				2万~10万（含）元				10万~100万（含）元				100万元以上			
对工作结果的影响		间接		直接		间接		直接		间接		直接		间接		直接	
		后勤	辅助	分摊	主要	后勤	辅助	分摊	主要	后勤	辅助	分摊	主要	后勤	辅助	分摊	主要
行动的自由度	有规定的	10	14	19	25	14	19	25	33	19	25	33	43	25	33	43	57
		12	16	22	29	16	22	29	38	22	29	38	50	29	38	50	66
		14	19	25	33	19	25	33	43	25	33	43	57	33	43	57	76
	受控制的	16	22	29	38	22	29	38	50	29	38	50	66	38	50	66	87
		19	25	33	43	25	33	43	57	33	43	57	76	43	57	76	100
		22	29	38	50	29	38	50	66	38	50	66	87	50	66	87	115
	标准化的	25	33	43	57	33	43	57	76	43	57	76	100	57	76	100	132
		29	38	50	66	38	50	66	87	50	66	87	115	66	87	115	152
		33	43	57	76	43	57	76	100	57	76	100	132	76	100	132	175
	一般性规范的	38	50	66	87	50	66	87	115	66	87	115	152	87	115	152	200
		43	57	76	100	57	76	100	132	76	100	132	175	100	132	175	230
		50	66	87	115	66	87	115	152	87	115	152	200	115	152	200	264

(续)

财务责任	大小等级	微小				少量				中量				大量			
	金额范围	2万（含）元以下				2万~10万（含）元				10万~100万（含）元				100万元以上			
对工作结果的影响		间接		直接		间接		直接		间接		直接		间接		直接	
		后勤	辅助	分摊	主要	后勤	辅助	分摊	主要	后勤	辅助	分摊	主要	后勤	辅助	分摊	主要
行动的自由度	有指导的	57	76	100	132	76	100	132	175	100	132	175	230	132	175	230	304
		66	87	115	152	87	115	152	200	115	152	200	264	152	200	264	350
		76	100	132	175	100	132	175	230	132	175	230	304	175	230	304	400
	方向性指导的	87	115	152	200	115	152	200	264	152	200	264	350	200	264	350	460
		100	132	175	230	132	175	230	304	175	230	304	400	230	304	400	528
		115	152	200	264	152	200	264	350	200	264	350	460	264	350	460	608
	广泛性指引的	132	175	230	304	175	230	304	400	230	304	400	528	304	400	528	700
		152	200	264	350	200	264	350	460	264	350	460	608	350	460	608	800
		175	230	304	400	230	304	400	528	304	400	528	700	400	528	700	920
	战略性指引的	200	264	350	460	264	350	460	608	350	460	608	800	460	608	800	1056
		230	304	400	528	304	400	528	700	400	528	700	920	528	700	920	1216
		264	350	460	608	350	460	608	800	460	608	800	1056	608	800	1056	1400
	一般性无指引的	304	400	528	700	400	528	700	920	528	700	920	1216	700	920	1216	1600
		350	460	608	800	460	608	800	1056	608	800	1056	1400	800	1056	1400	1840
		400	528	700	920	528	700	920	1216	700	920	1216	1600	920	1216	1600	2112

3. 海氏评价系统的操作步骤

海氏评价系统的具体操作可分为四个步骤，如图 7-4 所示。

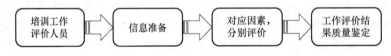

图 7-4　海氏评价系统的操作步骤

（1）培训工作评价人员　由于海氏评价系统是一种比较复杂的工作评价方法，工作评价人员必须在具体操作之前了解该方法的基本原理和使用技巧。尤其是对那些首次接触该方法的人员，更应该加大培训力度，防止在操作过程中因为对方法的误解造成结果偏差和时间浪费。培训的主要内容是了解图表和薪酬支付因素的具体内容。

（2）信息准备　主要是通过职位说明书等文字资料，深入了解工作内容、工作要求、工作规范等信息；通过访谈，了解企业对任职者绩效水平和工作安排的满意程度，以及任职者的思想动态。

（3）对应因素，分别评价　前面已经讲到，海氏评价系统把薪酬支付因素分为三类，而每种因素又可以再次细分，每个因素又分为若干等级。这一阶段的主要工作就是根据因素要求分解工作，将工作与各因素的具体描述进行对照，由评价者选出最符合工作内容的等级。具体来讲，需要评估专业技能、管理技能、人际关系能力、思维环境、思维难度、行为自由度、工作重要性和影响力等因素，按照因素给出每项工作的单项得分，最后整合得出工作评价成绩。

（4）工作评价结果质量鉴定　在得到初步的工作评价结果后，还必须运用一些质量检查技术，确保评价结果的质量。这里一般不需要对所有结果进行检查，做一定的抽样检查即可。常用的方法有三种：①剖析法，通过判别工作特点来检验评价结果质量；②对比法，通过对比职位功能与级别来进行结果检验；③总分排序法，对所有职位按照总分由高至低的顺序排列，挑选得分与排序情况不符的职位进行检查。在进行检验和调整后，就可以得出最终的评价结果。㊀

7.2.6　因素比较法

1. 因素比较法的定义

因素比较法是从因素计点法衍生而来的，简称比较法。它也是按因素对岗位进行分析和排序。它与因素计点法的主要区别在于，各因素的权数不是事先确定的。因素比较法先选定岗位的主要影响因素，然后将工资额合理分解，使之与各影响因素相匹配，最后再根据工资数额的多寡决定岗位的高低。

2. 因素比较法的操作步骤

1）先从全部岗位中选出15~20个主要岗位，其所得到的劳动报酬（工资总额）应是公平合理的（必须是大多数人认可的）。

2）选定各岗位共有的影响因素作为评价的基础。一般包括以下五项：
① 智力条件，包括记忆力、理解力、判断力、受教育程度、专业知识、基础常识等。
② 技能，包括工作技能和本岗位所需要的特殊的技能。
③ 责任，包括对人的安全，对财物、现金、资料、档案、技术情报保管和保守机密的责任，以及对他人的监督或他人对自己的监督。
④ 身体条件，包括体质、体力、运动能力，如持久性、变动性、运动速度等。
⑤ 工作环境和劳动条件，如工作地的温度、湿度、通风、光线、噪声等。

3）将每一个主要岗位的每个影响因素分别加以比较，按程度的高低进行排序。其排序方法与前面介绍的排序法完全一致。

例如，某公司办事机构中的主要岗位有：A. 会计；B. 出纳；C. 文书；D. 司机；E. 勤杂工。

可分别按上述五项条件对该五个岗位一一进行评定排序，见表7-9。

表7-9　岗位评定排序

智力条件平均序数	1	2	3	4	5
岗　　位	A	B	C	D	E

4）评定小组应对每一岗位的工资总额，经过认真协调，按上述五种影响因素分解，找

㊀ 萧鸣政. 工作分析的方法与技术［M］. 4版. 北京：中国人民大学出版社，2014.

出对应的工资份额，其排序见表7-10。

表7-10 工资份额排序

（每月） 岗位工资	智力条件		技 能		责 任		身体条件		工作环境	
	序号	工资额 （元）	序号	工资额 （元）	序号	工资额 （元）	序号	工资额 （元）	序号	工资额 （元）
A（125）	1	32	1	26	2	36	4	16	3	15
B（110）	2	21	2	20	1	40	5	15	4	14
C（100）	3	18	3	22	4	26	3	17	2	17
D（105）	4	9	4	23	3	28	2	19	1	26
E（65）	5	5	5	5	5	9	1	20	1	26

5）找企业中尚未进行评定的其他岗位，与现有的已评定完毕的主要岗位对比，某岗位的某因素与哪一主要岗位的某因素相近，就按相近条件的岗位工资分配计算工资，累计后就是本岗位的工资。例如，C 经过比较后，得到结果见表7-11。

表7-11 工资分配表

智力条件	C 与 B 相似	按 B 岗位智力条件工资额应为21元
技 能	C 与 D 相似	按 D 岗位技能条件工资额应为23元
责 任	C 与 A 相似	按 A 岗位责任工资额应为36元
身体条件	C 与 B 相似	按 B 岗位身体条件工资额应为15元
工作环境	C 与 B 相似	按 B 岗位工作环境工资额应为14元

最后将各项结果相加，则 21 + 23 + 36 + 15 + 14 = 109（元）。

当各个岗位的月工资总额确定以后，按其价值归级列等，编制岗位系列等级表。

3. 因素比较法的优缺点

1）本方法的优点是：富有一定的弹性，进行评定时，所选定的影响因素较少，各因素均无上限，这就避免了重复，扩大了适用范围；由于本方法是先确定主要岗位的系列等级，然后以此为基础，再分别对其他各类岗位进行评定，使得本方法简便易行，大大减少了工作量。

2）本方法的主要缺点是：各影响因素的相对价值在总价值中所占的百分比完全是靠评定人员的直接判断确定的，这必然会影响评定的精确度；由于作为对比基础的主要岗位的工资额只是过去的或现行的标准，随着生产的发展及职工劳动生产率水平的提高，特别是消费品价格的波动，企业总要适当增加职工的工资，为了保证岗位评价的正确性，在增加工资时，应给所有的岗位增加相同百分比的工资。

7.3 岗位评价指标

7.3.1 岗位评价指标的定义

岗位评价指标是根据工作评价的要求，将影响工作的各因素指标化后的结果。一般而言，指标是指标名称与指标数值的统一。指标名称概括了事物的性质；指标数值反映了事物的数量特征。岗位评价指标是从目前企业管理的现状和需求出发，通过对岗位劳动的具体分析，将影响工作岗位的主要因素分解成若干个指标。

7.3.2 岗位评价指标的主要因素

岗位评价指标可综合归纳为劳动责任、劳动技能、劳动环境、劳动强度和劳动心理等几个主要因素。

1. 劳动责任

劳动责任是生产岗位在劳动中对经济（产量、质量）、生产（设备、消耗）、安全和管理方面承担的责任，主要反映了岗位劳动者的智力付出和心理状态。

劳动责任包括质量责任、产量责任、管理责任、安全责任、消耗责任和看管责任六个指标。其中，生产岗位对最终产品的质量承担的责任大小为质量责任；生产岗位对最终产品的产量承担的责任大小为产量责任；生产岗位在指导、协调、分配、考核等管理工作上的责任大小为管理责任；生产岗位对整个生产过程的安全生产承担的责任为安全责任；生产岗位的物质消耗对生产成本影响的程度和承担的责任为消耗责任；生产岗位对所看管的生产设备承担的责任以及对整个生产过程的影响程度为看管责任。

2. 劳动技能

劳动技能是指岗位在生产过程中对劳动者素质方面的要求，主要反映岗位对劳动者智能要求的程度。它包括技术知识要求、操作复杂程度、看管设备复杂程度、品种质量难易程度处理和预防事故复杂程度五个指标。具体而言，分别是：生产岗位的知识文化水平和技术等级要求；生产岗位的作业复杂程度和掌握操作所需的时间长短；生产岗位使用的生产设备的复杂程度及看管设备所需的经验和技术；知识生产岗位生产的产品品种、规格和质量要求对技能水平的要求；生产岗位突发事故的频率及生产岗位能迅速应变处理和预防突发事故的能力水平。

3. 劳动环境

劳动环境是指劳动者所在劳动场所的外部环境条件，即对劳动者身心健康产生影响的各种有害因素。通过测定各种有害因素的危害程度，进而对劳动环境做出评价。劳动环境不同，在其他劳动因素不变的情况下，相同时间内所需的劳动消耗量是不同的。在较差的条件下，需要付出更多的劳动。

劳动环境包括接触粉尘危害程度、接触高温危害程度、接触有毒物危害程度、接触噪声危害程度和接触其他有害因素危害程度五个指标。

4. 劳动强度

劳动强度是劳动的繁重、紧张或密集程度，取决于劳动者劳动能量消耗量的大小，包括肌肉能量和神经能量消耗量的大小。劳动强度是体力消耗、生理和心理紧张程度的综合反映。从客观效果看，劳动强度大的劳动在同样的时间内能创造较多的价值。所以，劳动强度也是影响劳动量的因素之一。

劳动强度包括体力劳动强度、工时利用率、劳动姿势、劳动紧张程度和工作班制五个指标。具体而言，分别是：生产岗位劳动者体力消耗的多少；生产岗位净劳动时间的长短（它等于净劳动时间与工作日总时间之比）；生产岗位劳动者的主要劳动姿势对身体疲劳的影响程度；生产岗位劳动者在劳动过程中生理状态呈现的紧张程度；以及生产岗位的轮班作业制度。

5. 劳动心理

劳动心理是指劳动者在社会中所处的地位及人与人之间的关系对劳动者在心理上的影响

程度。它包括择业心理、择岗心理、岗位心理这三个指标。具体而言，分别是：岗位劳动对劳动者择业心理的影响程度；岗位劳动对劳动者择岗心理的影响程度；岗位位置对劳动者心理的影响程度。

7.3.3 岗位评价指标的确定原则

一般而言，确定岗位评价指标应遵循以下五项原则：

1. 实用性原则

在选择评价指标时，必须从企业的实际出发，全面体现岗位劳动的特点，以提高岗位劳动评价的应用价值。

2. 普遍性原则

在工作评价中所选择的评价指标应该对不同岗位劳动具有普遍的适用性和代表性，而不是适用或反映个别的特殊劳动。要结合企业的生产实际情况，确定与企业生产劳动密切相关的、具有代表性或共性的、反映劳动量及其差别的指标。

3. 可评价性原则

只有评价指标具有可评价性，评价结果才具有科学性，才能如实反映岗位劳动的差别。因此，所选择的评价指标必须能在实际运用过程中通过采用现有的技术和方法，按统一的评价标准做出独立的评价，并且能够量化。

4. 全面性原则

评价指标的全面性是指评价因素能全面反映生产岗位劳动者的劳动状况和劳动量，体现不同岗位的差别劳动，反映出岗位劳动对企业劳动成果的贡献。因此，对影响岗位劳动各因素的选择既不能遗漏，也不能重复，必须从多方面选择多个评价因素，通过多因素综合评价来实现全面、科学的评价。

5. 价值性原则

在岗位评价中所确定的评价指标，应能为企业的劳动管理和劳动保护等工作提供科学依据。

7.4 岗位评价的操作流程

7.4.1 岗位评价前准备

首先要明确岗位评价应掌握的信息。信息可以通过两个渠道获得：一是直接的信息来源，即直接在现场组织岗位调查，收集有关资料。这一渠道收集信息真实可靠、详细全面，但要投入大量人力、物力和时间。二是间接的信息来源，即通过现有的人事文件，如工作说明书、岗位规范等，对岗位进行评价。这一渠道收集信息节省时间、节约费用，但信息过于笼统、简单，影响评价的质量。

然而，岗位评价的大部分信息是由岗位分析提供的。这些信息包括下述内容：岗位名称、编码；岗位所在的厂、车间、科室、工段、作业组及工作地，以及这些组织所具有的职能、执行的任务；担任本岗位人员的职务，担任相同岗位的人数；本岗位过去若干年内的使用人数、出勤率、加班加点情况，离岗退休、辞职、升迁、调动情况，以及产生的原因；本岗位担当什么工作任务，任务的主要项目和内容如何，使用什么样的设备、工具，加工什么产品；本岗位受谁领导，为谁服务，领导谁，上下层级的关系如何。

执行本岗位工作的必备条件：本岗位的责任（承担责任，在经营方向上，在科研、设计、生产、检验、管理上，在设备、材料、工具、技术安全上，在工作配合上）；胜任本岗位工作的必备知识（基础理论、专业技术工艺、企业管理、实际操作方面的知识及难易程度）；胜任本岗位工作的实际经验（工作实践经验，有多长时间的经验）；胜任本岗位工作的决策能力（本岗位需要在哪些问题上做出决策，决策的困难程度如何）；担任本岗位工作需要具备的操作、使用设备的能力（设备、器具的复杂程度、精密度、准确度，这些设备、工具、仪表、仪器的价值如何，在使用中正常损坏、发生差错的可能性有多大，其后果如何）；其他必备条件（如高层领导的组织能力、经营人员推销产品的能力）。

岗位评价需要考虑的因素有：本岗位的劳动时间和能量代谢率，以及相关的生理测定指标；本岗位定员定额的执行情况，如现行劳动定额水平如何，在正常条件下工人完成生产任务的数量、质量如何，原材料、动力、工时的利用消耗情况如何，职工的经济利益与工作责任的关系如何；本岗位的劳动环境和工作环境如何，如是否在良好的环境下工作，是否有粉尘、噪声、热辐射、有毒有害气体，在恶劣的环境下需要工作多长时间；执行本岗位工作的危险性，如本岗位事故的发生率如何，产生的原因和后果是什么，会对人造成什么样的危害；本岗位的负荷程度，如执行本岗位的工作任务时会给劳动者带来多大的负荷量（精神上和身体上），是否需要以异常的姿势进行作业，在视觉、听觉上要求注意力的集中程度如何，高负荷工作的持续时间有多长；本岗位需要进行哪些培训，如是否需要专业训练，科目、时间如何；本岗位对其他岗位的监督责任如何，监督中有何具体困难，程度如何；本岗位对员工的生理特殊要求，如对体格、体力有什么特殊要求，如色盲是否可承担等。

1. 确定待评岗位

进行岗位评价，首先要确定的就是哪些岗位需要评价。因此，准备阶段的第一项工作就是对企业的岗位进行梳理，列出需要进行评价的岗位名称目录，保证不遗漏任何需要评价的岗位。

一般来说，如果企业的岗位较少，那么可以把所有岗位都纳入评价范围；如果企业的岗位较多，那么可以选出有代表性的岗位进行评估，然后再把其余的岗位往里安插。标杆岗位的选取一般以 10～12 个为宜，分布在企业的各层级，同时应该涵盖企业的各岗位系列。

2. 完善岗位说明书

完善岗位说明书是进行岗位评价的基础，因为岗位说明书对各岗位的具体职责、权限、任职资格、工作环境等做了详细的说明，这些将成为岗位评价时的重要参考依据。

3. 岗位评价方法的选择

岗位评价的方法是多种多样的，在实际评价中必须做出选择，选取一种或几种方法结合使用。岗位评价方法的选择需要比较不同方法的优缺点，最重要的是适合组织自身的情况。

4. 评价方案的确定

在选定岗位评价所使用的方法之后，接下来就需要确定评价方案。首先要确定实施岗位评价的程序。这需要关注两个主要问题：一是工作评价体系的建立；二是工作评价体系建立之后的诉讼问题。

根据组织的规模大小和自身特点，可以制定合适的执行程序。这些程序应包括以下内容：设计和实施调查问卷；访谈目标岗位任职者；编写岗位职责说明书；进行工作评价；建立有效的诉讼途径并接受诉讼。具体选择哪些程序，还需要看实际情况。例如，编写岗位职责说明书，如果目标岗位的工作内容变化不大且已有职责说明书，则可适当简化程序。

决定执行程序后，需要考虑实施问题，最主要的问题就是评价委员会成员的确定。评价委员会成员是直接影响岗位评价结果的主体，其素质和结构对岗位评价的结果有直接的影响。因而要求成员必须有丰富的岗位经验，在员工中有一定的权威性，同时要能客观地看问题。这是对大部分成员的要求。同时，为了增强委员会的代表性，可以适当考虑选择基层员工参与评价委员会，但比例不宜太大。

7.4.2　评价委员会成员的培训与相关人员的沟通

1. 评价委员会成员的培训

首先要确定培训对象。在这里，培训对象是那些来自组织内部，对组织内部情况和受评职位较熟悉，但缺乏工作评价专业知识和技能的评价委员会成员。要想保证评价工作的顺利进行，必须使这些人员得到必要的培训，否则工作无法开展。接下来要确定培训的目标和内容。要清楚经过培训之后受训人员应该达到的水平，设立一个最低限度标准；同时要规定培训的内容，即受训人员应当在哪些方面得到培训。培训内容可以由评价委员会与专家协商后决定，一般应包括工作评价的来源、目标、方法、程序、工作规范等内容。

在进行培训时，需要寻求专家的帮助。最好能聘请工作评价方面的专家来对评价委员会成员进行短期的集中培训，通过发放学习资料、授课、案例分析讨论等形式进行。在培训结束时，应保证受训人员都能基本掌握培训内容。

2. 与相关人员的沟通

除了对评价委员会成员进行培训外，还需要做好与评价工作相关人员的沟通工作。要想让相关人员对工作评价的整个过程有正确的认识并持积极合作的态度，一些适当的沟通和教育是非常必要的。这就需要让员工清楚地了解评价工作的目的，以及在对某项行动或决定有意见时可以申诉和反馈的途径，以避免因相互不理解而产生冲突。需要沟通的人员包括人力资源管理人员、直线管理人员、工会主要代表、涉及员工或团队、职位评价因素的审查人员等。

7.4.3　岗位打分及信息分析

1. 岗位打分

岗位打分是整个岗位评价过程中工作量最大的环节。对于岗位打分工作的安排，项目负责人和主持人要做好周密、细致的计划，以保证整个项目的顺利进行。在刚开始进行评价的时候，主持人一定要注意控制项目的进度，不要进行得太快，可以逐个岗位进行评定。当评价委员会成员们都已经对整个评定过程比较熟悉后，可以适当加快项目的进度，一次评定4~6个岗位，但也不宜评定得太多，以保证评定的质量。

评价委员会成员在进行打分的时候，采取匿名方式，这样在对评分结果进行讨论的时候，人们就不会知道分数具体是谁打的。这样做的目的是保证委员会成员们能够更准确地表达自己的观点。

在这里要注意的一个重要问题是，要考虑到参加打分的成员们的双重身份：他们既是评分委员，又是打分结果的利益相关人。那么在实际操作中可以采取如下措施：

1）打分结果公开化。整个打分过程是匿名的，虽然不知道分数具体是谁打的，但是打分的结果一定要公布，让全体人员讨论。通过讨论，形成一种道德约束，降低打分偏离正确值的程度。

2）去掉最高分和最低分。将一组数据中的最高分去掉，能有效地减少个别值对整组数据的影响；去掉最低分可以减少一些人为因素的发生。

3）从评价制度上进行保证。当一组数据不符合预先制定的标准时，采用少数服从多数的决策方法，可以有效地将单个数值排除在外。

2. 信息分析

在所有成员打完分后，可以借助计算机的数据分析软件进行数据分析，可以减少岗位评定的人力和财力，同时可以加快数据的更新速度。在这个过程中，可以用标准差作为判断的标准。如果标准差较大，说明现场的评委对某个岗位在某一项指标上的认知存在着较大的差异；标准差比较小，则说明现场的评委对某个岗位在某一项指标上的认识基本一致。一般来讲，为了既保证项目的顺利实施，又保证数据的有效性，标准差取小于等于 10 为宜。当一个岗位的评分结果出来之后，主持人就要组织评委对该岗位的打分进行评判。成员们可以发表意见，进行充分的沟通，尤其是针对明显有严重分歧的地方。

7.4.4 结果反馈

在此阶段，主要对岗位评价的得分进行排序和整理，得出岗位评价的相对价值序列；同时，对岗位评价的结果，要最终向专家组成员进行反馈，等一致通过后，再向全体成员公布。

案例库

案例分析：江苏电力技能人才评价全域数字化信息平台[一]

国网江苏电力有限公司（简称江苏电力）自主构建的技能人才评价体系，围绕岗位核心任务模型，遵循资源体系建设——评价实施——结果应用的建设路径，并以数字化平台支持贯穿评价体系建设全过程（见图7-5）。资源体系以评价题库、评价基地和培训资源为核心，是技能等级评价建设的物质基础。评价实施以技能-业绩二维模型重构评价组织实施，形成能力基准评定与人才鉴别双效实现。结果应用将评价与人力资源管理的薪酬、培养、配置等决策机制有机融合，使技能人才评价在人才发展中的重要价值得到充分发挥。数字化平台支持以信息系统实现技能等级评价业务的一体化贯通，极大地提高了技能等级评价工作的实现效率和技术可迁移性。

[一] 赵军, 董勤伟, 徐滔, 等. 企业技能人才自主评价体系的构建与开发实践：以国网江苏电力为例 [J]. 中国人力资源开发, 2020, 37 (9): 130-140.

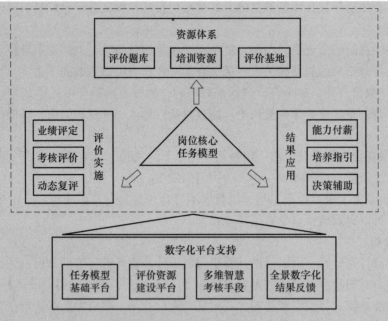

图 7-5　技能人才评价体系构建框架

江苏电力打造的评价全域数字化信息平台，以员工工作任务为基础，配套完备的信息化手段，打通人才选、用、育、留各环节，打造企业人才"培养—评价—使用"一体化管理模式，是企业人力资源管理领域公认的最佳实现路径。然而，多年来受制于信息技术和体系设计水平，电力行业的大部分企业未能将该模式有效完整落地。

江苏电力依托自身"学、练、考、评、析、用"的成熟的体系化人才培养信息平台架构，引入人工智能、"互联网+"等前沿技术理念，构建了覆盖"岗位核心任务模型构建、评价资源建设、评价考核实施、评价结果反馈"四个方面的全域数字化环境，实现了整个技能等级评价流程信息流和业务流的一体化贯通和无缝融合。

1. 构筑矩阵可视化岗位核心任务模型基础平台

利用信息化手段实现核心任务模型的协同开发及可视化展示，为技能等级评价信息化系统提供数据模型驱动。①打造岗位核心任务模型及评价标准分布式协同开发平台，以任务流的形式实现各技能工种核心任务模型的分布式在线协作建设及集中管控；②构建双向矩阵式核心任务模型展示系统，实现核心任务模型评价因素的点阵式覆盖。

2. 实现评价资源建设环节精益化管控

打造试题资源结构标准化建设平台及众筹式培训资源征集制作平台，实现评价资源的高效率建设和精益化管理。①研制试题资源结构标准化建设平台，解决了传统试题资源建设随意性强、考核点不均等普遍问题，在岗位核心任务模型牵引下，基于评价点粒度面向专家提供可视化、标准化的试题资源建设服务，确保所有评价点的试题资源按需按比例全覆盖建设；②打造培训资源 OGC-UGC（组织产生内容-用户产生内容）分配征集平台，实现评价培训资源专业部门建设及众筹建设的并线运行。

3. 打造评价实施多维智慧考核手段

1) 开发智能策略出题系统和多元智慧考核平台。根据智能出题策略对评价点进行全覆盖抽取出题，并依据机考、笔试、实操、答辩等评价方式的特性，灵活地分配到最合适的考核平台，进而实现考核评价点全覆盖和评价方式最优化配置。

2) 实现策略指引智能化出题机制。构建智能策略出题系统，根据评价考核要求形成覆盖评价点的智能出题策略库，通过智能出题策略对评价试题库进行深度遍历分析，抽取覆盖评价点的试题资源，灵活地分配到机考、笔试、实操、答辩等信息化考核平台。

3) 构建多元信息化考核手段。①研发客观题在线机考平台，可有效支撑全省上万人同时在线参与客观题机考、过程监控以及智能判卷；②实现主观题试卷智能扫描阅卷系统，利用图像识别等技术实现员工笔试纸质试卷的智能扫描、识别切割，以及评卷专家的试题定向推送和在线评审，大幅提升纸质试卷的评卷效率和安全性；③采用实操PAD考评系统，通过PAD设备代替纸质考核表，实现考生实操考试全过程的电子化打分、录像取证及成绩评判，提升了实操评价的精准性和可追溯性；④打造系统内首个远程智能答辩考评系统，利用分布式多通道远程直播、音像模糊处理等技术手段，有效替代传统答辩考生与考官真人面对面形式，降低了考官因人评分的风险，确保了答辩过程的公平公正。

4. 深化全景数字化评价结果反馈

基于员工评价考核结果，利用人工智能等手段，构建全景数字化员工职业发展平台，实现技能等级评价结果的穿透式应用。员工职业发展平台通过"可视化"展示所有职业发展路径，帮助引导员工确立职业生涯发展目标；通过"数字化"量化员工工作业绩，促进个人业绩持续成长；同时，采用大数据技术全面量化各级员工成长指数，为公司提供技能人员成长"宏观分析"及决策支撑。

本章总结

本章对岗位评价进行了详细的介绍与分析，列举了岗位评价的方法，主要有排序法、分类法、因素计点法、多元回归法、海氏评价系统等。正是有了这些方法，才使得岗位评价的结果更加真实，为管理者提供更加清晰的数据，从而使企业降低成本、提高效率。同时，总结了岗位评价指标和操作流程，指出了岗位评价指标确定需要遵循的原则。

本章习题

1. 岗位评价的特点有哪些？
2. 岗位评价的价值是什么？
3. 简述岗位评价的方法及其优缺点。
4. 岗位评价指标的因素有哪些？
5. 岗位评价前要做哪些准备？

6. 某公司评定小组对某岗位的10项因素（劳动负荷量、工作危险性、劳动环境、脑力劳动紧张程度、工作复杂繁简程度、知识水平、业务知识、熟练程度、工作责任和监督责任）的评价结果见表7-12和表7-13。

表7-12 评价结果表

评价项目序号	1	2	3	4	5	6	7	8	9	10
评定等级	2	3	4	2	2	2	1	4	2	6

表7-13 评价项目表

序号	评价项目	f_i	Σf_i	权数比	备注
1	劳动负荷量	7			
2	工作危险性	7			
3	劳动环境	7			
4	脑力劳动紧张程度	10	64	2	劳动生产因素（1~8）
5	工作复杂繁简程度	7			
6	知识水平	9			
7	业务知识	7			
8	熟练程度	10			
9	工作责任	19	36	1	领导管理因素（9~10）
10	监督责任	17			

问题：计算该企业某岗位的点数并推测该岗位性质。
（计算步骤：①计算点数；②根据权数计算调整点数；③根据点数推测该岗位性质。）

第 8 章　数字化转型下的岗位分类

学习目标和知识点

1. 了解岗位分类的基本概念和相关概念。
2. 了解岗位分类的基本功能。
3. 掌握岗位分类的基本要求及主要步骤。

导言

岗位分类是在岗位调查、分析、设计和岗位评价的基础上，采用科学的方法，根据岗位自身的性质和特点，对企事业单位中的全部岗位，从横向和纵向两个维度进行划分，从而区别出不同岗位的类别和等级，作为企事业单位人力资源管理的重要基础和依据。一般来说，有以下基本概念：

（1）职系（Series）　职系是指一些工作性质相同，而责任大小和困难程度不同，所以职级、职等不同的职位系列。简言之，一个职系就是一种专门职业。例如，机械工程职系。

（2）职组（Group）　工作性质相近的若干职系综合而成为职组，也称职群。例如，人事管理和劳动关系职组包括 17 个职系。

（3）职级（Class）　职级是岗位分类中最重要的一个概念。它是指将工作内容、难易程度、责任大小、所需资格都很相似的职位划为同一职级，实行同样的管理与报酬。每个职级的职位数量并不相同，少到一个，多到几千。

（4）职等（Grade）　工作性质不同或主要职务不同，但其困难程度、职责大小、工作所需资格等条件充分相同的职级的归纳成为职等。同一职等的所有职位，不管它们属于哪个职系的哪个职级，其报酬相同。

案例库

A 公司的岗位分类和评估

A 公司前身是一家甲级设计院，近年来整体改制，成为员工持股的有限责任公司。改制之初，由于薪酬吸引力不高，A 公司流失了一定数量的设计骨干，以致公司领导感叹道："那几年流失的人才加在一起够组建一个新的 A 公司。"同时由于公司的地理位置不理想，很难从市场上吸引到高级专业人才加入。因此，如何时使薪酬体系对企业急需的和要保留的人才具有充分的吸引力，是 A 公司面临的重大挑战之一。目前，A 公司 60% 的成本为员工的薪酬费用，且薪酬费用中 50% 以上为固定工资，这使得 A 公司在不确定的经营环境中有一定的支付风险。而且，各岗位员工普遍对自身薪酬有超过目前水平的期望。因此，实现薪酬的合理分配和薪酬体系的优化是解决问题的关键。如何进行薪酬体系优化，基础是准确进行岗位价值评估，而价值评估的基础是岗位分类。

A 公司是如何进行岗位分类的呢？首先根据岗位工作内容的相似相关性进行了分类；之后根据岗位价值进行了分类和分级，其中岗位价值的分类部分主要是根据各个岗位的财务绩效指标拟定的。

在开展岗位价值评估的时候，需要注意确定评估小组成员的选定原则，以及如何对评估小组进行有效的培训，使他们对评估岗位的工作职责、工作内容和任职资格等有一定的认识。

在本次评估工作中，A 公司为评估小组成员的选择拟定了三条基本原则：有为各岗位评估岗位价值的资格和权力；了解公司情况，能够根据公司运营和发展的需要进行各岗位评估；具有一定的专业技术水平，能够进行岗位价值评估。

根据以上原则，A 公司岗位价值评估小组的成员构成基本都是公司股东，50% 是公司中层及以上干部，近 60% 是各专业的专家和骨干。这为本次评估的权威性奠定了良好的基础，减少了后期的很多解释、说服工作。

为了有效地开展岗位分类，A 公司在专家或人力资源部门的指导下就评估方法进行了讲解，确保评估小组掌握相关方法；同时，对评估时间、评估场所、评估材料和必要的用品（包括文具等）都仔细准备，确保评估不会受到不相关因素的影响。

对岗位价值分类的数据的处理也是岗位价值评估过程中的重点工作。首先，数据处理者需要对评估数据逐个进行核查，在确认数据有效的基础上，进行数据统计工作。如果发现数据存在异常，应该立即讨论其发生的原因和处理的办法，如果确有需要，还要组织评估小组对个别岗位进行重新评估。

经过上述基本步骤，A 公司完成了相应的岗位分类，并在此基础上进行了岗位评估。

8.1 岗位分类的基本原理

8.1.1 岗位分类的基本概念

工作岗位分类又称岗位分类分级或岗位归级，在国家机关行政人事管理中被称为职位分类。岗位分类的最终结果是将企事业单位的所有岗位纳入由职组、职系、岗级和岗位等构成的体系之中。

岗位分类是岗位研究的重要组成部分，它与岗位调查、岗位分析、岗位设计和岗位评价存在着不可分割的联系。从广义上讲，岗位评价是岗位分类、分级的一个组成部分。

8.1.2 岗位分类的相关介绍

岗位分类与职业分类标准的关系：岗位分类与职位分类是特殊性与一般性的关系，职业分类对企业中的岗位分类起着重要指导和规范的作用，而企事业单位的岗位分类又为国家职业分类体系提供了丰富的内容和有益的补充。

8.1.3 岗位分类的基本功能

现代企业人力资源管理的一项最基本的任务，就是通过科学合理的用人和用人方法，实现"人""事"和"物"的合理结合，做到"人适其位"和"位得其人"。通过岗位分类分级，可以理顺存在于企事业单位中复杂的岗位关系，统一岗位名称，使各类各级人员按照岗位级别与规格"对号入座"，对同类同级人员采用统一的标准进行管理，从而简化人力资源管理工作、提高管理效率。具体地说，岗位分类除了具有与岗位评价相同的各种功能之外，还能发挥以下作用：

1) 岗位分类为员工提供了明确的晋升路线选择和个人在组织中的职业发展阶段。岗位阶梯就是指一个组织当中，不同级别、不同任职要求相互之间有着密切联系的岗位群。一个企事业单位建立了科学的岗位分类制度，明确规定了岗位的晋升阶梯和晋升路线，那么，员工在进入企事业单位时，就能清晰地了解各个岗位之间的晋升路线，并结合自身的素质条件，有意识、有计划地选择一条适合自己职业发展的路径。例如，员工既可以选择在自己所在的职系领域内发展（增加知识、经验与技能），做一名专家；也可以发掘自己在其他方面的潜力，跨越职系去发展（增加所承担的责任），做一名管理者、部门经理甚至总经理。近些年来，企事业单位越来越重视人力资源管理基础工作，并积极地采取了诸如帮助员工制定职业生涯规划等多种科学手段，以最大限度地开发人力资源。岗位分类作为企业基础工作的一部分，将为这些管理活动的开展提供重要的前提。

2) 实行岗位分类，为企业合理的定编定岗定员工作提供了依据。因为任何企事业单位都是由众多岗位构成的，组织的冗员也就意味着个别岗位人员的过剩。岗位分级活动对存在于企事业单位中的所有岗位进行科学合理分类，划分出职组、职系、岗级和岗等，明确岗位与岗位之间的相互关系，从而也就为组织的定编定岗定员工作奠定了基础。㊀

8.1.4 岗位分类的基本要求

岗位分类总的原则是以"事"为中心，从实际出发，对岗位的划类、归级、列等力求适用、准确、可靠和精简。

（1）遵循系统性原则 按照工作岗位的业务性质对岗位进行横向归类，找出岗位之间的

㊀ 资料来源：https://www.zhihu.com/question/416917319/answer/1428913841。

内在本质联系，将关键业务因素相似的岗位归为一类，例如，虽然大学教师和小学教师在具体教学对象和教学方法上存在很大差别，但是其工作性质是相同的，所以将它们归为一个类别。

（2）岗位分类的结构要合理　高层次的岗位，如决策层、管理层的岗位要相对地少，而低层次的岗位，如执行层、操作层的岗位应相对地多，一般应呈金字塔形。

（3）岗位分类的依据，是客观存在的"事"　从实际工作的性质、特征、任务量等具体情况出发，对岗位进行分类分级，而不能仅依据被调查者的简单陈述。一般来说，被调查岗位的现任者总是将自己放在主导位置上，强调自己的岗位工作如何重要、工作量如何大、劳动条件如何差、问题如何多等。因此，为了保证岗位分类的科学合理，必须坚持实事求是的原则，以工作事实为依据，以分类标准为准绳。

（4）岗位分类反映了岗位工作各因素的差别　差别是客观存在的，但岗位分类在体现这些差别时要适度，既不应过大，也不应过小。分类时，差别过大过粗则不能准确区分岗位；差别过小则会造成专业性过细，导致管理过于僵化、缺乏弹性。近年来，随着岗位本身工作丰富化和扩大化的发展，岗位分类也逐渐呈现粗线条管理和结构简化的发展趋势。

（5）岗位分类一般是静态分类　岗位分类归等，经过一段时间后，个别岗位的工作职责会发生变化，职责增加或者减少，从而导致工作的繁简难易程度及人员资格条件发生变化。这样就需要对岗位进行重新分类工作。因此，为保证岗位分类具有良好的适用性，在分类过程中要充分考虑这种情况，并做好预测，为分类留有一定的余地。这样，当未来岗位发生变化时，只需做一些较小的变动，就能适应企事业单位的需要。○

8.2　岗位分类的主要步骤

8.2.1　岗位的横向分类

岗位的横向分类，即根据岗位的工作性质及特征，将它们划分为若干类别。

1. 岗位横向分类的方法

1) 按照岗位承担者的性质和特点，对岗位进行横向区分。
2) 按照岗位在企事业单位生产过程中的地位和作用，对岗位进行横向区分。

2. 岗位横向分类的原则

（1）单一原则　每个岗位只能归入一个岗位类别，而不能既属于这一类，又属于那一类。

（2）程度原则　当某一岗位的工作性质分别与两个以上岗位类别有关时，以归属程度最高的那一类为准，确定其应归类别。

（3）时间原则　当某一岗位与两个以上岗位类别的归属程度相当时，以占时间较多的那一个岗位类别为准。

（4）选择原则　当对某一岗位的划分类别依据前面所述原则仍很难划定时，则以此岗位主管领导的意见为准则，确定其应归属的类别。

○ 资料来源：https://www.zhihu.com/question/416917590。

3. 岗位横向分类的步骤

1）将企事业单位内的全部岗位按照工作性质划分为若干大类，即职门。

2）将各职门内的岗位根据工作性质的异同继续进行细分，把业务相同的工作岗位归入相同的职组，即将大类细分为中类。

3）将同一职组内的岗位再一次按照工作的性质进行划分，即将大类下的中类再细分为若干小类，把业务性质相同的岗位组成一个职系。

8.2.2 岗位的纵向分级

岗位的纵向分级，即根据每一岗位的繁简难易程度、责任大小，以及所需学识、技能、经验水平等因素，将它们归入一定的档次级别。

1. 岗位纵向分级的基本步骤

（1）按照预定标准进行岗位排序，并划分出岗级　分别把每一个职系中的岗位，按照业务工作的繁简难易程度、责任大小及所需人员资格条件等因素，对其进行分析和评价，并把它们按照一定的顺序，如从"简""轻""低"到"繁""重""高"进行排序，将相近、相似的岗位划分为同一岗级，直至将全部岗位划分完为止。

由于各个职系的工作性质和特点不同，岗位数目也不相同，所以各个职系里划分岗级的多少也是不等的。

（2）统一岗等　前面提到过，各个职系中的岗级数是不等的，各个职系中最高或最低岗级中的岗位，其工作的繁简难易程度、责任大小及所需人员资格条件等因素也不尽相同。这样就产生一个问题：各职系的岗级既无法直接进行横向的比较，又不能在各个职系岗位之间建立起横向和纵向联系。为此，必须在划分岗级的基础上，根据岗位工作的繁简难易程度、责任大小及所需人员资格条件等因素，对各职系的岗级进行横向的分析比较，然后将它们归入统一的岗等内，从而使不同职系、不同岗级的岗位纳入一个由岗等、岗级与职系组成的三维岗位体系之中。

总之，将岗级归入统一的岗等，其基本目的是对岗位进行系统化管理。也就是说，无论某一个岗位在职系中处于什么岗级，都能与所有职系的岗级进行比较，即与自己处于同一岗等或不同岗等的岗位进行对比。处于同一岗等的岗位，虽然岗位工作的性质千差万别，但工作的繁简难易程度、所承担责任的大小及对承担此岗位人员的资格条件要求等均是相似的，因而，其报酬待遇也应该是相同的。例如，美国三级看护为第五岗等，一级内科医生也属于第五岗等，他们的薪金相同。[一]

2. 岗位纵向分级的方法

岗位纵向分级可分为生产性岗位纵向分级和管理性岗位纵向分级。

（1）生产性岗位纵向分级的方法　从我国多数企业分类的实际情况来看，大多采用因素计点法对生产性岗位进行纵向分级。其具体步骤和方法如下：

1）选择岗位评价因素。根据企业的生产类型、岗位的性质和特征，确定评价因素的地位和重要程度，正确决定评分分值、权数和评比标准。例如，技术密集型企业可以将上岗技

[一] 资料来源：https://zhuanlan.zhihu.com/p/114352626。

能要求因素排在首要位置；而劳动密集型企业则可以将工作责任或劳动强度放在第一位。技术工种岗位可主要依据岗位所配置设备的繁简难易、精确程度、价值高低等因素来评价；而熟练工种岗位则可主要根据对产品成本、质量、数量所负责任进行评价，但总的来讲，所选用的岗位评价因素应该能够适用于组织中的全部或大部分岗位，或某一类岗位，即应具有共通性。而且，这些因素在意义上不能重叠。参与岗位评价与分类的有关人员也必须了解并掌握这些因素的重要性。最后，各因素必须是可以观察、可以衡量的。

2）建立岗位因素指标评价标准表。依据岗位的重要程度，赋予岗位评价因素相对合理的量值（点数）。其中需要注意的以下几个方面：

为方便起见，可以先依据岗位评价因素间相对重要程度，确定程度最低和最高因素，并赋予它们点数。例如，某企业各岗位工作环境的差距不大，可以将此因素指标定为最低水平，同时赋予点数10点；而上岗技能要求在各岗位之间差距很大，反映了各岗位劳动操作方式对员工上岗资格的不同要求，故将此因素指标定为最高水平，并赋予点数40点；同时应该注意，最低水平指标可以不止一个，但程度最高水平的指标却一般只能有一两个。

通过相对比较，将其他诸因素指标与极限因素指标一一比较，以认定它们的相对位置，并赋予它们相应的点数。

将评价因素依程度高低分为数个档次，每个档次都是等距（等差或等比）的。企业可根据自身各岗位在这些因素上的差别程度，确定划分档次数量，以提高评比的精确程度。若设档太宽，起点档级点数偏高，那么，关键技术岗位与一般岗位、生产性岗位与辅助生产岗位的岗级可能就拉不开差距。这个环节的基础工作如果不够细化，将会导致以后制定和调整岗位工资时存在较大困难，平均主义的弊病就不可避免。所以，如果各岗位之间劳动差别大，则可多划分几个档次，或者采取设半档等不规则的设档方法。

3）按照因素评价标准对各岗位打分，并根据结果划分岗级。在对岗位划级时，可以采用对岗位点数离散程度进行统计分析的方法，将比较密集的点数区域所对应的岗位划归同一岗级，并制定出点数换算表。

4）根据各个岗位的岗级统一归入相应的岗等，即在完成对岗位划分岗级的任务之后，应对全部生产性岗位的岗级统划归岗等。上面已经分别完成了对技术工种岗位和熟练工种岗位（它们对应生产性岗位的小类，即职系）的岗级划分工作，但是，因为技术工种岗位和熟练工种岗位在岗位评价体系及评分标准上存在很大差异，所以，对生产性岗位中的这两类岗级统一列等。可以采取以下方法：

① 经验判断法，即组成工作评价小组，凭借经验，比较技术工种与熟练工种的劳动差别，做出归入岗等的决策。

② 基本点数换算法，即将熟练工种与技术工种在因素评价标准表中的基本点数分别加总，求出两者所占比例，按照比例将其中一类工种的点数折算成另一类工种的点数，然后归岗列等。

③ 交叉岗位换算法，是指将既可以归为熟练工种又可以归为技术工种的某些特殊工种，先分别划分岗级，然后根据它们在两类岗系中的岗级位置，求出技术工种与熟练工种之间的岗级换算比例，再归入岗等。例如，某企业把驾驶员和食堂厨师两个工种都分别按照熟练工种和技术工种划岗归级。按熟练工种岗位归级时，两个工种岗位都为四级；而按技术工种归

级时，都为二级。两者的交叉换算比例为 2∶1，这样，熟练工种的四级和技术工种的二级就归为一等，从而使不同岗级的岗位处于同一个水平线的岗等上，依次类推。

（2）管理性岗位纵向分级的方法　在企事业单位中，对管理性岗位纵向分级的方法与生产性岗位纵向分级的方法基本相似，但由于管理性岗位的错综复杂性和工作成果难以量化性等特点，管理性岗位的归级工作比生产性岗位的归级要更为复杂和困难。而且，大多数企事业单位设置的管理岗位没有经过科学的设计，岗位设置庞杂混乱，因人设岗的现象比较严重，也给管理性岗位归级带来极大困难。在总结国内外岗位分析和分类的先进经验的基础上，提出以下分级思路和建议：

1）精简企事业组织结构，加强定编定岗定员管理，对岗位进行科学设计和改进。科学的岗位设计，首先要考虑岗位的任务和地位。一个岗位必须有其存在的意义，即它应该履行明确的功能，并应有明确的工作范围和满额的任务量。其次，为完成岗位的工作任务，每个岗位需要从其他岗位获取一定的信息资料，同时为其他岗位提供一定的信息资料。需要信息和提供信息，也是设计岗位时应该考虑的。最后，岗位的存在和科学设置也应以承担一定的职责和拥有一定的权力为条件。企业只有按照上面提及的内容和原则设计岗位，才能谈得上科学合理。

2）对管理性岗位进行科学的横向分类。在将管理性岗位划分为若干中或小类的过程中，应充分体现分类管理的原则，将企事业单位的管理性岗位划分为管理类、技术类、事务类等多个中类，然后再细分为若干小类，并在每一职系建立相应的岗位评价指标体系和评价标准。

3）为了有效地完成管理岗位划岗归级的任务，评价因素的项目分档要多，岗级数目也应多于生产性岗位的岗级数目（一般为其 1.4~2.6 倍）。

4）在对管理性岗位划岗归级后，应对管理性岗位的岗级进行统一列等，从而建立管理类、技术类、事务类等管理岗级之间对应的关系。应用的方法与前面对生产性岗位统一列等的方法一样。㊀

本章总结

本章对岗位分类进行了细致的解读。一是介绍了岗位分类的基本原理，包括岗位分类的基本概念、相关概念、基本功能和基本要求；二是分析了岗位分类的步骤，包括横向分类和纵向分级。岗位分类对于企业的数字化转型也有着极大的重要性，企业应根据自身的具体情况制定专门的岗位分类。

本章习题

1. 岗位分类的基本要求有哪些？
2. 岗位分类的步骤主要包括哪些？
3. 发散思维：你如何理解数字化背景下岗位分类的下一步发展？

㊀ 资料来源：https://zhuanlan.zhihu.com/p/114352626。

第9章 数字化转型下的企业工作说明书的编制与发展

学习目标和知识点

1. 了解工作说明书的含义、内容和作用。
2. 熟悉工作说明书的编写要求。
3. 掌握工作说明书的整体编写步骤。
4. 熟悉工作说明书的调整与改进。

导言

岗位分析的结果就是形成工作说明书,它是以标准的格式对岗位的岗位特征及任职者的资格条件进行规范化的描述性文件。利用工作说明书,员工可以了解他们岗位的任务,明确其岗位职责范围,清楚组织对他们的期望,还可以为管理者的人事决策提供依据。工作说明书一般包括两部分,即工作描述和工作规范(又称任职资格)。工作描述是对工作岗位基本信息的界定,说明该岗位做什么、为什么做、做到什么程度以及岗位的工作条件和环境等。工作规范则是说明要承担该岗位的岗位职责,以及任职者必须具备的知识、技能、能力和经验等资格条件。这两部分不是简单的信息罗列,而是通过客观的内在逻辑形成一个完整的工作岗位信息系统。[一]

案例库

案例分析:首席信息官致力于企业数字化发展

1. 首席信息官介绍

首席信息官(Chief Information Officer,CIO)通过指导对信息技术的利用来支持公司

[一] 潘泰萍. 工作分析:基本原理、方法与实践 [M]. 上海:复旦大学出版社,2018.

的目标实现，具备技术和业务过程两方面的知识，具有多功能的概念，常常是将组织的技术调配战略与业务战略紧密结合在一起的最佳人选。

随着商业领域多极化的竞争与发展，越来越多的企业开始将"Innovation"（创新）这一概念作为企业的持续发展的动力和竞争优势，CIO 将成为未来企业最为重要的职位之一。㊀

在企业中，CIO 起着纽带作用，上至企业战略，下至具体事务，从纵向经营到横向管理，贯穿企业的方方面面。CIO 在企业中所扮演的角色、拥有的地位和话语权等，决定了其所在岗位的业绩效果，也决定了其在企业中所发挥的作用。

CIO 扮演着多重重要角色，既应该是"教师""医生""律师""翻译官"，更应该是规范的制定者和执行者。CIO 应该从专业的角度出发，以提高企业经营管理效率为首要目标，为企业的发展提供技术和智力支撑。CIO 只有具备宏观的战略素养和微观的战术能力，才能确保各项工作有推行和落地。㊁

2. 数字化背景下 CIO 的岗位职责

可以从三个层面来分析 CIO 的岗位职责：战略层面、变革层面和沟通层面。

（1）战略层面 CIO 的职责是挖掘企业的信息资源，制定企业信息化战略，为企业信息化合理布局，评估信息化对企业的价值等。信息资源规划是 CIO 的首要职责，而信息化的第一步应该是信息资源规划而不是产品选型。

（2）变革层面 协助企业完成业务流程重组，运用信息管理技术重建企业的决策体系和执行体系，同时要对信息编码和商务流程统一标准；不仅要推动企业信息化的软硬环境优化，而且要为 CEO 当好参谋，与各高层管理者一起促进企业内外部商务环境的改善。

（3）沟通层面 安排企业信息化方面的培训，发现信息运用的瓶颈，观察研究企业运作中的信息流及其作用，协调上下级关系，打造优秀的 IT 团队。

3. CIO 应具备的核心业务技能

（1）企业家心态 全球投资公司纽约银行梅隆公司的 CIO 表示，无论公司规模大小，CIO 都必须像企业家一样行事，以更快、更敏捷的速度响应，激发更高水平的激情、同理心和创造力。为了直面竞争，CIO 必须像企业家一样思考，并充当变革的推动者。他建议，CIO 需要不断反省，自身的 IT 业务在何时将以何种方式被颠覆。CIO 该如何创造性地部署技术，领先于潜在的颠覆者和未来的业务发展。

（2）较强的领导力 领导力是一种管理者核心的能力，它为成功的技术改造铺平了道路。传媒集团 CIO 认为，CIO 想要真正发挥领导作用，除了深耕技术外，还必须具备商业头脑。"我们的工作实际上是利用技术来释放企业的潜力。而 CIO 只需了解企业的发展前景，就可以利用这些机会。"他说。

领导力来自于企业内外。如今，CIO 面临的问题越来越复杂。未来是模糊的，答案往往不明确的。在不确定性的前提下航行，唯一方法就是在这些未知的水域建立一个环境，

㊀ 资料来源：https：//baike. baidu. com/item/% E9% A6% 96% E5% B8% AD% E4% BF% A1% E6% 81% AF% E5% AE%98/2512517? fromtitle = CIO&fromid = 349906&fr = aladdin。

㊁ 资料来源：http：//www. infoobs. com/article/20210730/48785. html。

让员工和参与者可以带来想法、观点，并投入解决问题。因此，构建团队、协同授权比以往任何时候都更重要。

(3) 以消费者为中心　技术从未像现在这样强大和易用。现在，大多数员工——技术人员和非技术人员都可以轻松地访问一系列复杂的设备、软件和网络工具。CIO 需要确保技术应用至少与消费产品和服务保持同步。反之，当 IT 被视为一个障碍时，整个部门都处于危险之中。

"影子 IT"通常出现在企业员工对 IT 提供的应用和产品不满意时，这会削弱 CIO 及其角色的定位。随着时间的推移，IT 部门将被边缘化，无法使组织实现增长。

(4) 金融敏锐度　一旦 CIO 认识到并理解了影响其企业财务的各种因素，他们就可以更准确地指出能够产生最大影响的技术投资。

某保险公司 CIO 表示，技术极有可能帮助业务解决多种重大问题，或拓展新的机会。IT 可能包括获取数据进行分析、加速产品上市、增长或优化渠道、提供自动化和人工智能以获得更好的客户体验。所以，他建议花点时间与企业财务和战略发展团队一起工作。他认为，CIO 们常常把注意力局限在自己的预算上，可能对公司季度业绩变化的原因只有大致的了解。这是一个很可怕的现象。

同时，IT 领导者至少应该具备一些正规的会计和财务培训，与 CFO 保持密切的合作，审查成本和其他关键财务问题。此外，CIO 还应该了解公司 IT 投资的最新定位，以便与行业内的最佳实践相比较。

(5) 战略思维　IT 领导者应加速改善他们的战略推理能力。CIO 需要设想未来的业务状况，率先制定新产品和商业模式，并影响变革。要做到这一点，CIO 需要对自己的业务、行业有深刻的了解，并愿意尝试大胆的新想法。

人们越来越期望 CIO 保持现有和新兴技术的领先地位，并根据业务目标对其评估。他们必须比以往任何时候都更密切地与 CEO 和公司内的每一条业务线合作。CIO 必须将业务知识、部署技术、业务目标、卓越的客户体验、更高的效率及创造力都提到与业务人员的谈判桌上。

(6) 技术专家的心态　技术专家是清楚地了解当前新兴技术对其业务运营和服务产生影响的人。专业服务公司安永技术转型咨询主管表示，这不仅仅是理解技术，也是真正理解业务。

成功的 CIO 必须能够在规划未来方向时设定企业的 IT 方向。要做到这一点，他们需要具备很强的沟通能力，与其他业务部门合作，建立一个可靠的团队，并展示出业务愿景。

CIO 面临的一个主要挑战是如何用更少的钱做更多的事，尤其是在规划预算时。CIO 如果能够从逻辑上思考企业的发展方向和增长计划，就能够了解现有的预算，以及哪些投资对实现整体业务目标最重要。

而这一技能至关重要，因为 IT 将帮助 CIO 在商业投资、与企业合作、沟通、为利益相关者设定期望及团队发展等方面取得成功。能够清晰地阐述一个明确的未来愿景，还有助于在 IT 团队以及同行中建立信任，增强个人影响力。

(7) 优秀的商业沟通者　CIO 应该以非技术专家能够理解的方式发言，并且尽可能使用对业务有意义的指标，而去掉技术用语。例如，不要提及升级网络平台，而是要描述通过电子商务来推动收入增长，以及实现这一目标所需的关键组件。○

4. 数字化背景下 CIO 应具备的四大特性

CIO 作为企业管理与 IT 技术的全才，应该具备以下四个特性：

（1）CIO 的基本素质　包括计划、组织、协调、执行和控制能力，拥有项目经理的能力，能够从质量、成本、风险、时间、流程等方面管理项目；还必须具备领袖气质、才能和大局观，从发展、战略、规划以及行业的角度去思考和解决企业的问题。

（2）精通企业以及相关行业的知识　包括企业的研发、生产、计划、营销、市场、物流等核心业务流程，熟悉企业的人力资源管理、财务管理、组织结构、行政程序等基础资源，以及企业的愿景、发展目标、价值观等企业文化。

（3）掌握并应用现代信息技术　包括 IT 基础设施方面的计算机通信与网络系统、操作系统、安全系统、存储与备份系统等，了解当前企业管理软件的思想、原理、产品，如ERP、PLM、SCM、CRM、MES、BI、O2O、OA 以及供应商，具备现代软件开发与管理的技术，掌握计算机服务与运行管理（如 ITIL），能够熟练地运用信息技术解决企业的实际问题。

（4）全面、均衡的个人品质　优秀的个人品质是成功管理人员的基本素质，但是，在目前企业从事信息化工作的艰辛还要求 CIO 具备超常的个人品质，包括坚忍不拔的毅力、顽强的工作作风、吃苦耐劳的精神、谦逊和蔼的态度，以及耐得住寂寞、体贴下属、不断学习、沟通和交流的技巧等。○

9.1　工作说明书概述

9.1.1　工作说明书的概念

工作说明书是一种对特定职位的工作及其任职者的资格条件以一定格式描述的陈述性文件。它是对企业各类岗位的工作性质、任务、责任、权限、工作内容、工作方法、工作环境和工作条件，以及本岗位人员资格条件等所做的统一要求。它具有明确工作职责与工作权限、工作目标、工作特点、任职人员资格等的作用，并能为工作评价、人员招聘、绩效管理、培训与开发、薪酬管理等提供依据。

工作说明书主要作用于人力资源管理的岗位分析阶段。岗位分析主要是指在搜集、分析和研究各种相关工作信息的基础上，识别特定工作的内容或任务（岗位特征），并确定完成它所需的知识和技能（胜任特征）的过程。岗位分析通过信息的提取和分析过程之后，经过综合整理，形成的最终结果，即包括工作说明书和岗位分析报告。岗位分析报告的内容比较宽泛，包括组织结构、管理方面存在的问题，以及相应的解决方案等。⊜

○　资料来源：http://www.infoobs.com/article/20210430/47002.html。
○　资料来源：http://www.infoobs.com/article/20210816/49110.html。
⊜　葛玉辉. 工作分析与设计［M］. 北京：清华大学出版社，2014.

9.1.2 工作说明书的主要内容

一份完整的工作说明书主要包括工作描述与工作规范两个方面的内容。由于岗位与编写格式不同,所编制出来的工作说明书也会有不同的模式和内容。一般而言,工作说明书编制内容主要包括以下几个要素:

1)岗位概况:注明企业中各岗位的名称、归属部门、隶属关系、级别、编号,以及工作说明书的编写日期等。

2)本职工作概述(岗位目的):概述该岗位存在的价值或目的,总述本岗位的工作职责。

3)岗位职责范围:描述该岗位所承担的主要责任及其影响范围。

4)岗位职权:描述该岗位为工作正常开展所应具备的主要职权。

5)工作关系:根据岗位在企业组织机构中的地位和协作岗位的数量,描述完成此项工作需要与企业其他部门(人员)的联系要求,描述相互关系的重要性和发生频率等。

6)任职资格:描述某岗位任职者所需的相关知识和学历要求、培训经历和相关工作经验及其他条件。

7)工作要求:主要描述该职位对一个合格员工来讲,工作的具体要求。这主要从工作本身的性质、量、范围、时效性等方面进行全方位考虑。

8)操作技能:描述完成该项工作对任职者的灵活性、精确性、速度和协调性的要求,以及所要达到的技能水平。

需要说明的是,这几项要素贯穿于企业所制定的岗位说明书中,并非一定按顺序罗列。

工作说明书的编制不应该是"拍脑袋"的结果,而是经过对该岗位工作的详细、客观和科学的分析后,提炼出来的一份叙述简明扼要的描述书。其中,工作任务要明确,要让任职者知道要干什么;在每项工作中所负的责任与该项工作目标要明确,以利于绩效考核;工作规范要科学客观,以帮助人员选聘与组织培训。

工作说明书的编制不是一蹴而就的,而有着复杂的程序。在多数企业的实践中,企业若还没有形成相应的工作描述、工作规范的正式文本,也就意味着工作说明书的编制需要从岗位分析开始,从各种岗位信息的收集工作开始;如果企业已经形成了岗位分析的部分成果,如工作描述、工作规范,那么工作说明书的编制会相对更快一些。工作说明书是对工作描述和工作规范等做进一步的整合后形成的企业的正式文本。⊖

9.1.3 工作说明书的工作描述

1. 工作描述的含义

工作描述是对组织中各类工作岗位的工作性质、工作任务、工作职责、工作环境、工作关系等所做的统一说明和要求。工作描述是围绕工作岗位进行的描述与说明,为进一步的人力资源管理活动提供基础性信息。⊜

⊖ 陈庆. 岗位分析与岗位评价 [M]. 北京:机械工业出版社,2011.

⊜ 潘泰萍. 工作分析:基本原理、方法与实践 [M]. 上海:复旦大学出版社,2018.

2. 工作描述的内容

工作描述主要包括以下信息：工作标识（工作识别信息）、工作概要（工作活动与程序）、工作职责、工作关系（社会环境）、工作环境与工作条件（物理环境）和聘用条件（岗位基本工资）等。通过这些信息可以对不同的工作进行分类，明确一项工作在组织中的地位与作用。此外，在这部分内容中还可以包括职责的量化信息、工作权限、绩效标准等。

（1）工作标识（工作识别信息） 工作标识是工作识别信息，是一项工作区别于另一项工作的信息，包括工作编号、岗位名称等。通过这些信息可以对不同的工作进行分类，明确一项工作在组织中的地位与作用。此外，在这部分内容中还可以包括所属部门、直接主管、工作地点等。表 9-1 为某企业 SSC 专员的工作标识。

表 9-1 某企业 SSC 专员的工作标识

工 作 编 号	XAL－322726	岗 位 名 称	SSC 专员
所属部门	共享服务部	直接上级	SSC 主管
工作地点	总部		

① 工作编号：又称工作代码，是指按照一定的编码规则赋予每个工作岗位一个固定的编码信息。通过对工作进行编码，为工作岗位进行唯一标识，这对于推进职位的信息化管理、提高企业管理水平具有重要的意义。随着企业管理的需求和信息化的发展，越来越多的公司运用计算机系统对公司的岗位进行管理。因此，工作编码应该便于运用计算机等进行处理，并且保证工作编号的唯一性。

② 岗位名称：根据工作的主要内容与职责等确定的名称。岗位名称可以把不同的岗位区别开来，有助于人们了解工作性质与内容等相关信息。要求岗位名称能够准确反映主要岗位职责；同时能够明确等级制度下的相关等级位置；并且能够具有一定的参照性，也即该岗位名称应是同行业企业的岗位名称的通行名称。

③ 所属部门：该项工作所在的部门委员会、班组等。一般用组织中的正式部门或者工作小组的名称表示，如市场部、共享服务部、行政部、技术委员会等。一方面，在组织中有多个工作岗位，每一个岗位都有自己相对固定的工作部门；另一方面，不同的部门之间可能存在相同性质的工作岗位。例如，在大型集团企业中，许多部门都设有 HRBP 这个工作岗位，通过"所属部门"可以明确该项工作在组织中的具体位置。

④ 直接上级：本岗位的上级主管是哪些职位。这些信息一方面指明了管理、监督与汇报渠道，另一方面也表明了岗位的一种晋升渠道。

⑤ 工作地点：工作中所在的实际位置。例如，该岗位从属于总部、分店或者分工厂等。

（2）工作概要（工作活动与程序） 工作概要又称工作概述，是对工作内容的简单概括，通常用简洁、明确的语言说明岗位工作的特征及主要工作范围，包括该岗位的主要职责、工作范围与工作目的等。工作概要有助于人们从总体上把握该项工作的总体性质、工作任务、工作范围等信息。

工作概要的格式通常用动词开头来描述最主要的工作任务，即"工作范围＋工作职责＋工作目的"。例如，某公司财务部经理的工作概要是"全面负责公司财务管理及财务策划，确保公司资金的正常运作"。

(3) 工作职责　工作职责是指为了在某个关键成果领域取得成果而完成的一系列任务的集合。仅仅通过工作概要对工作的内容进行描述与说明是远远不够的，还要确定保证工作内容高效完成的各项职责。工作职责是说明本职务的工作任务、培训、指导、服务、计划、沟通等方面的职能以及各种责任。工作职责详细说明了本岗位所要承担和完成的工作内容，并逐项加以说明岗位工作活动的内容、各活动内容所占时间百分比、活动内容的权限、执行的依据等，是工作概要的具体表现形式与进一步细化，有利于各使用主体（包括企业中的部门与员工等）能够快速掌握和明确本部门的工作流程和操作方法，明确各自的工作职责。表 9-2 列举了工作职责撰写中常用的动词规范。

表 9-2　工作职责撰写中常用的动词规范

部　门	管理职责	业务职责
决策区	主持、制定、筹划、指导、监督、协调、委派、考核、交办	审核、审批、批准、签署、核转
管理区	组织、拟订、提交、制定、支派、督促、部署、提出	编制、开展、考察、分析、综合、研究、处理、推广
执行区	策划、设计、提出、参与、协助、代理	编制、收复、整理、调查、统计、记录、维护、遵守、维修、办理、呈报、接待、保管、核算、登记、送达、搭建

在使用动词时还要注意，尽量用专业术语，这样表达得更准确。数据分析师履行职责使用示例见表 9-3。

表 9-3　数据分析师履行职责使用示例

职　责	任　务
搭建数据指标体系	1. 独立研究数据挖掘模型，参与数据挖掘模型的构建、维护、部署和评估，引入数据分析方法及模型到实际分析工作当中 2. 负责根据既定的数据收集范围，定期进行产品相关数据的更新与汇总，并形成数据统计报告，对产品数据进行整理和分析
挖掘驱动产品指标	1. 从业务需求提取业务逻辑和数据逻辑，通过数据分析来了解产品需求和行为，帮助产品内容团队进行优化 2. 负责分析型项目的需求调研和评估，了解需求，结合数据分析成果提供业务差异化和精细化管理服务工作
寻找改进机会	1. 深入理解业务，能够基于数据分析得到有价值的信息，为业务发展提供策略和建议 2. 负责收集相关部门的业绩数据，并进行整理和分析，为公司相关计划的顺利实施提供数据支持，保障相关部门工作的顺利进行

(4) 工作关系（社会环境）　工作关系是指本岗位与组织内外的其他工作岗位的关系。这些关系包括上级、下级、同级岗位、组织内的工作关系、组织外的工作关系几个部分。其中，组织内的工作关系包括该岗位的汇报对象是谁，可以监督哪些岗位，合作伙伴是谁等；组织外的工作关系包括该岗位与组织外的政府机构、公司企业等机构中的哪些部门有工作联系，有何种联系等。例如，人事部经理的工作关系如图 9-1 所示。

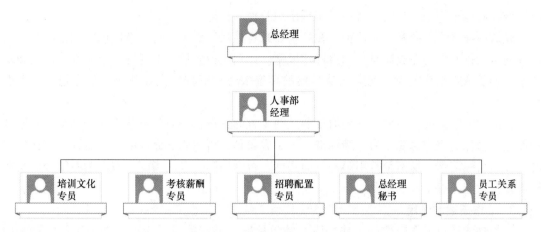

图 9-1 人事部经理的工作关系

（5）工作环境与工作条件（物理环境） 简要列出完成此项工作所需要的条件与环境要求，包括完成工作所需要的资料、工具、机器设备和工作的时间要求与地点等。这可以分为三个部分：自然环境、安全环境和强度环境，通常这些环境又可细分为以下指标。

1）自然环境：环境中的温度、湿度、照明度、噪声、震动、异味、粉尘、辐射等，以及任职者与这些环境因素接触的时间。

2）安全环境：工作的危险性；可能发生的事故、事故的发生率和发生原因；对身体的哪些部位易造成伤害及伤害程度；易患的职业病、患病率及危害程度等。

3）强度环境：工作持续时间，是否单调重复工作，注意力集中程度和时间，以及是否持续保持同一劳动姿势；工作地点的生活方便程度，环境的变化程度，环境的孤独程度，与他人交往的程度等。

（6）聘用条件（岗位基本工资） 聘用条件通常包括岗位所对应的金钱与非金钱的待遇条件。例如，岗位基本工资、培训机会、餐费及交通费补贴、提供住宿及晋升机会等。

（7）职责的量化信息 常用的职责的定量化信息表达方式有以下三种：

1）具体的工作量，包括纯劳动时间和岗位工作定额与绩效考核相关的数据。

2）各项职责所花费时间的百分比。

3）各项职责的复杂程度及各项职责的重要性排序。

（8）工作权限 工作权限是指根据该职位的工作目标和工作职责，组织赋予该职位的权限范围、层级与控制力度。工作权限一般包括人事权限、财务权限和业务权限。

1）人事权限：该岗位的人事类权力。例如，批准某类或某职级以下员工的录用、考核、升迁、出差、请假等的权力。

2）财务权限：该岗位具有的财务权力。例如，批准一定数额内费用的使用权力。

3）业务权限：该岗位具有的业务或专业方面的权力。例如，批准某些具体的工作事项和工作流程等。

（9）绩效标准 工作说明书中还包括有关绩效标准的内容，即完成某些任务或工作量所要达到的标准。这部分内容说明企业期望员工在执行工作说明书中的每一项任务时所达到的标准或要求。合格的绩效标准能够使员工清晰地认识到自己所在岗位需要完成的内容与标准，减少履行工作职责时的盲目性，实现组织管理的目标。

绩效标准分为正向和反向两种。在衡量要素容易从正面衡量时，就应该使用正向的业绩标准衡量工作职责的完成情况，如目标达成率、计划执行质量、准确性、及时性等；当衡量要素不容易从正面衡量时，就应该从相反的角度来考察职责的完成效果，如差错率、失误率等。

正向的业绩标准衡量要素的提取主要从两个方面进行：一方面是从工作的结果，将职责所要达成目标的完成情况作为业绩标准；另一方面是分析在职责完成的整个流程中存在的关键点。当目标清晰、易衡量时用第一方面指标，否则用第二方面指标，或者两者结合。反向标准仅考虑工作做不好的情况。

3. 工作描述的作用

工作描述是对工作岗位的工作职责、绩效标准、工作关系、劳动条件等进行的详细说明。这些信息适用于人力资源管理的各个环节，为企业的人力资源规划、职业生涯设计、组织结构设计等提供基础性信息。例如，劳动条件的分析与整理为进一步改善劳动环境、增强劳动保护提供了依据。工作关系的分析与说明可以清晰界定岗位之间的工作职责与工作范围。

工作描述的基础作用是为人力资源管理的各个模块提供标准和依据；其直接作用是生成了工作说明书等人事文档，为人力资源管理提供了可执行的政策性文件。同时，由于同行业的工作说明书具有较强的参考性，因此工作描述具有较高的研究价值。

9.1.4 工作说明书的工作规范

1. 工作规范的定义

工作规范又称任职资格，是指任职者要胜任该项工作所必须具备的基本资格与条件，主要有学历（文化程度及所学专业）、年龄、身体状况、相关经历、个性特征、能力、基本技能、知识要求、其他特殊条件等。任职资格是工作说明书的重要组成部分。这些内容对于招聘培训、选拔晋升、培训开发等管理活动具有重要的意义。

2. 工作规范的基本形式

按工作规范的具体内容区分，工作规范有以下几种基本形式：

（1）管理岗位知识能力规范　管理岗位知识能力规范是对各类岗位的职责要求、知识要求、能力要求和经历要求所做的统一规定。该种规范的内容一般包括以下四类要求。

1）职责要求：对本岗位的主要职责做出简要的概括和说明。

2）知识要求：胜任本岗位工作应具备的各种知识结构和知识水平。

3）能力要求：胜任本岗位工作应具备的各种能力素质。

4）经历要求：能胜任本岗位工作一般应该具有的经历。具体包括一定年限的实际工作经验，从事低一级岗位的工作经历，以及从事过与之相关的岗位工作的经历等。

（2）管理岗位培训规范　管理岗位培训规范主要包括以下内容。

1）指导性培训计划：对本岗位工作人员进行培训的总体性计划。主要内容包括培训目的、培训对象、培训项目（实际操作）、课程的设置与课时分配、培训方式及考核方法等。

2）参考性培训大纲和推荐教材：在本岗位工作人员培训过程中，参考性培训大纲的制定能够促使培训在一个完善的体系中有步骤地进行，而推荐教材的使用使得员工能够学习到最适合本岗位工作的知识和提升技能等。

(3) 生产岗位技术业务能力规范　生产岗位技术业务能力规范又称生产岗位技能规范，主要包括以下三项内容。

1）应知：胜任本岗位工作所应具备的专业理论知识。例如，所使用机器设备的工作原理、性能、构造、加工材料的特点及技术操作规程等。

2）应会：胜任本岗位工作所应具备的技术能力。例如，使用和调整某一设备的技能使用和调整某种工具、仪器仪表的能力等。

3）工作实例：根据"应知""应会"的要求，列出本岗位的典型工作项目，以便判定员工的实际工作经验以及掌握"应知""应会"的程度等。

(4) 生产岗位操作规范　生产岗位操作规范又称岗位工作规范，主要包括以下几项内容：岗位职责和主要任务、岗位各项任务的数量、质量要求及完成期限，完成各项任务的程序和操作方法，与相关岗位的协调配合程度，其他种类的工作规范（如管理岗位考核规范、生产岗位考核规范等）。⊖

3. 工作规范的内容

工作规范的内容包括：基本要求（一般要求），其中包括教育状况要求、工作经验要求、工作技能要求；心理要求（能力要求）；生理要求。表9-4为某公司数据分析师的任职资格要求。

表9-4　某公司数据分析师的任职资格要求

岗位名称		数据分析师
所在部门		市场研究数据部
基本要求		性别不限、年龄不限、身体健康
教育状况要求	学历专业	本科及以上学历，统计学、数学、计算机相关专业优先
	知识要求	熟练使用 SAS、R、Python 等数据分析软件
工作经验要求		三年以上大数据分析、应用实施经验和成功的项目实施案例
工作技能要求		1. 对数据驱动业务有深入理解，对数据与业务方面有足够敏感性，具有较强结构化思维、较强的逻辑分析能力、较强的独立思考能力、良好的沟通执行力和推动能力 2. 能主导并擅长用多种分析手段和建模方法解决实际业务问题 3. 逻辑思维能力好，做事细心踏实，对数据敏感，对结果负责，具备良好的沟通能力 4. 执行力强、学习能力强，愿意主动接触新的知识和领域
心理要求		1. 工作严谨认真 2. 能够承受工作压力 3. 富有主动性 4. 具有强烈的责任心

(1) 基本要求（一般要求）　基本要求一般包括任职者年龄、性别、身体状况等。在实

⊖　葛玉辉. 工作分析与设计［M］. 北京：清华大学出版社，2014.

际工作当中，有些岗位对任职者的年龄有要求，这是因为有些工作需要一定的经验与技能。除此之外，有些岗位可能对任职者的性别有要求，如矿山的采掘岗位、井下作业等。

1）教育状况要求。教育状况是指任职者接受的各级各类教育的状况，包括所读过学校的名称、专业、就读时间与毕业时间、相关特殊进修、短期研修与取得证书的时间等。

2）工作经验要求。工作经验是指任职者完成岗位工作、解决相关问题的实践经验。为了更好地履行岗位职责，一些技术与管理岗位对任职者的工作经验提出要求。工作经验可以分为社会工作经验、专业工作经验和管理工作经验。其中，社会工作经验是指参加工作后的工作经验，包括任职者的所有工作经历；专业工作经验是指从事过相同岗位与专业的经验状况；管理工作经验，即是否从事过管理工作，从事过哪类管理工作，以及从事管理工作的时间等。

3）工作技能要求。工作技能是指任职者对与工作相关的工具、技术和方法的运用能力，通常可以通过相关专业资格证书，以及受到的专业技能培训和实际技能进行评价。例如，常见的工作技能要求有对外语能力、公文处理能力、计算机系统应用能力等的要求。

（2）心理要求（能力要求） 能力是指人们能够从事某种工作或完成某项任务的主观条件，它是知识具体运用的表现形式。这种主观条件主要受两方面因素的影响：一是先天遗传因素；二是后天的学习和实践因素。能力总是与人完成一定的活动联系在一起的，且能力直接影响工作效率。能力包括思维行为沟通能力、思维语言沟通能力、语言行为沟通能力、理解力、判断力、分析能力、综合能力、记忆力、观察力、想象力等。

不同的工作岗位对任职者的能力要求是不同的。例如，在公务员的日常工作中，文书书写资料阅读、数字资料分析等都是经常面对的工作，这类工作对从业者的能力具有特殊要求。因此，公务员考试主要考查的是从事行政职业应该具备的一般能力，如数量关系、判断推理、常识判断、言语理解与表达、资料分析等，这些都是从事行政职业即国家公务员所必须具备的一般能力。[一]

（3）生理要求 由于某些岗位的特殊性，需要对任职者的生理条件进行限定。例如，常见的身体素质指标有动作协调能力、手指灵活性、眼手足的配合能力、颜色辨别能力等。

此外，工作规范的内容还可以分为显性任职资格和隐性任职资格。其中，显性任职资格是指可以被较为准确测量的任职要求。它主要包括身体素质、受教育程度、工作经验、工作技能和培训要求等。身体素质是人先天的体质和能力的物理状况；受教育程度是指岗位所需任职者的受教育的程度；工作经验是指任职者所需的工作经历，它可以通过工作年限和所从事的具体工作来表述；工作技能是指对与工作相关的工具、技术和方法的运用。显性任职资格也即上面提到的一般要求。

隐性任职资格是指难以测量或者测量的准确性较低，但与工作绩效相关性更高的任职要求，主要是指任职者胜任能力要求。它主要包括认知能力、感知能力、自我观念、成就动机等。

[一] 潘泰萍. 工作分析：基本原理、方法与实践 [M]. 上海：复旦大学出版社，2018.

9.1.5 工作说明书的作用和意义

1. 工作说明书的作用

工作说明书在说明职位"该做什么事"的基础上确定了"什么样的人适合该职位",因此,它是人力资源管理的重要基础。如在培训与开发方面,各部门主管应根据下属在各工作说明书中所确定的职责和任职要求,在具体工作中进行有针对性的指导培训,以不断提高下属的工作能力;职位任职者则根据其工作说明书中的内容来衡量判断自己的不足和弱点,自我学习与提高,以更加适应职位的工作要求;而人力资源管理者则通过分析工作说明书,根据各类职位所需知识技能与现有人员的差距,来确定培训内容、制订培训计划、组织相关培训。○

2. 工作说明书的意义

众所周知,工作说明书是对项目所要提供的产品或服务的叙述性描述。所以,其意义主要从以下几方面进行讨论:

(1) 它有助于实现组织优化　在编制工作说明书之前,有一个职位分析的过程,即对部门职责进行列举和归类,对工作流程、各职位间的职责分配进行分析和规划,从而最大限度地发挥组织效力。在此过程中,要重点思考的是人员配置是否冗余,职责是否相互重叠,部门职能是否细化到每个岗位,职责介绍是否得当等。对这些问题思考都将有利于实现组织优化。

(2) 它是员工目标管理的依据　第一,工作说明书清晰地列出了员工的职责范围,使员工可以根据工作说明书大致了解自己的工作目标,进行自我管理;第二,工作说明书囊括了岗位所需要的能力,使员工可以对照了解自己在这些方面发展得如何,有哪些能力还需要进一步提高。一份好的工作说明书可以使员工了解组织的目标、自己在组织中的作用、相应的责任和职权,使全体员工各司其职、上下目标一致。

(3) 它是制定绩效管理标准的依据　好的工作说明书,既要按照重要性的先后顺序列明每项职责的主要内容,又要说明该职责是承担全部责任还是部分责任,抑或是辅助性工作;同时,要列明相应的考核方法,考核指标可以是反映质量的,也可以是反映数量的。

(4) 它是进行职位评价从而确定薪酬的前提　职位评价的内容通常包括职责范围大小、工作复杂难易程度、劳动强度、劳动条件等要素。有了职位评价,才便于确定每个职位的薪酬水平。而职位评价的基础是工作分析和工作说明书。如果没有工作说明书,就无法进行职位评价。因此,工作说明书是制定薪酬政策的间接依据。

(5) 它是进行人员招聘、制订培训计划和个人发展计划的依据　人力资源管理部门在发布招聘启事、甄选面试、确定培训内容、设计员工职位升迁路径时,都离不开工作说明书。不仅如此,只有根据工作说明书的具体要求,企业才能对任职条件不够的员工进行培训,对条件优秀的员工予以提升,实现培养计划。○

○ 陈庆. 岗位分析与岗位评价 [M]. 北京:机械工业出版社,2011.
○ 李中斌. 工作分析理论与实务 [M]. 大连:东北财经大学出版社,2017.

9.2　工作说明书的编写与调整

9.2.1　工作说明书的编写要求

1. 清晰明白

在编写工作说明书时，对工作的描述必须清晰、透彻，让任职者读过以后可以准确地明白其工作内容、工作程序与工作要求等，而无须再询问他人或查看其他说明材料。应避免使用原则性的评价，同时对较专业且难懂的词汇必须解释清楚，以免在理解上产生误差。这样做的目的是让使用工作说明书的人能够清楚地理解这些职责。

2. 具体细致

在说明工作的种类、复杂程度，任职者所必须具备的技能，以及任职者对工作各方面应负责任的程度这些问题时，用词上应尽量选用一些具体的动词，尽量使用能够准确地表达意思的语言。例如，运用"安装""加工""设计"等词语，避免使用笼统含糊的词语。如在一个岗位的职责描述中，使用了"处理文件"这样的词语，显然有含混不清的成分。"处理"是什么意思呢？因此，在具体编写时，要仔细区分到底是对文件进行分类，还是进行分发。

3. 简短扼要

整个工作说明书必须简短扼要。在描述一个岗位的职责时，应该选取主要的职责进行描述，一般以不超过 10 项为适。对于兼顾的职责，可做出必要的补充或说明。○

4. 共同参与

为了保证分析工作的严肃性和科学性，工作说明书的编写应由担任该职务的工作人员、上级主管、人力资源专家共同分析协商。

9.2.2　工作说明书的编写步骤

工作说明书的编写主要包括以下五个步骤，如图 9-2 所示。

图 9-2　工作说明书的编写步骤

1. 动员

人力资源部门组织召开工作说明书编写说明会议，讲解编写的意义、注意事项及范例。

2. 获取工作信息

首先，分析已有的资料，对企业的各种管理制度，各职位的主要任务、主要职责及工作

○　潘泰萍. 工作分析：基本原理、方法与实践［M］. 上海：复旦大学出版社，2018.

流程有大致的了解；其次，通过文件查阅、现场调查、面谈等方式收集信息。

3. 沟通

针对工作说明书编写过程中遇到的问题，及时与公司的管理人员和某一职位的工作人员进行沟通。

4. 处理工作信息

对各类信息进行分类，得到每一个职位所需要的各种信息。

5. 撰写

落实编写任务，编写顺序从上级到下级逐级分解，最终由指定专家与指定部门完成编写，人力资源部修改，交由总经理审定。○

9.2.3　工作说明书编写的注意事项

1. 以符合逻辑的顺序来编写

在工作说明书的编写过程中，应该以符合逻辑的顺序来编写。一般来说，一个岗位通常有多项工作职责，在工作说明书中罗列这些工作职责并非是杂乱无章的、随机的，一定的逻辑顺序有助于理解和使用工作说明书。

2. 尽量使用通俗易懂的语言

在工作说明书的编写过程中，应该尽量避免过于强调技术性的文字或概念。工作说明书的描述不仅要让上级管理者能够理解工作相关内容，更重要的是要让上岗人员能实实在在地领会自己应尽的义务。因此，当遇到技术性的问题时，应尽量转化成较为通俗的解析。

3. 表明各项职责的重要性

在工作说明书的编写过程中，应该表明各项职责的重要性。许多具体工作的出现频率和各项职责所占的时间比重都有所不同，因此，可考虑按工作的重要程度自上而下进行排列，或者结合各项职责出现频率的高低，在对应的备注栏中说明职责在总的职责中所占的比例。编写工作说明书的过程中，不仅要清楚岗位工作的主要内容，还要对其职责大小与次序划分予以明确。在实际编写方面，可按照各项职责的重要程度、难易程度和任职者花费的时间等内容进行具体分析，关键是切实客观并具可操作性（即做什么、如何做、做得好）。一般来说，由于基层或生产线员工的工作更为具体，其工作说明书中的描述也应更为详细。实际上，许多企业是使用"作业指导书"和"岗位操作规程"来替代工作说明书的。○

4. 工作描述编写的注意事项

1）由于工作活动与程序是工作描述的主体，因此在编写时需要对每项工作的内容进行详细描述。

2）需要对工作岗位的责、权、利进行分析，达到平衡。

3）工作内容需要与组织结构设计、职能分解和职位设置保持一致。

4）需要设定清晰的职责范围。

○ 李中斌. 工作分析理论与实务［M］. 大连：东北财经大学出版社，2017.

○ 葛玉辉. 工作分析与设计［M］. 北京：清华大学出版社，2014.

5. 工作规范编写的注意事项

1) 工作规范关注的应该是工作或岗位，而非任职者本身。

2) 一般是受教育程度、经验、知识、技能、体能、个性特征方面的最低要求而非最高要求。

3) 应使用经验判断和统计方法相结合的方法。

4) 在建立工作规范时，需要综合考虑某些法律要求的任职资格和职业传统的需要。例如，特殊行业的从业资格证书的要求，以及某些约定俗成的传统等。

5) 工作规范中的任职资格必须与工作岗位高度相关不能随意主观判断。

工作规范在编写时可以采用计分式、文字表达式和表格式三种描述形式，也可以将三种形式结合起来使用。

9.2.4 工作说明书编写中的常见问题及解决措施

1. 编写中的常见问题

(1) 审批人签字的程序　工作说明书在编写过程中需要审批人层层签字，其中有严格的程序：一般要经过岗位主管部门审批签字，然后是人力资源经理审批签字，接下来才是公司更高层领导审批签字。

(2) 签字人的姓名与起草人不同，甚至出现错别字　工作说明书在一定程度上是具有法律效力的，因此要严格按照规定进行书写。工作说明书中出现的错别字和签字人与起草人姓名不同的情况都会给未来的工作带来不必要的纠纷。

(3) 工作说明书内容不够完善和标准　在对工作说明书进行审核时，有的部门的工作说明书有漏项、少项的问题，造成工作说明书内容上的缺失。这是编写工作说明书较为严重的疏忽。在工作说明书编写的过程中应该尽量避免出现这样的错误。

(4) 个别部门工作说明书的岗位职责和任职资格重叠　在进行工作说明书审核时，发现许多部门不同岗位的岗位职责有雷同，甚至任职资格也完全相同。这是严重违反工作说明书编写要求的。从这一点上可以看出，编写工作说明书的人员工作态度存在一定问题，并且也可以看出有些部门并没有认识到工作说明书的重要性。在编写工作说明书的过程中必须避免类似现象发生。

(5) 各级管理者和员工的投入不够　各级管理者和员工的投入不够，可能会导致工作描述效果"打折扣"，甚至最终导致"流产"，使很多企业由于缺乏标准的工作说明书而付出很大的代价，也会使人力资源工作因缺乏针对性而难以开展。

(6) 工作描述中的很多技术问题难以解决　工作描述中的技术问题包括以下几个方面：

1) 概括每一个岗位的职责要点或描述岗位设置的目的，使岗位相关人员能够快速了解岗位的概况。

2) 岗位职责任务描述到什么程度，是将每一个小任务都写进工作说明书，还是仅列出岗位职责的条目。

3) 各个岗位的权限如何进行界定。

4) 如何确保权责匹配，同时又能与企业文化、不同任职者的能力素质等相匹配。

5) 任职要求如何界定。

6）工作描述要为今后的招聘、培训等工作提供基础信息，如果目前任职人员的能力不是很理想，怎样描述才能够平衡现有任职者的能力、理想的任职能力和可以获取人才的能力三方面的关系。

7）对每一个岗位是否都要把它的工作条件描述出来。

2. 解决措施

针对编写中的不同问题，制定出以下几种解决措施：

（1）在管理理念和具体工作目标指导下开展工作分析　理解企业的管理理念或管理目标，如"以人为本""以职位为核心的人力资源管理整体解决方案"等，或依据企业自身特点而定的"激励头鸟""实现人岗匹配""明确职责权限"等目标。

（2）积极配合和充分沟通　配合人力资源部与企业高层充分沟通，使工作分析的价值性和必要性获得高层的认可，力求获得高层的鼎力支持；召开工作分析启动会议，宣讲工作分析的重要意义、理念与目的，让员工认同工作分析的价值；通过工作分析过程促使员工思考自己的工作内容、职责权限、工作能力要求等信息，并加强与员工的沟通。

（3）具体问题具体分析，避免"一刀切"　如果工作说明书是用于人员招聘，那么可以在明确工作职责的基础上，重点说明具有何种资格的人才能适应职位的要求，其他部分可以适当弱化分析，化繁为简。应考虑不同工作职位的特点，例如，对于一般员工和操作工人，工作说明书要力求简洁通俗，尽量使用任职者能够理解的语言表述。

（4）注意工作说明书的应用　要注重在招聘工作中切实应用工作说明书，与人力资源部进行人员需求沟通；依据工作说明书优化招募、甄选方案；依据工作说明书制定人员聘用决策。

（5）积极更新和完善　工作分析应随组织的发展变化而随时更新；应以人力资源战略为导向，以企业未来发展对人员的需求为目标，不应单纯拘泥于事务性工作。

（6）其他注意事项　在形成工作说明书之前，应对收集的信息进行科学分析与整理。工作说明书并没有统一固定的模式，而应根据分析的目的选择不同的内容和形式。描述时，对信息的整理应按一定的类型和标准进行。在编写工作说明书之前，应确定统一的书写格式。工作说明书中的语言，应尽量按照常规的要求编写，便于使用者理解。了解工作分析中的常见误区，采取一定的方法加以避免。

9.2.5　工作说明书的调整与改进

1. 工作说明书的调整

根据岗位的性质，工作说明书更新的时间要求长短不一。生产营运型岗位相对稳定，变化较小，因此工作说明书的维护更新工作量较小；项目管理型岗位变化较大，项目阶段性较强，工作说明书应随项目进程进行阶段性更新，因此维护更新工作量较大。所以，岗位分析与评估工作是人力资源管理的一项常规性工作，而不是一件一劳永逸的事。企业应根据工作目标、工作流程、企业战略和市场环境的变化对工作做出相应的动态调整，

㊀ 葛玉辉. 工作分析与设计［M］. 北京：清华大学出版社，2014.
㊁ 李中斌. 工作分析理论与实务［M］. 大连：东北财经大学出版社，2017.

使其责权一致。○

2. 传统工作说明书的改进

工作说明书在一系列人力资源管理制度中依然保留着很高的价值。以其目前的形式而言，它对职位管理更有效，而不是人们所期望的员工管理。有什么更好的方法能使它更适合管理者及员工的需要呢？如果工作说明书能够阐明组织对员工的预期，理顺组织任务、绩效标准和最低资格条件之间的关系，那么它会更有价值。改进的工作说明书应包含以下五个方面的信息：

1）任务：对工作而言，什么职责最重要。

2）工作条件：哪些事情可以使工作更容易（比如封闭式监督或者为工作提供书面指南）或更困难（如面对愤怒的顾客或处在恶劣的物理环境下）。

3）绩效标准：是否能够从数量、质量或服务时限等方面为每一项任务设立客观合理的（与组织目标相关的）绩效水平。

4）知识、技能和能力：在上述条件下，从最低标准意义上讲，履行每项任务需要什么样的知识、技能及能力。

5）资格：为确保员工获得必需的知识、技能和能力，需要什么样的教育背景、工作经验及其他资格。

以上这些变化均十分重要，因为它们阐明了任务、工作条件、绩效标准、知识、技能和能力，以及资格条件之间的互动关系。

综上所述，对传统工作说明书的改进强调了工作管理和员工管理的关系，而不是以往所强调的职位管理。它更加关注组织产出（某项工作所产生的实际效果）而非投入（组织当中应设置哪些职位）。○

3. 工作说明书的发展趋势

随着外部竞争环境的日趋激烈，很多企业的工作流程需要改造和重组。在这一浪潮的冲击下，传统的以"命令－执行"为特征的工作方式正转变为以"服务"为特征的工作方式。在这种工作方式中，企业内部的每一个职位都以服务者和被服务者的双重身份出现，既要接受上游职位的工作输入，又要对下游职位进行工作输入，工作的链条关系越来越重要。为了反映这种关系，结合工作流程编写"履行职责"已成为一个趋势。

结合工作流程编写"履行职责"就是在搞清楚工作链相互关系的基础上，在描述职责的任务时加入对象状语，也就是说加入工作输入和工作输出即可。结合工作流程的描述，可以提炼成下面的格式：输入的对象和内容＋动词＋宾语＋输出的对象和内容＋目的状语。例如，招聘主管拟订招聘计划的职责，结合工作流程可以这样描述：接受各部门的招聘需求信息，拟订招聘计划，提交给经理审批，以保证招聘工作的顺利进行。

另一个趋势就是企业越来越重视工作规范，尤其是其中的能力和素质要求，以"素质模型"为主要标志的新的招聘标准正在逐步形成。这是因为在新经济条件下，人的因素变得越来越重要，拥有优秀的员工已成为企业成功的关键，为了招聘到合格的人员，必须对任

○ 陈庆. 岗位分析与岗位评价 [M]. 北京：机械工业出版社, 2011.

○ 李中斌. 工作分析理论与实务 [M]. 大连：东北财经大学出版社, 2017.

职资格条件做出详细的规定，因此工作规范就变得越来越重要。[1]

9.2.6 工作说明书示例

工作说明书示例见表 9-5 和表 9-6。

表 9-5 人力资源部经理工作说明书

基本信息	职位名称：人力资源部经理		职位编号：SSHY-HR-1
	所属部门：人力资源部		编制日期：
工作关系	内部工作关系 1. 各职能部门 2. 公司各下属单位 3. 基层各党支部	总经理 ↓ 分管人事副总经理 ↓ 人力资源部经理 ↓ 人力资源部门所属员工	外部工作关系 1. 省、市劳动保障局 2. 社会保障中心 3. 省、市职称评审机构 4. 市考试中心 5. 咨询顾问公司 6. 省、市人才交流中心 7. 省、市劳动力市场 8. 各大、中院校 9. 地方政府、组织部门
职位目的	提升企业的人力资源质量，制定和运行人才吸纳、激励、开发、流动的机制		
主要职责	描述	负责程度（全权、负责、承办、报审）	绩效重点
平台管理	制定及实施人力资源战略、规划和管理体系方案；搭建人力资源管理平台，组织汇总、编制企业各项规章制度，调整及实施运行 1. 人力资源管理体系平台 　人力规划：制订人力资源部的年、季、月工作计划及跟踪检查落实完成情况；拟订、审核人力资源各设项管理制度建立各级人力储备库 　人力成本：汇总、核算人力成本。 　沟通协调：汇报工作，处理与地方政府、主管部门的关系，联络疏导对内、对外的各机构；控制、使用部门内各项承包费用 2. 规章制度平台 　组织设计：进行组织机构设计和工作设计，组织、落实机构设置，监督定岗、定员、定薪等情况 　规章制度：组织编制基本管理制度及具体操作办法 　监控管理：设计、运行管理流程和制度的监控管理体系	负责	方案被采纳；发现和杜绝问题；与企业总体战略规划协调一致。制度完备，制度规范，制度可行，制度有效 1. 体系平台科学，实现企业人才吸纳、激励、开发、流动的合理机制。对内、对外的各相关机构关系融洽、顺畅、协作，树立人力资源部的服务形象及管理形象 2. 制度平台搭建丰富规范，实现代企业管理制度化、程序化、标准化、信息化

---

[1] 葛玉辉. 工作分析与设计 [M]. 北京：清华大学出版社，2014.

（续）

主要职责	描述	负责程度（全权、负责、承办、报审）	绩效重点
制度体系构建	制定政策和制度，建设和运行人力资源各项管理体系，储备人力，计算人力成本，监督、审核、指导各个人力资源主管和主办的工作 1. 开发管理：组织实施企业人才招聘工作，安排、调配新员工；控制、协调、组织企业内部人员竞争上岗；实施绩效管理，组织职称评定；管理劳动合同和员工档案，调配员工，包括聘用管理、绩效管理、异动管理、档案管理、计算开发成本等 2. 培训管理：预算培训经费，组织实施员工的培训及专业技术管理工作；审批员工继续教育、送外培训，接待外单位的培训、实习人员，包括组织培训、内部培训、培训效果管理、绩效管理、信息管理、培训成本等 3. 薪酬管理：编制薪酬计划，提出薪酬控制方案，申报工资总额和计划；审批薪酬发放，签发薪酬报表，包括考勤管理、薪酬计划、薪酬核定、薪酬核算、罚款管理、薪酬成本等 4. 福利管理：统筹员工保险方案；审批员工假别，监督管理劳动纪律，处理劳动争议，监督管理再就业服务中心和劳务市场包括社会统筹、企业福利、劳动保护、福利成本、员工奖惩、日常事务等 5. 退休管理：统筹员工退休方案，组织和管理离退休员工的文体、娱乐、保健、异地安置、暂住、工伤、疾病、死亡的探视和善后等方面的处理工作，包括退休薪酬、退休福利、退休档案、行政后勤等	全权	保障和激励员工，提高员工工作满意度；岗位价值与人力成本对等，员工流动率合理 1. 管理准确、公平、标准、客观，可操作性强；与企业财务规划协调一致 2. 通过培训提高员工的文化素质和工作技能，通过绩效管理修正员工工作与企业目标之间的偏差，通过知识管理实现企业信息共享和知识积累 3. 充分调动员工的积极性，实现报酬与绩效平衡对等 4. 福利措施丰富、人性化、可操作性强 5. 管理科学、平衡、全面；行政后勤保障完备、丰富
协调工作	相关工作：配合党团委进行党员教育、党员发展、党支部建设和管理工作，培养、考察入党积极分子	协作	员工入党的积极性高，工作自觉性不断增强，精神面貌得到改善
基础管理	基础管理 机构建设：提供决策支持信息，参与制定相关战略规划；制定本机构计划及工作标准，完善内部管理制度；召集内部会议，部署及分解工作任务，跟踪落实和反馈；传达和执行上级指令，检查、总结、汇报工作成果，并提出改进方案和工作建议 团队建设：组织学习，培训下属员工并与之沟通；监督指导、支持下属员工开展工作，监督各项标准、制度的执行和落实；检查、考核下属员工的工作绩效；参与、协助下属员工的职业生涯发展 关系协调：协调内外部、上下级的关系；处理突发事件	承办	指导量化，分配合理，奖惩严明，培训有效，沟通顺畅，反馈及时，关系融洽；管理公平、公正、公开，充分调动员工的工作积极性；形成团结高效、业绩优异的工作团队

(续)

其他工作	上级布置的其他临时性工作		
岗位权限	工作权限： 人力资源规划权 劳动合同履行权 违纪处理的建议权 各类假别审核、批准权 部门内部工作考核权 三类文件的批准权 费用权限： 培训经费使用管理权 工资总额管理控制权 经济责任制承包费用使用权 部内二次分配权 人事权限： 人力资源调配使用权 中层管理人员监督考核权 部内人员调配权 部内员工奖励、惩罚权 部内人员提升建议权和聘用权 员工内退审核、建议权 大、中专学生招用考核、建议权		
任职资格	内容	必备条件	期望条件
	一、教育水平	大学本科学历	人力资源管理、心理学或相关专业硕士以上学位
	二、工作经验	年龄在40岁以下，具有五年以上相关工作经验，其中三年以上主管（或以上）职位工作经验	合资型企业人力资源管理工作经验
	三、技能与能力	基本能力：准确把握劳动法规 核心能力：沟通、协调能力强，人力资源管理能力强，熟悉国家的相关法律、法规	全面、先进的人力资源管理能力，创新能力强，对人力资源管理工作有深刻的理解
	四、个性与品质	忠于公司，为人正直、清正廉洁、思维敏捷、性格沉稳、善于沟通和决断，为人正派，办事公正，心态平和	有强烈的事业心和开拓创新精神，具备管理理念，沉着、稳健、成熟，有良好的人格魅力、能承受较大压力
职务等级	职级：中层	薪酬标准	基础工资；部门经理级基础工资
工作地点和时间	工作地点：人力资源部办公室 工作时间：按照规定工作时间出勤		

（资料来源：https://wenku.baidu.com/view/06d37957ab00b52acfc789eb172ded630b1c98fc.html。）

表9-6 人力资源数据分析师工作说明书

岗位名称	人力资源数据分析师	所属部门	人力资源中心	岗位定员	1
岗位编码	XAL-01-002	部门编码	HR-005	薪酬等级	C1
直接上级	人力资源经理	直接下级	—	下级人数	—
工作综述	人力资源数据统计分析，为公司发展提供建设性建议				

(续)

工作职责	1. 通过数据挖掘手段，探索 HR 数据背后的逻辑和规律，推动 HR 管理提升，助力业务发展 2. 深入了解和分析公司现有系统的人力数据和业务数据，建立人力资源数据分析体系，搭建公司人力资源可视化数据分析平台 3. 支持对接公司重点人力资源项目，借助数据分析，能综合使用各类统计分析方法多角度分析组织及人力资本效能，为公司发展提供建议	
协作关系	内部：企业内部各业务部门	
	外部：相关部门	
岗位要求	1. 统招全日制重点本科及以上学历，人力资源、统计学、经济学、信息管理系统、计算机相关专业优先 2. 一年以上工作经验，互联网公司，企业商业与运营分析大型企业数据分析或咨询公司背景，有搭建人力资源数据分析系统经验优先 3. 结构化思维，敏锐的数据洞察力，能够独立完成数据报告，并分析其中隐含的数据含义和价值 4. 具备良好的逻辑与体系化设计能力优秀的沟通能力及解决问题的能力，能够基于专业做出独立判断，成就驱动，具有极强的保密意识和良好的职业道德 5. 具备专业的数据处理和分析能力，能熟练使用 Office 软件，精通数据分析工具优先	
任职资格	工作知识	较深的专业知识，了解行业情况
	工作技能	熟练操作计算机办公软件，至少精通一种数据分析软件
	素质要求	工作认真负责，具有良好的沟通能力、组织协调能力
	个性品质	对公司忠诚，具有良好的保密意识
	职称证书	专业相关证书
	身体要求	身体健康
职业晋升	副总经理	
工作地点	办公室	
工作时间	朝九晚六弹性工作制，每周一到周五	
使用工具	计算机	

(资料来源：https://wenku.baidu.com/view/50ba66847d192279168884868762caaedd33baaf.html。)

案例库

案例分析：庙里的小和尚

庙里有一个小和尚担任撞钟一职，半年下来，他觉得无聊至极，认为不过是"做一天和尚撞一天钟"而已。有一天，庙里住持宣布调他到后院劈柴挑水，原因是他不能胜任撞钟一职。小和尚很不服气地问："难道我撞的钟不准时、不响亮？"老住持很耐心地告诉他说："你撞的钟虽然很准时、很响亮，但钟声空泛、疲软，没有感召力。钟声是要唤醒沉迷的众生，因此，撞出的钟声不仅要洪亮，而且要圆润、浑厚、深沉、悠远。"

从小和尚的话中，我们大约可以推断，在担任撞钟一职时，他根本就不知道该职位真正的岗位职责是什么，以为只要敲钟准时且钟声响亮就行了，殊不知，钟声还要有感召力，要用心去敲，要敲出有"文化内涵"的钟声。如果小和尚在任职之前就能拿到住持给他的岗位说明书，那么他就能清楚岗位职责和要求，可以自己衡量工作的好坏，在住持对他进行"调岗"时，也就不会有所不满。

本章总结

本章主要介绍了数字化下的企业岗位创新,详细介绍了岗位说明书。岗位说明书的存在为组织优化提供了巨大的帮助,可以作为对员工目标管理和制定绩效管理标准的依据。现今随着网络技术的普及与应用,平台型企业逐渐成为转型的龙头,产业链与价值链的变化同时带动着劳动关系的改变。随着企业的扩大与转型,人数不断增加,组织架构不断调整。

本章习题

1. 简要介绍什么是工作说明书。
2. 工作规范的定义是什么?
3. 工作说明书的编写要求有哪些?
4. 工作说明书编写过程中的常见问题有哪些?
5. 如何调整与改进工作说明书?

第10章 数字化转型下企业工作分析的实践与发展

学习目标和知识点

1. 了解数字化转型对企业岗位创新的影响。
2. 了解数字化转型背景下岗位变化。
3. 了解数字化转型背景下岗位管理实践的新方向。

导言

无论在业务稳定阶段还是转型期,员工职业生涯管理始终是企业重要的一环。在业务和人员稳定时期,企业倾向于以职业通道为依托,为员工规划发展路径,给予员工在企业稳定长期发展的机会。

随着外部环境的快速变化,业务的需求也在不断增加,企业传统的岗位管理受到了挑战。从业务角度上,企业受商业环境的影响,正在进行数字化转型,传统的知识、技术和能力需要进行更新迭代,这对工作岗位的重塑提出了新的要求。随着外部市场机会的不断涌现,员工的稳定性受到影响,传统的岗位可能无法满足员工的发展需求。基于以上背景,企业开始寻找数字化转型背景下的岗位创新与新方向。

案例库

案例分析:数据科学家:岗位职责、能力要求[一]

目前,全球数据科学家人才需求增速快且缺口较大。领英(Linkedtn)《2017年美国

[一] 朝乐门,肖纪文,王解东. 数据科学家:岗位职责、能力要求与人才培养 [J]. 中国图书馆学报,2021,47(3):100-112.

新兴职位报告》（*2017 U. S. Emerging Jobs Report*）显示，2012年—2017年领英上公布的数据科学家招聘信息数量增长了650%。领英《2020年美国新兴职位报告》（*2020 Emerging Jobs Report*）显示，在美国，数据科学（职位）正在蓬勃发展，并开始取代传统角色，该职位的年增长率为37%，并表现出以下特征：所需能力涉及机器学习、数据科学、Python、R和Spark；用人单位主要在信息技术与服务、计算机软件、互联网、金融服务和高等教育等领域。

1. 数据科学家的岗位职责

岗位职责是体现数据科学家工作内容的重要方面。应聘者入职后，通过参与用人单位的入职培训、常规培训，其知识结构得到进一步的完善和优化。下面主要从入职后的岗位职责角度调查数据科学家的主要工作内容及其特征。

（1）提出以数据为中心的解决方案　提出以数据为中心的解决方案是数据科学家的主要岗位职责之一。例如，米巴赫工程科技有限公司要求数据科学家应根据各类业务情况，提供以数据为驱动的解决方案；蚂蚁集团要求数据科学家要有良好的产品感觉和业务感觉，能够很好地把产品和业务问题转化成分析问题，同时能够很好地把分析的结果转化成产品和业务决策。将业务问题转换为数据问题是提出以数据为中心的解决方案的前提。

（2）从海量数据中发现有价值的信息　如何从大数据，尤其是海量数据中发现有价值的信息，是用人单位关注的一个重要问题。这就需要数据科学家具备较强的数据洞察能力。数据洞察（Data Insights）是指从海量数据中快速发现自己所需要的有价值的信息并将其转换为行动的能力。其构成要素如图10-1所示。在数据洞察中，除了数据敏锐直觉和领域经验的积累外，运用数据分析与建模、数据挖掘与知识发现等手段识别潜在的隐藏模式，并将其转换成有价值的洞见和行动的能力也尤为重要。

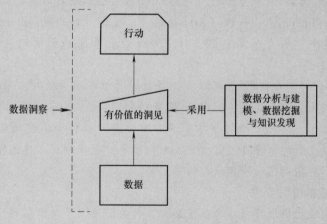

图10-1　数据洞察的构成要素

（3）面向具体业务的算法/模型研发　在实际工作岗位中，算法/模型的应用、评估、优化及研发是数据科学家的核心工作任务，主要涉及两方面的工作：一是决策模型或业务分析模型的训练、评估和优化；二是算法设计、优化与调参。具体而言，面向具体业务的算法/模型研发的工作内容包括：特征选择与数据准备，算法的选择与超参设置，模型的训练、评估与优化，预测结果的解释等。

(4) 假设检验与试验设计　假设检验与试验设计是数据科学家的主要岗位职责之一。例如，微软公司要求数据科学家应具有五年以上的试验设计经验，并具备将科学方法应用于业务问题和假设检验的能力。

(5) 数据治理与数据质量控制　数据治理与数据质量控制是数据科学家的主要岗位职责之一。例如，腾讯公司明确提出数据科学家需要推动数据治理，倡导和共建数据支持、数据驱动业务发展的文化。

(6) 数据产品的研发　与软件产品开发在计算机科学领域的重要地位类似，数据产品的研发是数据科学家对用人单位的主要贡献之一。因此，用人单位期待数据科学家进行数据产品研发。数据产品研发有两种，如图 10-2 所示。

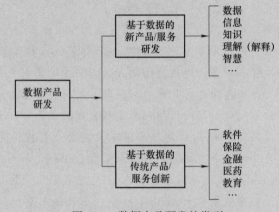

图 10-2　数据产品研发的类型

1) 基于数据的新产品/服务研发，包括以数据为中心设计的新产品与服务，如数据（Data）、信息（Information）、知识（Knowledge）、理解（Understandings）和智慧（Wisdom）类产品，其中理解类产品有很多种，如模型和算法的解释以及对预测结果的解读等。

2) 基于数据的传统产品/服务创新，如将数据思维应用于软件、保险、金融、医药、教育等具体行业领域，进而实现传统产品/服务的创新。

(7) 数据全流程的参与　数据科学家通常需要参与数据全流程处理。除了上述六项主要活动之外，数据科学家还可能需要完成数据准备、数据分析工具选择、数据呈现、结果解读与模型解释、跨部门和跨领域合作等工作。

2. 数据科学家的能力要求

数据科学家的能力要求可以从专业限制、工作经验要求、与数据科学直接相关的能力要求及与数据科学无直接相关的能力要求四个方面进行讨论，如图 10-3 所示。

(1) 专业背景要求　从调查结果来看，数据科学家岗位并不仅限于数据科学、计算机和统计学等众所周知的数据科学相关专业，而是特别强调"定量（研究类）领域"（Quantitative Field）。主要原因有两个：①数据科学、计算机科学、统计学等专业领域对数据科学人才的培养仍处于起步阶段，人才的数量和质量并不理想；②数据科学本身具有学科交叉性，对用人单位而言，跨学科性更具有现实意义。

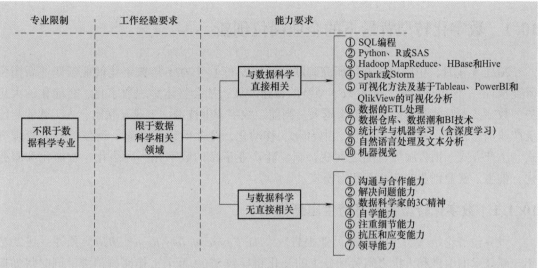

图 10-3　数据科学家的能力要求

（2）与数据科学直接相关的能力要求　在本研究中，与数据科学直接相关的知识和技能是指所涉及的知识和技能只在数据科学及其相关专业（如计算机学科与技术、统计学等）中进行重点学习，而其他非相关专业中不学习或不会深入掌握的知识与技能。从调查结果看，数据科学家必须掌握数据科学及相关专业中的如下知识和技能，按出现频次从高到低排序为：①掌握 SQL 编程，这是数据科学家岗位能力要求中最为常见的知识和技能要求；②Python、R 或 SAS 等数据科学语言；③Hadoop，尤其是 Hadoop MapReduce、HBase 和 Hive；④Spark 或 Storm；⑤可视化方法及基于 Tableau、PowerBI 和 QlikView 的可视化分析；⑥数据的 ETL（抽取/转换/加载）处理；⑦数据仓库、数据湖和 BI（Business Intelligence，商务智能）技术；⑧统计学与机器学习（含深度学习）；⑨自然语言处理及文本分析；⑩机器视觉，如 OpenCV 编程。除上述知识和技能之外，还有 A/B 测试、试验设计、探索型数据分析、Lambda 架构、Git、MATLAB、JAVA/C++/Scala。

（3）与数据科学无直接相关的能力要求　除上述与数据科学直接相关的能力要求外，数据科学家的招聘信息中还经常提到沟通与合作能力、解决问题能力、数据科学家的 3C 精神（即原创性（Creative）、批判性（Critical）、好奇心（Curious））、自学能力、注重细节（Detail-oriented）能力、抗压和应变能力、领导能力等。

（4）其他要求　数据科学家岗位均有一定的工作经验要求，而工作经验的时长主要取决于应聘者的学历水平和应聘职位的高低，即初级/中级/高级数据科学家。通常，最高学历为学士学位和硕士学位的应聘者分别要求至少有五年和两年的工作经验；而对已获得博士学位者没有特别的工作经验年限要求，但部分生物医疗和健康医疗类企业对博士学位获得者的工作经验也会给出限制。

除上述能力要求外，调研工作中还发现一些能力要求的出现次数虽不多，但在一定程度上能够表明未来趋势，具有较高的借鉴意义，如个人威望和影响力、参加竞赛及开源社区的经历、全栈数据科学家（The Full Stack Data Scientist）的素质、数学和编程能力、数据科学中的人文与管理问题。

10.1 数字化转型背景下的企业岗位创新

2021年4月，中国信息通信研究院联合微信发布了《2021年数字化就业新职业新岗位研究报告》。该报告指出，随着数字经济的快速发展，社会整体呈现数字化、智能化的大趋势，数字技术对就业的影响也越来越大。当前，数字孪生技术、工业互联网、人工智能与传统产业加速融合，基础设施云化、中台化、移动化，企业的组织形态、研发设计、管理方式、生产方式、销售服务也随之而变。新一轮产业革命的数字化、网络化、智能化和服务化，催生了就业创业的新业态和新模式。⊖

10.1.1 数字化转型背景下衍生出新岗位

世界经济论坛《2020年未来就业报告》（*The Future of Jobs Report 2020*）预计，到2025年，新技术的引进和人机之间劳动分工的变化将导致8500万个工作岗位消失，同时将创造9700万个新的工作岗位。未来20年，人工智能、机器人、自动驾驶汽车等技术的进步，将使我国就业净增长约12%。

数字经济的新就业形态许多已经有一定的规模，具有相对独立成熟的职业技能，成为一种新职业。这些新职业有的是《中华人民共和国职业分类大典》中已收录的，更多的则尚未被纳入其中。它主要可分为两类：一类是对数字技术的研发、应用，对数字内容的创作；另一类则是传统岗位中逐步使用了数字技术，如图10-4所示。

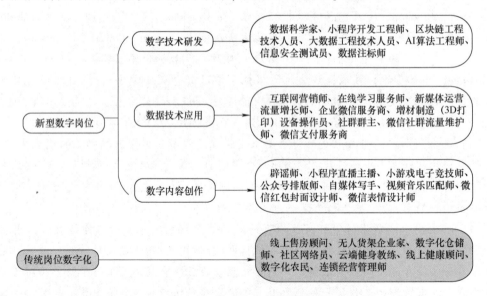

图 10-4　数字生态新岗位类型

自2019年以来，我国人力资源和社会保障部已经发布了4批共56个新职业，包括"区块链工程技术人员""互联网营销师""信息安全测试员""区块链应用操作员""在线学习

⊖ http://www.cbdio.com/BigData/2021-05/06/content_6164564.htm。

服务师"等，职业细分下增加了"直播销售员""小微信贷员""劳务派遣管理员"等新工种。企业也根据实际需要进一步设置了更多更具体的新岗位。

2021年3月，人社部会同国家市场监管总局、国家统计局正式发布"服务机器人应用技术员""电子数据取证分析师""智能硬件装调员"等18个新职业信息。微信生态不仅催生了专门负责微信小程序、企业微信、微信支付的设计、开发、运营和维护等新型岗位，伴随社交网络的快速发展，活跃于社交软件、直播平台上的海外代购、网络主播、视频号博主等就业新形式快速发展，社交电商、直播带货等已成为当前数字时代的又一特征，相关培训机构、MCN（Multi-Channel Network，多频道网络）机构⊖等衍生服务业也快速兴起。

10.1.2 数字化能力的需求不断加深

数字化转型战略要求企业发展一系列新的数字化能力，如数字化领导力、数字化品牌建设、数字化营销、数据分析等。因此，数字化变革时代人才的重要性越发凸显。德勤研究发现，数字化转型所需人才技能可以划分为数字化领导力、数字化运营能力和数字化发展潜力三个层次，如图10-5所示。

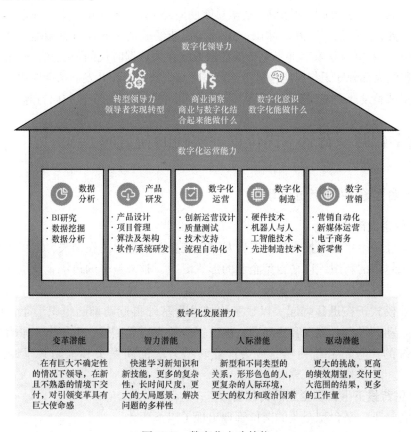

图10-5　数字化人才技能

（资料来源：德勤研究。）

⊖ MCN机构广义上是指有能力服务和管理一定规模账号的内容创作机构。

在数字化变革的大背景下，产生了对高层次、稀缺的数字化人才的旺盛需求，然而劳动力市场高素质人才的结构性短缺更是加剧了企业间的人才争夺。《中国劳动力市场技能缺口研究》数据显示，目前我国高技能人才只占整体劳动力市场的5%，普通技能人才占19%，更多的则是无技能劳动者。[一]

在数字化技术持续赋能组织的浪潮下，人力资源管理领域催生了大量新实践。例如，在前程无忧、猎聘网等主流招聘网站上，发现很多长三角、珠三角"互联网+"企业的人力资源岗位已出现高薪诚聘的人力资源数据分析师（HR Data Analysis）等职位的招聘需求。要求HR从业者结合公司现有系统，具备深入分析人力数据和业务数据平台，搭建公司人力资源数据报告体系和可视化数据分析平台的能力；针对公司业务，能梳理并优化现有数据分析的内容、流程和机制，深度挖掘数据价值，提供人力资源数据策略支持，并输出人力资源分析报告。

从各大人力数据分析师的招聘广告信息中不难发现，大数据背景下，企业对数字化人才需求正如饥似渴，不仅需要从业者具备强大的数据整合和分析能力，更需要从业者具备像企业管理者一样的战略眼光，充分实现数据与企业战略规划的融合、迭代和增值。

目前，声称自己是"数据科学家"的人越来越多，但是其知识与能力往往参差不齐，有的只会一点儿机器学习或统计学知识，甚至只能使用是Excel等简单工具。在职场上，用人单位也开始注意到，这种仅仅掌握"冰山一角"知识或经验的人根本无法胜任"数据科学家"这一新兴职位。"数据科学家"并不是传统数据人才在大数据时代的新提法，而是要求具备数据科学全流程的大部分知识与技能，包括从数据感知到数据产品开发、从问题提出到解决方案执行、从数据试验设计到编程实现以及从模型训练到部署/生产的全栈知识与能力。

10.2 数字化转型背景下岗位管理实践的新方向

10.2.1 平台型企业的岗位管理

1. 平台型企业简介

随着知识经济时代网络技术的推广普及，传统企业的边界正在消失，组织的范围逐步扩大，不仅越来越多的新组织以平台型企业的形式诞生，越来越多的传统企业也开始出现平台化趋势，在转型升级的过程中逐渐转化为平台型企业。经过不断发展变革，平台型企业作为创新型的商业模式正在迅猛崛起，以数字化技术为基础再造新型的组织形态，搭建信息生产、浏览、互动的平台，实现客户导向、极致竞争及无边界试错。近年来，平台型企业正日益改变着传统的产业链和价值链，成为产业转型升级的新龙头和推动共享经济发展的新引擎。[二]

2. 数字化背景下平台型企业的岗位管理

数字化背景下，平台型企业的岗位管理出现了以下变化：

（1）劳动关系的变化　平台化模式下的劳动关系与传统的劳动关系既存在差异，也存

[一] 清华大学和复旦大学，《中国劳动力市场技能缺口研究》。

[二] 何永贵，冯缘. 基于区块链技术的平台型企业人力资源管理体系研究［J］. 管理现代化，2020，40（5）：99-102.

在关联,具有关系多元灵活化、从属性弱化、薪酬支付模式阶段化等显著特征。这种劳动关系颠覆了传统雇佣关系,形成了两种新型合作关系:一方面,平台型企业与员工形成了半契约型劳动关系。平台型企业的员工属于自主管理,与平台间属于协作关系而不存在法律上的雇佣关系,拥有弹性的工作时间,颠覆了传统的人力资源雇佣模式及全职就业模式。这种劳务合作但非雇佣的关系的员工被称为半契约型人力资源。另一方面,平台型企业与员工形成了半挂靠式劳动关系。平台型企业的员工拥有弹性的工作时间,可以自主选择工作场所及工作时间,不再存在强制性要求,开创了全新的时间管理模式。这种开放性的员工被称为半挂靠式人力资源。平台型企业的劳动关系颠覆了传统企业劳动关系的概念,要求将因事设岗与因人设岗相融合,以适应平台型企业劳动关系的灵活性和平台型企业合作共赢的特征。

(2)岗位排班优化 岗位排班优化是基于对现有组织和流程的认可,在这一框架内进行人员上岗时间的合理安排,达到用尽量少的人完成尽量多的工作的效果。具体应用上,这种方法首先测算出某一岗位的人员需求曲线,而后以运筹学方法进行线性规划,设计出人员供给曲线,确保人尽其用。这种方式更加科学地调配员工的劳动负荷,达到了两种效果:其一,减少了在岗等待时间,挤出了岗位人员冗余,减少了人工成本;其二,合理设置劳动饱和度(劳动饱和度=实际工作时间/在岗时间),合理安排工作和休息时间,减少工作中的倦怠,使工作效率一直保持较高水平。这两者都直接提高了人力资源效能(HR Efficiency)。⊖

3. 平台型企业的数字化用工——智能合约

"智能合约"一词及相关概念最早由计算机科学家、密码学家萨博(Szabo)于20世纪90年代提出。他将智能合约定义为一种用计算机语言取代法律语言去记录条款的合约,合约参与方可以在上面执行各项协议,并由一个计算系统自动执行。区块链技术的出现将理论变成了实际。在应用区块链技术的系统中,平台型企业可以选择指派任务给特定员工或将任务发放到任务池中,由系统依照企业制定的关键岗位能力素质模型,在声誉系统中进行智能匹配,并自动分配给最佳匹配员工。当预设好的条件被触发时,智能合约就会执行用计算机代码形式编写的合同条款,企业与员工就生成了刚性合约。除此之外,系统会将所需资源自动分配给员工,检测到任务完成后,会将基于价值和时间的数字代币支付给员工。其过程如图10-6所示。

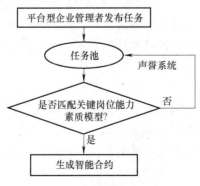

图10-6 智能合约的过程

⊖ 资料来源:https://xw.qq.com/cmsid/20210413A01THB00。

将智能合约运行在区块链上，能够保证整个过程公开透明、不可篡改。智能合约最大的优点就是能够自动执行，不再需要第三方中介的干预。对于平台型企业而言，每一项人事活动都可以编程，每一个单独的个体都可以通过平台实现各类合约的签订，因此，智能合约的应用也能够直接降低签订合约、执行合约及企业监管方面的成本。

10.2.2 数字智能化办公软件的作用及功能

企业管理的核心无疑是对人进行管理，而随着企业的发展和扩张，企业的人数不断增加，组织架构也越来越庞杂，会给管理增加很大的难度。而在数字化背景下，充分利用现代化网络技术为企业的管理助力是许多具有前瞻性企业的共同选择。不管是国内还是国外，人力资源管理系统的发展都已较为成熟，如国外的 SAP、PeopleSoft，国内的万古科技、东宝软件、金蝶、用友等。

繁杂而高重复性的日常行政事务经常占据了人力资源部门工作人员的大部分时间，手工操作不仅效率低下，而且出错率也较高。建立了人力资源管理系统后，在网络技术的支持下，企业的各项数据将全部进入企业专属的服务器中，企业的各个用户都能够随时随地访问。当然，管理员会对不同的员工角色做不同的权限限制。所以，人力资源管理系统能提高人力资源部门乃至全体员工的工作效率。

人力资源管理系统还具有优化企业内部业务流程的作用。从绩效到招聘到培训各个方面，人力资源管理的各项流程都能够得到相应的优化与规范，从职业生涯规划、人力资源战略决策与人力资源成本评估等方面着手开展战略性的人力资源开发。

企业决策者、部门负责人和员工都是人力资源管理系统服务的"客户"，其终极目标就是提高企业内部客户的满意度。因此，人力资源管理系统不仅提供了员工自助服务、经理自助服务、总经理自助服务，还集成了招聘、人才评测、绩效管理等功能或技术，从方方面面入手，为企业与员工提供增值服务。○

在数字化技术的不断发展与更新过程当中，人力资源管理系统在人力资源模块具有广泛的通用性。其涉及的主要模块有以下方面：

1. 员工合同

用于管理员工的劳动合同和其他各种合同及协议，包括合同新签、合同操作（变更、续签、解除和终止）、合同管理、合同台账、合同模板、合同报警。用户可以按照实际需要设置各种合同模板，并可以方便地批量签署合同；用户可以根据自己的需要，自定义条件进行查询，生成各种合同台账；对于即将到期的合同，系统还提供了合同报警功能，大大提高了合同管理的及时性和有效性。

2. 员工档案

记录和管理员工从进入企业到离职的全过程，可以方便地查看员工在企业工作期间的所有信息，包括岗位管理、档案管理、人员变动（转正、调动及离职）、统计汇总等。用户可以根据实际需要设置人员档案和变动申请的模板，还可以方便地管理员工的档案信息。系统提供了三种不同的档案统计方式：简单统计、二维统计和复杂统计。用户可以快速、简单地

○ 资料来源：https://www.zhihu.com/question/361961437/answer/943033525。

从不同的维度汇总分析企业的人力资源情况，促进企业人力资源建设。

3. 员工考勤

实现员工精确考勤和日常考勤的网络化管理。员工通过网上签到、签退、请假、出差、外出登记，实现网络考勤；用户可以方便地设置各种节假日和班次，系统自动判断各种考勤状态（迟到、早退、旷工等），使用户可以随时方便地查看和管理考勤记录；可以设置安排替班、调班、加班，并由系统自动通知相关人；系统自动关联调休天数和加班天数；系统还提供考勤机等外部考勤数据的导入功能；系统自动汇总考勤统计数据，并可与工资系统挂接，快速方便地计算员工的工资。通过网络化考勤管理，人力资源管理人员可以把工作重心转移到企业文化和企业人力资源建设。

4. 员工考评

通过灵活设计的绩效考核指标，帮助企业实现360度绩效考核方式。用户可以灵活设计不同岗位之间的考核方案和个性化的考核表；可以灵活设置多岗位、多层级的考核关系，自动选择考核人，设置不同级别的考核权重；可以方便地引用系统的其他业务数据（考勤、日记、知识贡献率等），帮助企业全面、综合地考核员工的表现，帮助员工提高工作能力和工作绩效，提高组织整体的工作方法和工作效能，完善人力资源管理机制。

5. 员工报销

实现单据填写和业务审批的网络化。用户可以根据需要定制各种报销单、报销审批流程和报销限额，其中差旅报销还与员工出差相结合；同时，系统提供丰富的查询与统计分析功能。网上报销能让企业真正用好每一分钱，大大提高企业报销的效率和审批透明度，进而提高员工的满意度。

6. 员工培训

管理者可以把摄录好的数码影像、声音和文档等各种培训信息发布在系统中，由员工自行观看和学习；管理者可以根据培训内容拟定考题、生成试卷，让员工在网上进行考试，并可自动判卷和对考试成绩汇总统计。

7. 员工工资

适用于各类企业、行政、事业及科研单位薪资管理，支持多币种、账套管理和每月发放多次工资的功能。用户可自定义工资项目、计算公式，对特殊工资项目可同时设立权限进行控制；提供工资核算、工资发放、统计分析等功能；支持代扣税、代缴税和银行代发工资，支持系统外人员的工资计算与发放；提供工资数据导出功能，提供工资条、工资表等打印功能。工资系统还可与系统内其他业务功能无缝衔接，如直接引用考勤、考评、费用报销、档案等功能中的数据，参与工资运算。

8. 员工招聘

实现企业的人才库管理和招聘录用管理，具体包括用人申请、招聘计划、录用申请和简历管理；招聘系统还提供查询统计功能，便于汇总分析企业的人才招聘效率。○

基于数字化技术，人力资源管理能够实现在选人、育人、用人、留人等领域的变革创新，对数字智能化办公软件的使用可以辅助人力资源管理者完成日常工作难点，解决人力资

○ 资料来源：https://www.sohu.com/a/376008569_120447005。

源业务中的工作难题，从而提升人力资源管理者的工作效率，降低企业用工成本。

本章总结

本章主要描述了数字化转型背景下工作分析与岗位管理发展的新方向。传统的工作方式已无法满足如今数字化转型新形势的需求，更多平台型企业不断诞生，随之而来的就是企业岗位的创新。要了解平台型企业的岗位管理变化，以适应市场需求。随着人数的不断增加，企业要加大对各种数字智能化办公软件的使用，积极拓宽解决 HR 业务难题的路径。

本章习题

1. 由"首席信息官（CIO）致力于企业数字化发展"案例，你能得到什么启发？
2. 什么是平台型企业？

参考文献

[1] 张明超, 孙新波, 钱雨. 数据赋能驱动智能制造企业 C2M 反向定制模式创新实现机理 [J]. 管理学报, 2021, 18 (8): 1175-1186.

[2] 陈剑, 黄朔, 刘运辉. 从赋能到使能：数字化环境下的企业运营管理 [J]. 管理世界, 2020, 36 (2): 117-128; 222.

[3] 贾建民, 耿维, 徐戈, 等. 大数据行为研究趋势：一个"时空关"的视角 [J]. 管理世界, 2020, 36 (2): 106-116; 221.

[4] 赵毅平. 酷特的模式创新：数据驱动的大规模服装个性定制 [J]. 装饰, 2017 (1): 26-30.

[5] 孙新波, 苏钟海. 数据赋能驱动制造业企业实现敏捷制造案例研究 [J]. 管理科学, 2018, 31 (5): 117-130.

[6] 刘业政, 孙见山, 姜元春, 等. 大数据的价值发现：4C 模型 [J]. 管理世界, 2020, 36 (2): 129-138; 223.

[7] 邢飞, 彭国超, 梁甜. 基于工业大数据的制造企业变革管理模型研究 [J]. 科技管理研究, 2019, 39 (16): 230-237.

[8] 苏钟海, 孙新波, 李金柱, 等. 制造企业组织赋能实现数据驱动生产机理案例研究 [J]. 管理学报, 2020, 17 (11): 1594-1605.

[9] 新制造：让需求定义制造 [J]. 今日科技, 2020 (11): 42.

[10] 陈春花, 徐少春, 朱丽, 等. 数字化加速度：工作方式人力资源财务的管理创新 [M]. 北京：机械工业出版社, 2021.

[11] 唐秋勇, 等. HR 的未来简史：洞悉人力资源管理未来发展启示录 [M]. 北京：电子工业出版社, 2017.

[12] 萧鸣政. 工作分析的方法与技术 [M]. 5 版. 北京：中国人民大学出版社, 2018.

[13] 潘泰萍. 工作分析基本原理、方法与实践 [M]. 2 版. 上海：复旦大学出版社, 2018.

[14] 马国辉, 张燕娣. 工作分析与应用 [M]. 2 版. 上海：华东理工大学出版社, 2012.

[15] 龚尚猛, 宋相鑫. 工作分析：理论、方法及应用 [M]. 4 版. 上海：上海财经大学出版社, 2020.

[16] 付亚和. 工作分析 [M]. 3 版. 上海：复旦大学出版社, 2019.

[17] 安鸿章. 工作岗位研究原理与应用 [M]. 3 版. 北京：中国劳动社会保障出版社, 2012.

[18] 刘凤霞. 组织与工作设计 [M]. 天津：天津大学出版社, 2015.

[19] 邓爱民, 李红, 文慧, 等. 基于时间研究的物流作业成本核算管理 [J]. 科技管理研究, 2014, 34 (19): 195-198; 203.

[20] 范旭. 焊装作业时间标准的制定和生产线再设计：案例研究 [J]. 工业工程, 2009, 12 (5): 120-125.

[21] 龚尚猛, 周亚新. 工作分析的理论、方法及运用 [M]. 3 版. 上海：上海财经大学出版社, 2015.

[22] 钟朱炎. 标准操作规范：SOP 介绍 — [J]. 中国护理管理, 2010, 10 (2): 79-80.

[23] 周三多, 陈传明, 刘子馨, 等. 管理学：原理与方法 [M]. 7 版. 上海：复旦大学出版社, 2018.

[24] 陈民科. 基于胜任力的职务分析及其应用 [J]. 人类工效学, 2002 (1): 23-26.

[25] 谢小云, 左玉涵, 胡琼晶. 数字化时代的人力资源管理：基于人与技术交互的视角 [J]. 管理世界, 2021, 37 (1): 200-216; 13.

[26] 朱颖俊. 组织设计与工作分析 [M]. 北京：北京大学出版社, 2018.

[27] 严进. 组织行为学 [M]. 3 版. 北京：北京大学出版社, 2020.

[28] 厉伟，胡兴球，杨恺钧，等．管理学［M］．南京：南京大学出版社，2017．

[29] 贾隽，行金玲．组织理论与设计［M］．西安：西安交通大学出版社，2011．

[30] 刘绍荣，夏宁敏，唐欢，等．平台型组织［M］．北京：中信出版社，2019．

[31] 邵天舒．传统制造业企业组织结构演变历程：基于海尔集团的案例研究［J］．经营与管理，2021（4）：35-38．

[32] 黎敏．海尔开放式创新对新型研发机构发展的启示［J］．科技管理研究，2017，37（17）：124-130．

[33] 韦晓英．开放式创新下的企业人力资源管理变革策略研究：基于海尔实践的案例分析［J］．管理现代化，2019，39（6）：87-92．

[34] 邢双艳．浅析企业组织结构设计［J］．经贸实践，2017（18）：164-165．

[35] 李新，朱彧谦．浅谈信息化时代的企业组织结构变革［J］．河北企业，2020（10）：21-22．

[36] 符靖．大数据时代下企业组织结构设计与管理变革［J］．品牌研究，2018（3）：160-161．

[37] 吴玉玲，许静．面向智能时代的企业组织结构变革：以阿里巴巴集团为例［J］．现代营销（经营版），2020（7）：127-129．

[38] 魏春海．基于大数据时代下企业管理模式的创新探索［J］．中国商论，2021（14）：143-145．

[39] 徐刚．人力资源数字化转型行动指南［M］．北京：机械工业出版社，2020．

[40] 陈思娴．数字化"赋能"步步高提升运营管理效率［J］．广西质量监督导报，2020（4）：102-103．

[41] 刘凤瑜，等．人力资源服务与数字化转型：新时代人力资源管理如何与新技术融合［M］．北京：人民邮电出版社，2020．

[42] 张丽．企业数字化人力资源管理转型的未来发展［J］．人力资源，2021（10）：24-25．

[43] 王丽．关于现代企业数字化人力资源管理转型的思考［J］．广西质量监督导报，2019（12）：107-108．

[44] 李雪洁．数字化转型时代企业人力资源管理变革［J］．人才资源开发，2021（7）：87-88．

[45] 李少亭．人力资源管理视角下工作分析的发展趋势［J］．人才资源开发，2021（6）：93-94．

[46] 李中斌，等．工作分析理论与实务［M］．3版．大连：东北财经大学出版社，2017．

[47] 陈庆．岗位分析与岗位评价［M］．2版．北京：机械工业出版社，2011．

[48] 刁婧文，张正堂．企业构建人力资源共享服务中心的关键要素：COST模型［J］．中国人力资源开发，2016（12）：26-33；39．

[49] 叶萍，张爱卿．自我一致性视角下编辑人才与出版企业匹配策略分析［J］．中国出版，2020（19）：37-42．

[50] 林新奇．定岗定编影响因素及其作用机理［J］．企业管理，2017（8）：116-118．

[51] 彭剑锋，吴青阳．华为的价值评价体系，我们应该这样学［J］．中国人力资源开发，2014（6）：14-20．

[52] 葛玉辉．工作分析与设计［M］．北京：清华大学出版社，2014．

[53] 赵军，董勤伟，徐滔，等．企业技能人才自主评价体系的构建与开发实践：以国网江苏电力为例［J］．中国人力资源开发，2020，37（9）：130-140．

[54] 朝乐门，肖纪文，王解东．数据科学家：岗位职责、能力要求与人才培养［J］．中国图书馆学报，2021，47（3）：100-112．

[55] 何永贵，冯缘．基于区块链技术的平台型企业人力资源管理体系研究［J］．管理现代化，2020，40（5）：99-102．